ソ連を崩壊させた男、エリツィン

帝国崩壊からロシア再生への激動史

Shimotomai Nobuo
下斗米伸夫

作品社

ソ連を崩壊させた男、エリツィン——帝国崩壊からロシア再生への激動史

第Ⅲ部　ポスト・エリツィン――後継者の模索

第7章　〝寡頭支配の鉄則〟？　231

第8章　プリマコフの挑戦　247

凡例

本書で引用しているエリツィン、プーチン大統領をはじめとする要人の発言は、ロシア語、英語で大統領府のサイト http://kremlin.ru/ やロシアの各紙で確認できるのでとくに引用を明記していない。

主要人物については原則として初出時に、姓名と出生年を「ウラジーミル・プーチン（52年生）」といった形で明記している。1952年生まれの意味である。二度目以降はイワノフ（セルゲイ、ビクトルなど）等、複数ある人物以外は姓で表しているが、本書固有の表記も使っている。

出典は本文中に合印で示し、「参考文献一覧」に書誌データを記載した。通し番号のもの〔例（131）（111:347)〕は欧文文献であり、〔347〕は頁数を示し原著のものだが、「翻訳」とあるものは邦訳書の頁数である。著者の姓があるものは〔例（小林）（下斗米 2017:96)〕は和文文献であり、同著者の著書が複数ある場合は刊行年〔2017〕を示し、〔96〕は頁数である。

NATOなども初出時のみ固有名詞の「北大西洋条約機構」といった表記を使い、以降はNATOと略している。その意味でロシア政治に頻出する略語を説明しておく。

略語一覧

CIS	独立国家共同体
CSTO	集団安全保障条約機構
EU	欧州連合
FSB	ロシア連邦保安庁
IMEMO	世界経済国際関係研究所
IMF	国際通貨基金
KGB	ソ連邦閣僚会議付属国家保安委員会
KPSS	ソ連共産党、1952年まで全連邦共産党（ボリシェビキ）
MGIMO	モスクワ国際関係大学
NATO	北大西洋条約機構
OMOH	内務省特殊部隊
OSCE	欧州安全保障協力機構
RSFSR	ロシア・ソビエト社会主義共和国連邦
SCO	上海協力機構
SVR	対外諜報庁（ロシア）
TSEMI	数理経済研究所
WTO	ワルシャワ条約機構

雑誌・新聞などの出典の略号

雑誌・新聞などの出典は、略号と刊行年月日を示した〔例（AiF:3/2/99)〕。

AiF	Argumenty i Fakty（週刊紙『論拠と事実』）
DV	Diplomaticheskii Vestnik（ロシア外務省通報）
E	Ekspert（週刊誌『エクスペルト』）
I	Izvestiya（日刊紙『イズベスチヤ』）
It	Itogi（週刊誌『イトギ』）
K	Kommersant（日刊紙『コメルサント』）
KE	Ezhenedel'nik Kommersant（週刊誌『コメルサント』）
LG	Literaturnaya Gazeta（文学新聞）
MT	Moscow Times（英字日刊紙『モスクワ・タイムズ』）
NG	Nezavisimaya Gazeta（日刊紙『独立新聞』、ソ連末期からの改革派新聞）
NGS	Nezavisimaya Gazeta Stsenarii（『独立新聞』付属週刊誌シナリオ）
NV	Novoe Vremya（週刊誌『新時代』）
OG	Obshchaya Gazeta（リベラル派の新聞、1991年8月～2002年）
P	Profil（経済週刊誌）
V	Vedomosti（日刊ビジネス紙『ベドモスチ』）
RG	Rossiiskaya Gazeta（ロシア新聞、政府系日刊紙）
S	Segodnya（モスト銀行系新聞『今日』）
SR	Sovetskaya Rossiya（ロシア共産党系新聞『ソビエツカヤ・ロシア』）
WP	Washington Post（ワシントン・ポスト紙）

はじめに――ソ連崩壊からロシア再生への激動史

ソ連を崩壊させた男、エリツィン

1991年末にソ連（ソビエト連邦）が崩壊してから、この12月でちょうど30年となる。ゴルバチョフ共産党書記長のもとペレストロイカという改革を始めてから6年、核を持った社会主義の超大国が世界地図からなくなるという衝撃的事件だった。

それにしても人口3億近い大国がその掲げた共産主義の理念とともに消え、代わりにエリツィン率いるロシア（ロシア連邦）が後継国家となるというようなことがなぜ起こったのか。20世紀最大の政治運動、体制でもあった共産主義を終わらせたエリツィンとは誰だったのか。

日本では、崩壊後しばらくゴルバチョフ人気もあってエリツィンの評判はあまり高くなかった。欧米では、民主化とリベラルの旗手という評価が政策と現実への認識を曇らせた。だがロシア本国では、崩壊直後の解放者という表象は色褪せ、民営化の闇とオリガルフの台頭で人気は急落した。

それでも20世紀の冷戦とソ連を同時に終わらせた政治家としての功績は、その好敵手であったミハイル・ゴルバチョフとともに世界史に永遠に残る。けれども、その世界観・政治観、とくに新生ロシアの台頭を導いた理念や背景は、彼が亡くなった後もその個性や政治理念を検討することなく等閑視されてきた。

21世紀になって「後継者」プーチンと並んで、彼のロシア観、特にウクライナと「帝国」を形成する以前の、いわば「聖なるロシア的」なウラル古儀式派の末裔《まつえい》という伝記的事実や、ゴルバチョフへのクーデターに抵抗して「主権」ロシアを甦らせた同志・同僚らとの共通性が明らかになり、単なるポピュリスト政治家を越えた背景も浮かび上がりつつある。

政治学者でソ連史研究者としての筆者からは、ソ連崩壊とロシア再生、共産党の改革派ゴルバチョフとその反対派エリツィンの対立の背景に、共産主義や全体主義と自由、イデオロギーとアイデンティティ、世界戦争と東西冷戦といった20世紀的なリアリティをめぐる対立が介在する。それを一挙に転換し、文字通り世界の次元を変えようとしたこの矛盾の政治家を通じて、現代ロシアの政治の位相を捉え直す試みが本書である。グローバル市場経済のトップを走るのがいまや中国共産党であるという逆説的な21世紀の展開を前提に、この30年間に現れた歴史史料や同時代人の回想を取り込みつつ、エリツィンとロシア再生の苦闘を再構成しよう。

ソ連崩壊から30年

現代史のなかでも、1985年以降のペレストロイカからソ連崩壊を経てロシア政治の展開に至る過程ほど、グローバル世界を揺るがした変動も少ないであろう。同時に、それは政治や経済だけでなく、イデオロギーから文明論にいたるまで多くの議論を巻き起こした。世界の多くの政治学者や歴史家も、またこの問題に関心を払ったのは当然である。

国家が死滅する、といったユートピアを掲げた革命国家が、核兵器をふくめた世界最大の武器庫と化し、それが冷戦のなかでの一方の陣営の盟主としてグローバル秩序を構成した。それがハンナ・アレントのいう全体主義だったかはともかく、その収容所の存在を一人鋭く告発した知識人が70年代に現れたかと思うと、80年代半ばには秩序派の最高峰だった共産党書記長がそのような異論派まがいのペレストロイカを唱導しだした。その名声が冷戦を終わらせるかに思えたとき、国内での人気はがた落ち、対抗馬として出てきたエリツィンが瞬く間にソ連邦にかわるロシアを拠点として「プッチという名の演劇」（レーベジ）に抵抗、一万発を超える核兵器を持ったまま崩壊するというドラマは、それだけで世界を震撼させ、感動させると同時に落胆させる展開となった。

この歴史的な展開を見たり評価したりする視点も多様化した。崩壊直後には米国のソ連学者フランシス・フクヤマの唱えた『歴史の終焉』から英国の歴史家エリック・ホブスボームの『最も短い世紀』といった議論までなされた。冷戦終焉後のユーフォリアに促されるかたちで、米国ではジェフリー・サックス教授などＩＭＦ（国際通貨基金）系の市場改革論者が１９９４年までロシア政府の顧問として移行の処方箋をエリツィン政権と協同し実践した。グローバルな秩序自体が大きな書き換えの時期を迎えたかに思われた。

しかし、その結果はといえばロシア経済の大幅な後退を招いたことで、国内では改革に期待をした人びとを失望させた。いまでもロシア人に90年代の印象を聞くと思いだしたくもない時代という人びとは少なくない。人口が毎年70万人ずつ減少し、男性の平均寿命は65歳から57歳まで低落した。エリツィン大統領側近だった大統領府高官に改革の成果を聞いたら、マネタリスト全盛期なのにお金を見たことがなかったという比喩的な答えが返ってきた（２００７年2月、東京でのインタビュー）。たしかに個人から企業間まで4分の３は物々交換だった。

また自由化と民主化への期待も、何よりも立憲主義の名で旧議会を砲撃する１９９３年10月のエリツィンの行動は91年8月クーデターのパロディまがいで、しぼんだ風船のようになった。ロシアの民主化を分析した『ロシアの未完の革命——ゴルバチョフからプーチンまでの政治変動』（2001）の著者、米国のマイケル・マクフォール教授のように国家形成、民主化過程を単に分析するだけでなく、21世紀には米国大使として乗り込んで民主化をおし進めようとした学者もある。彼の著作は、ソ連期の1985〜91年のミハイル・ゴルバチョフ書記長、91〜93年のボリス・エリツィン大統領の第1次ロシア共和国、93年からの第2次ロシア共和国、と区切ってロシア政治の変遷を解明しようとした。しかし、彼は結論としてロシア民主主義のひ弱さを指摘し、「現在のロシア政治体制の長期的安定を予測することは時期尚早である」(McFaul:355) と民主化論の理論的予測を否定していた。

日本ではソ連崩壊後、政治学者たちのなかにはこれからが社会主義だといった見解を示した大御所もいた。30年たってみるとそれは二重の意味で間違っていたことになる。ロシアは、もはやイズムの時代ではなかった。その予言が意味を持つ国があるとしたら、むしろ現在の米国にこそあてはまるという意味である。

ロシアは理論を裏切る。19世紀の評論家フョードル・チュッチェフ(1803-73)は、ロシアは頭ではわからず、感じるしかないといったことがある。20世紀となるともちろん知的社会科学的環境はまったく違ってきた。それでも自らの理論的予想が裏切られたと感じた政治家や理論家の言説は、レーニンの革命を批判したカール・カウツキーのようなマルクス主義者から始まって、赤軍創始者でスターリン体制への『裏切られた革命』を書いたレフ・トロツキーなど枚挙にいとまがない。そう述べる筆者も1991年に『「ペレストロイカ」を越えて』を書いて、ゴルバチョフ書記長のペレストロイカの終焉を指摘し、当時先達や同僚から批判やお叱りを受けたことを思い出す。その筆者ですら半年後のソ連崩壊は予測を超えた。それでも反省を込めて書いた『独立国家共同体への道――ゴルバチョフ時代の終わり』(1992) や『ロシア現代政治』(1997) で、ソ連からロシアへの史的展開への一応の筋道を示したつもりであるが、ソ連崩壊から30年たつとそれを歴史的に検証する必要があろう。

21世紀になって議論は減ったものの、かわりにプーチン政治をめぐる喧《やかま》しい議論が、とくに2014年のクリミア併合以降行なわれている。なによりそれまでのソ連論が前提とした情報や史料不足とは異なって崩壊前後から流出しだした史料や情報、回想の類いが読み切れないほど溢れだした。皮肉なことに史料が豊富になるに反比例して読者層は激減した。

なかでもソ連崩壊の根底にあったロシアとウクライナとの複雑な史的関係については、イデオロギーや政治学や国際関係のパラダイムだけではなかなか解けない問題が出てきている。この２０２１年７月13日、プーチン大統領はロシアとウクライナとは同じネーションだといって論争を招いた。千年以上前キエフ・ルーシの受洗によって両国は同祖の正教国家となったという趣旨である。この考えはもともと１６７４年キエフの聖職者イノケンチー・ギゼリが「シノプシス」で提唱したキエフ・ルーシの後継国家による正教帝国の構想を焼き直したものである（下斗米 2016:242）。

その後の両国関係には何があったのか。１７２１年のロシア帝国形成から１９９１年12月のソ連崩壊まで、同一国家と思われた両国である。それがソ連崩壊で崩れた。そして２０１４年からは冷戦といえるかは別として新しい東西対立のフロントラインとなっている。

21世紀になって顕著となってきたロシアなどポスト社会主義の保守化現象を見いだす過程で、近代化論など現代政治学のパラダイムをこえた認識、とくにロシアの宗教復活や国家の理解に東方正教など政治文化論的な接近の必要を痛感せざるを得なかった。もちろん、ポスト・モダーンな21世紀の世界政治ではこのような宗教やアイデンティティなどの要素への認識なくして理解できない。新しい視点が必要だ。

現代のウクライナをめぐる紛争を見ればその背景にこのような宗教と国家をふくめた事情が介在していることは了解できよう。クリミア併合後の２０１８年にウクライナでも多数派だったモスクワ総主教派が一転、コンスタンチノープル総主教派にころも替えし、ウクライナ正教会が発足した。それがロシア正教会から見ればラスコル（教会分裂）と呼ばれている。問題は、このような転換が失敗した大統領による人気取りだったことだが、じつはこのラスコルという言葉は1666年にも発せられていた。

筆者がソ連崩壊とその後のロシアの関係を考えるとき、ロシアが帝国となる以前の1666年の正教会のラスコル（分裂）論争がすぐれて、モスクワとウクライナ関係、そして1721年のロシア帝政形成への分水嶺であったことが想起される。このことを最初に指摘したのはロシアの亡命宗教史家セルゲイ・ゼニコフスキー（1907-90）で、彼はロシア正教会分裂が「当時もっとも重要な地政学的要請に対する宗教的な回答だ」と1970年の著作『古儀式派の歴史』で指摘した（156）。その回答とはロシアが国民国家の道を歩むか、それとも帝国となるかだと整理したのは、最近のロシアの哲学者アラ・グリンチコバの『教会分裂（ラスコル）』である（27）。一見伝統的儀式を擁護したかに見えた古儀式派がその実、ヨーロッパの「宗教改革」のような革新を意図したという彼女のテーゼの可否までは立ち入らないが、ロシアの地政学的選択をめぐる論争だったということはできよう。

ロシア正教会のラスコルは、当時ギリシア正教会を中心に近代化が始まり、モスクワの正教会でもキエフ府主教の強まる影響下でカトリック的要素を取り入れ近代化しようとしたニーコン総主教と、これに抵抗し、従来の伝統的ロシア正教のテクスト・儀式の継承を主張し、弾圧されて異端となったアバクーム府主教との対立に淵源した。この教会分裂をめぐる論争が単なる宗教上の「二本の指」（古儀式派）か、それとも「三本の指」（正統ニーコン派）で十字をきるかの純粋な儀式論争だったと済ますわけにはいかなくなる。古儀式派は正統派から分離派（ラスコリニキ）とされ、分離派教徒を意味するラスコリニコフはドストエフスキーの『罪と罰』の主人公の名としても登場する。

1650年代、ロシア正教会のニーコン総主教がギリシアの聖職者とキエフ修道院の影響を受け、テクストや儀式を近代化路線で強化しようとしたことに抵抗したのがこの潮流であるからだ。もっともその潮流が3世紀半にもわたるその後の二つの帝国の抑圧でいかに変容とメタモルフォーゼを経てきたかは別に書いたので、関心ある読者はそちらを見てほしい（『ロシアとソ連　歴史に消された者たち――古儀式派が変えた超大国の歴史』（下斗米 2013）。あえて言えば反ウクライナ、そしてサンクトペテルブルクに遷都した帝国は「アンチ・クリスト」であると反発、「モスクワこそ第三のローマ」であるという古い信仰を墨守、弾圧されたのがこの潮流であった。一部はモスクワからシベリアやウラルに逃れ、ロシア帝国とその宗教警察やソ連のイデオロギーの軛を生き延び再生したことになる。

もっとも保守頑迷にみえた潮流から19世紀末から20世紀最初には、「合法マルクス主義」につながるもっとも革新的な政治経済勢力を生みだしていた。20世紀初めの古儀式派リバイバルは、作家マクシム・ゴーリキーが指摘したようにモスクワ、ニジニ・ノブゴロドの「商人」と呼ばれた大資本家（モロゾフ、リャブシンスキー、トレチャコフ、コノバロフ、ブグロフ、シロトキン）らの政治経済的、そして文化的台頭を招いた。レーニンのボリシェビキ党もじつはその影響下にあった。1917年二月革命まではこの勢力がロシアを動かした。もっともこのような話は、専門家はともかく、日本でも歴史書や教科書にはまず出てくることはない。ロシア帝国とソ連邦という二つの「帝国」の国家的不寛容の影響は、いまだに日本の学会レベルにまで及んでいる。

その後、ソ連時代、とくにスターリン時代に抑圧された潮流がなぜ今のロシアを理解する鍵の一つだといえるのか。筆者はペレストロイカ研究の過程で、ロシアの改革派知識人と知り合うなか、このウクライナとの合邦に反対だった正教内の異端的潮流の重要性に気づかされた。ちょうどルーシの受洗1000年祭でゴルバチョフが宗教解禁を始めた頃である。あえていえばロシア・ナショナリズムの古層的な源流である。ロシア帝国と宗務院、そしてソ連の無神論というイデオロギーと戦った彼らは公式には無視されていたが、ロシアの政治と文化を理解するキーワードと思うようになった（下斗米 2013,2017）。

それが21世紀の今日を含め、いかにその後の展開を左右しているのか。

現代のロシア史家アンドレイ・ズーボフもソ連崩壊後の1993年に『ズナーミャ』誌でいちはやく指摘したように、古儀式派こそロシア帝国に抗した国民国家の源流、つまりロシア民族主義の起源ともいえる。[1] ちなみにこの歴史家は2014年にクリミア併合を批判した硬骨漢でもある。そのズーボフの見解を裏付けるかのような宗教界からの証言も出てきた。ソ連崩壊への古儀式派の態度について、現代の著名なジャーナリスト、アンドレイ・ウグラノフ（56年生）は1999年に古儀式派のなかでももっとも有力なベロクリニツキー派の府主教アリムピー（グセフ）に、古儀式派信徒はソ連崩壊を喜んでいるかと聞いた(AiF:3/2/99)。府主教はこの問いに直接は答えなかったが、現代ロシア連邦の国境は、古儀式派教徒が正教会から追放された1666年当時のロシアの版図とちょうど同じであることを指摘し、間接的に答えた。[2] 正教会はウクライナとの合邦による帝国のために信仰が犠牲にされたともいった（論文名「ソ連崩壊は17世紀に種がまかれた」）。[3] このことは現代の古儀式派の有力潮流が、ニーコン改革以前のロシアの国家概念を受け継いでいることを示している。

また彼は、ソルジェニーツィン流のロシア（大ロシアと訳されがちなベリコルーシ）、ウクライナ（マロルーシ）、そしてベラルーシのスラブ系単一正教国家論（『廃墟のなかのロシア』）を批判し、スラブ人正教会の考えを否定したが、先に引いたプーチンのロシア、ウクライナ同祖論もこのカテゴリーに入るといえよう。1991年12月8日のベロベーシでは、周知のようにこのスラブ系3共和国首脳会談でコモンウェルスも論議されただけに、ソルジェニーツィンの正教国家論は一時注目された。しかし1992年からのウクライナ―ロシアの史的展開はまた、このロシア賢人の予言とはことなった経路を辿って今日に至る(130:36)。

▼1　https://arzamas.academy/materials/1467
▼2　http://raskolinili.narod.ru/pages/articles/Alimpii.htm
▼3　https://www.portal-credo.ru/site/print.php?act=monitor&id=546　；AiF,No.32,1999

ウクライナ危機のさなか、世俗化、近代化こそ世界の潮流だという見解にノルウェーの平和学者ヨハン・ガルトゥングが哲学者ユルゲン・ハーバーマスの議論を使って「ポスト世俗化」が宗教復活の旧社会主義国のキーワード、といったことがある。

なぜ現代ロシアで宗教がキーワードになるのか。政教分離が早くから進んでいたヨーロッパのキリスト教世界とはことなって、正教は東ローマ帝国以来国家の宗教であった。教会と国家の関係は「交響」にあるとされてきた。つまりはロシアなど東方正教を議論すると国家論と関わらざるをえなくなる。古儀式派論争は東方正教会内の教義論争ではなく、あくまでも儀式とテクストをめぐる議論であったのだが、その流れのなかに、1721年のピョートル大帝によるロシア帝国建設とサンクトペテルブルクへの遷都まで絡む。古儀式派が Isus と書き主流派が Iisus と書くキリストと、世俗権力者カエサル（ロシアでツァーリ）との関係である。ロシア語でツァーリと書いた支配者が、この時カトリック系のラテン語でインペラートルと表記されだした。ドイツ・プロテスタントだったエカテリーナ女帝がクリミア半島に黒海艦隊をもうけたという事情まで宗教と絡んでくる。広くいえばロシア政治史への政治文化論的接近と言っていいが、それが1991年のソ連の危機までつながってくる。それまでのロシア、ウクライナ理解の背景に1000年前に分裂した正教とカトリックとの関係など両国関係への宗教的理解が重要である事情が増した（下斗米 2016）。

じつはソ連崩壊を促したエリツィンが古儀式派教徒の末裔であることは、フランスのダンコース教授、米国のティモシー・コルトン教授のエリツィン伝（17）、ロシアの伝記作家ボリス・ミナーエフ（82）らの著作を読めばわかることである。筆者も2013年の著作で示唆した。

しかし管見の限り日本のエリツィン論でこの指摘を行なったものはない。ちなみにミナーエフがいっている古儀式派的エリツィンというのは、むしろ意識下でのロシア人の心性であって、けっして体系的な宗派的人間としてのそれではない。コルトンに示唆を受け、エリツィンの体制の非妥協的性格、頑固さ、強情さ、システムは外から壊しても内部から行なうものでないというミナーエフの指摘は、コサックというゴルバチョフの性格ともまた違ったものである。共産党との非和解さでもある（82:11）。彼は自ら属していた国家とは距離を置いた。ソビエト的でありつつ反共産党だった。

それだけではない。実際、ソ連崩壊に際してエリツィン指導部の中核にこれへの信仰を公言する高官が少なくとも二人いた。最重要な1988〜96年の側近でありながら、96年までに離れていったアレクサンドル・コルジャコフ（50年生）と、ミハイル・ポルトラーニン（39年生）である。エリツィン・ロシアが単なる野党勢力から、「主権国家」に変転するときに決定的役割を果たしたのがこの二人である。この二人も古儀式派に関係していたことが自伝などで明らかになっている。

前者は何より、91年8月クーデターにさいして「国家非常事態委員会の第二梯団」とも呼ばれたレーベジ将軍やグラチョフ国防次官、そしてシャポシニコフ元帥らをエリツィン側に取り込んだ張本人だ。また『プラウダ』記者だったポルトラーニン副首相もあまり知られないが、彼がいなければゴルバチョフ、エリツィンのグラスノスチもありえないほど重要な民主派のジャーナリスト知識人だった。彼らはブルブリスやガイダルなどとともに1991年12月、ロシアがウクライナと決定的に分離したことでソ連崩壊を進めた際の側近中の側近であった。つまり歴史の決定的瞬間にロシアの政治家としてクーデターに立ち上がり、ソ連崩壊を促し、ウクライナとの合邦に抵抗した人物が、かつてロシア正教の帝国化と近代化に反対して弾圧された潮流の末裔でもあった。ウクライナとの合邦による帝国はアンチ・クリスト（反キリスト）と考える宗教観、そしてロシア国家観の持ち主だったことが、エリツィンのソ連崩壊劇とどのように関係していたのだろうか。もちろん古儀式派という意識も運動も当時のエリートにもロシア人一般にもなかったことは確かである。このことは誤解なきよう注記したい。

本書では、エリツィンのもとでなぜソ連崩壊が生じ、それがロシア再生に転換したのか、ソ連邦の連邦

（ソユーズ）条約の法理を逆転させて、ロシアがソ連崩壊を合法的に促したゆえんを議論したい。というのも、1991年の新連邦から連邦崩壊をめぐる論争は、この1922年末の連邦形成への政治過程をあたかも裏返したかのように展開したからである。参加も離脱も建前は自由なソユーズ。じつはこう決まるに当たっては1922年末、全ロシア・ソビエト国家、つまり単一共和国制を主張したスターリンと、ロシア・ソビエト社会主義共和国連邦（RSFSR）など4ソビエト共和国のソユーズ、（連邦制と訳されるがかつては同盟とか結合体を本来は意味した）主張したレーニンと、それに当時は検閲でほとんど知られなかったがウクライナ側（P・ソログープ）の国家連合論との三つ巴の論争があった（100:145）。レーニンはそうとは気づかず、連邦崩壊とロシア台頭の種をまいていた。

同時におおくのソ連専門家が理解しなかったが、ソビエトもソユーズも、1905年革命時に生まれた概念だが、じつはレーニンは当初拒否した。1917年に戦術的に取りいれただけであった。全ロッシースキー正教会時代のジョージア（グルジア）神学校にいたことのあるボリシェビキ、スターリンが1917年6月の党大会で「ソビエトとは純ルスカヤな現象」であると指摘したことがある（下斗米2017）。20世紀はじめの古儀式派による近代化台頭の文脈で生まれた概念であるという点も付記したい。

また1905年に生まれたソユーズとは、自由主義的歴史家で古儀式派論を当時展開したパーベル・ミリュコフなどリベラル派と左派との政治理念が混在したものだった。解放ソユーズ、職業ソユーズ（労組）、弁護士ソユーズ、労働者ソユーズ、農民ソユーズである（下斗米2017）。これら全体をまとめてソユーズの最高ソユーズ（最高会議と訳される）を作る、というのが1905年日露戦争後の危機に際して当時の立憲民主党から社会民主労働党主流にいたる共通理念だった。▼4 そしてその宗教政治的な機動因は古儀式派の宗教的復活と寛容を求める改革運動であった。その指導者で大資本家サッバ・モロゾフは満州の野で弔いもなく犬死にするコサックの古儀式派系ロシア兵からヒントを得た。ちなみに当時はボリシェビキ党も労働組合（Soiuz）と農民同盟（Soiuz）組織を支持した。もっとも革命後共産党は労働組合を軽視し、農民ソユーズを敵視したが、20年代もその運動はやむことはなかった。

ちなみにウラジーミル・ボンチ＝ブルエビッチ（1873-1995）というレーニンの秘書は、当時最高の古儀式派研究者で、モロゾフら商人と呼ばれた資本家から革命党への献金を作家マクシム・ゴーリキーと協力して促した。モロゾフがパトロンの芝居小屋は「モスクワ芸術座」、ルカ老人という古儀式派的革命家が登場するゴーリキーの『どん底』の初演は1902年だった。また18年初めには革命派に協力した旧軍将校の兄を通じて赤軍を強化、そして首都を古儀式派の真の都である「第三のローマ＝モスクワ」に移転させ、初代ソビエト政府の官房長官となった。またポルトラーニンがいた『プラウダ』紙ももとは1912年に古儀式派の一族だったチホミロフが家族の遺産をもとに、モロトフと協力して創刊したレーニンの党の機関紙というのが真相だ（下斗米 2017）。

このようなロシア史の転換期にこの人たちは見えないが、重要な転轍役となった。これがわからないとこの観念が生きていた1921年のロシアで、なぜ労働者もほとんどいないところで労働組合論争が起き、そしてペトログラードのクロンシュタットの水兵がコムニスト抜きのソビエトという反乱を起こしたかの説明がつかない。ソルジェニーツィンや現在の『独立新聞——宗教』紙のアンドレイ・メリニコフもいうように「古儀式派の歴史は反乱の歴史」と呼ばれる理由である。

なかでもソ連崩壊を促した要因としてのロシアとウクライナとの関係の変化という問題は、崩壊の最大の問題となっただけでなく、2014年のウクライナ政変とロシアのクリミア併合以降、そしてコロナ危

▼4　ちなみにレーニンの新聞とされがちな『イスクラ』も古儀式派の支援で作られ、それを最後まで守ったのは、レーニンのライバルで党名を「古信仰（古儀式）」といったアレクサンドル・ポトレソフである（下斗米 2017）。本格的政党にはまだ時機が熟していなかった。

機後の米欧、東西関係の最大の争点の一つともなっている。このソ連崩壊の最大の謎を、エリツィンのゴルバチョフへの「恨み」（ゴルジャコフ）とか、米国の「高慢」（ゴルバチョフ）とか、ましてやプーチン・ロシアの「専制」（バイデン）といった単純化されたキーワードで説明することは非歴史的であるだけでなく、説明となってはいない。

このようにソ連邦とロシア、帝国と国民国家、ゴルバチョフとエリツィン、そしてロシアとウクライナといった現代ロシア政治の二項対立、その非対称にしてあざなえる縄のような論脈の展開を考えるとき、そして政治家、決定作成者の合理化、近代化、そして民主化といった近代政治学の知的枠組みだけでは捉えきれない現象を考え直すとき、このような政治文化論的な角度からの分析は重要だと考える。

つまりはこれまでのソ連崩壊、ウクライナ－ロシア関係にいたる分析については、単なる連邦制、国家連合論とか、エスノ民族問題を超えた理解が必要になる。この水準を超えた宗教的・国家的な対立、そしてこれをめぐるいわば「古層の意識」の理解が、ソ連崩壊とその後の東西関係のような、誰の想定をも超えた展開に至ったゆえんの理解には必要となる。その場合、１９９１年8月から12月にかけての崩壊過程の再吟味、ソ連崩壊後の嵐のような展開の時期をもう一度再構成する必要があろう。本書はそのような角度から見た、30年後のソ連崩壊とロシア再生の再読である。▼5

ソ連崩壊とロシア政治研究での新史料について

ソ連崩壊の立役者でロシア政治の中心人物であるエリツィンは、著作と称するものを3冊書いたか、あるいは彼の名で出版された。一つはペレストロイカ期に共産党官僚から脱皮していく過程を描いた『告白』（1990）が有名である。翻訳はないが、１９９１～93年の激動を描いた『大統領の雑記』（150）、そして引退直後に96年からの政治史を記述した『大統領のマラソン』である（151）。『告白』は後に娘婿になるジャーナリスト、ユマシェフによる選挙冊子であり、残りも補佐官などの代作である。その他『エリツィン時代――政治史概要』は、ゲオルギー・サターロフ補佐官などのグループが88年以降のエリツィンを内側から描いた半公式著作である（20）。

しかしソ連崩壊を考えるには、まず彼の宿命のライバルとなった最後のソ連共産党書記長ゴルバチョフらの関連出版物は不可欠である（29,30,31）。またウラル工科大学の先輩で最後のソ連政府首相ニコライ・ルイシコフ（29年生）、エゴール・リガチョフ（1920-2021）ソ連共産党書記、アレクサンドル・ヤコブレフ（1923-2005）書記は、いずれもペレストロイカ期とその後についての興味深い記述をのこした（119,71,72）。あるいはアナトーリー・ルキヤノフ（1930-2019）最高会議議長やウラジーミル・クリュチコフ（1924-2007）

▼5　筆者自身は１９０５年革命で最初にソビエトが生まれたとされるイワノボ・ボズネセンスク（ヨハネ昇天の意）を２０１７年現地調査し、この地の繊維産業の創始者たちがナポレオン戦争時にモスクワを離れた古儀式派信徒であったことを論証、ソビエトが教会を禁止された彼らの組織体に淵源していたことをつきとめた（下斗米 2017）。もっともじつはウラルの金属工場出のストライキ委員会が起源という説もあるが、ウラルもエリツィンのところで述べる古儀式派との関係が想定される（117:36）。これは地域代表ではない。こうしてこの宗派の関係者は二月革命時の「自由主義的企業家として臨時政府の閣僚や、その潮流と関係した。一部はカリーニンやモロトフ、ルイコフ、シュリャプニコフ、ブブノフといったスターリン以前のボリシェビキの主要活動家にもあった。スターリン死後にはフルシチョフ第一書記の陰に隠れているが、マレンコフ、ブルガーニン首相らがこの潮流出身で平和共存への転換に強い影響をもったことが知られる。繰り返し論じているが、古儀式派自体は各派に分かれた。古儀式派的背景があるからといって政治的立場や判断が正反対のことはありうる。モロトフやグロムイコの大国主義的態度と、エリツィンのそれとはまったく別である。古儀式派内部もとくに無司祭派は教会がなかったこともあり、さまざまな流派や潮流に分かれた。ロシアをめぐる東方正教会的世界との接点が重要であることを説いてきたが、そのような角度からソ連崩壊とロシア政治の興隆を考えたい。

KGB議長といった8月クーデター関係者はペレストロイカ期にエリツィンの上司や同僚であったが、91年の8月クーデター期に政敵となる（59,74）。

8月クーデター時の側近や盟友でありながら、とくに1993年秋の最高会議砲撃事件では政敵になったアレクサンドル・ルツコイ（47年生）、ルスラン・ハスブラートフ（42年生）らの観察も重要である（116:42,43）。なかでも先に触れたコルジャコフはいわゆるシロビキと呼ばれ、軍やKGBなどソ連期の法執行＝強力官庁の出身者であり、グラチョフやコベツなど8月クーデター時、国家非常事態委員会に動員された実戦部隊を、ロシアとエリツィン支持へと誘因したことによりロシアによるソ連崩壊を促した。このなかには1996年大統領選挙の決選投票で、エリツィン支持に回り、96年秋には論功で安保会議書記を務めながらすぐに解任されたアレクサンドル・レーベジ（1950-2002）将軍も含まれる。

またソ連崩壊直後の若手急進改革派のなかでもエゴール・ガイダル（1956-2009）のように重要な著作を出し（124,25）、また物故後伝記が書かれた人物もある（49）。またエリツィン一族でも小文字で書く家族は妻のナイナ、次女タチアナやその婿となるジャーナリストで補佐官のユマシェフを通常指した。小文字といったのは文字どおり肉親という意味である。だが大文字で「家族」と書くときは、いわゆるオリガルフ（寡頭支配）をも指し、1996年大統領選挙に関与しクレムリンを動かしたボリス・ベレゾフスキー（1946-2013）、ウラジーミル・グシンスキー（52年生）、ミハイル・ホドルコフスキー（63年生）らも、もちろんすべての証言が信用できるわけではないが貴重である。とくにベレゾフスキーらについては2013年にロンドンで客死したベレゾフスキー死後に行なわれた関係者の聞き書きは、ロシア政治研究に貴重である（5）。ちなみに古代ギリシアの政治哲学用語であったオリガルフをロシアによみがえらせたのは1997年に第一副首相だったボリス・ネムツォフ（1959-2015）ともベレゾフスキーともいわれる。

またエリツィン年代記としては、1999年にMGIMOの政治研究者で一時大統領選挙にもたったアレクセイ・ポドベリョースキン（53年生）ら「ロシアの遺産」基金が出した1985～98年の『現代ロシア政治史――年代記と分析』が、いくつか重要な遺漏があるものの、いまのところもっとも詳細な1985年以降のロシア政治史の編年期と人名辞典となっている（131）。その他ジャーナリストのオレグ・ポプツォフ（34年生）もエリツィン統治期、とくに前半の年代譜的著作を出版している（104）。

研究者としては、ソ連崩壊時からハーバード大ロシア研究センター長であったティモシー・コルトン教授の『エリツィン』は、浩瀚な史料調査に加えクレムリンへの食い込みで類を見ない（17）。ともに1980年代末にソ連期モスクワ政治史の研究仲間として知己を得、1992～94年には彼の推薦でソ連崩壊直後に同センターの客員研究員としてエリツィン・ロシアを米国学会から見る機会を得たことは望外の僥倖であった。同大学のロシアへの関与をめぐる大学内の対立も含め理解を深められたことに感謝申し上げたい。その他ロシア、欧米、そして日本にもソ連末期からエリツィン期を描いた学者や外交官、ジャーナリストの著作については参考文献で引用したもののみをあげてある。

筆者はペレストロイカの現地調査が可能となった1985年5月に短期滞在して以来、ソ連からロシアの転変期に数十回の政治学調査を行ない、インタビューや意見の交換を行なってきた。また日ロ政治学者の会の試み（1991～93年）や、日ロ歴史家交流（2012～16年）を提唱、また両国政府で作られた賢人会議（2013～16年）、バルダイ会議の成員でもあった。この間、多くの世界の研究者たちと、ロシアなどを含めて交流できたことの成果がこの著作の基礎にある。もちろんありうる誤解、誤読は筆者がおうべき責任である。

本書の構成

本書は全9章と終章からなる。このうち第Ⅰ部では、宿命のライバルとなった共産党書記長ゴルバチョフとエリツィンの相互関係、ペレストロイカにおける二人の立ち位置の変遷をたどりながら、この二人の関係が政治改革を求めて共産党の軛《くびき》という枠から外れるにしたがって、ソ連とロシアとの「主権」をめぐる争いとなり、1991年8月クーデターを経て、91年12月の意外なソ連崩壊へと至った経緯をたどる。

第Ⅱ部は、新生ロシアが国民国家として市場改革、民主化をめざすとされたものの、じつはソ連末期からの改革の不徹底さもあり、大統領制と最高会議との二重権力となり、市場改革をめぐる対立構造が残り、そこに米政府、IMFの民営化シナリオの拙さも倍加して危機が拡大、1993年のエリツィン大統領による憲法を超えた強制力行使による憲法体制に至った過程をおう。このことが年末の議会選挙でロシア自民党圧勝や地方主義の台頭などを促した事情も触れる。

後半では、94年以降のロシアで市場改革、民営化がオリガルフといういわば鬼っ子を生みだした事情を解明する。第Ⅰ部でエリツィンが「主権」を加速化したことが裏目に出て、モスクワに対する分離主義の頂点となったのがチェチェン問題であった。第6章では、エリツィンがこの危機を突破するためにオリガルフの力を借りて再選をめざすものの、自らの病気で第2期にはオリガルフの前に無力化していく過程をおう。

第Ⅲ部では、1996年のエリツィン体制の危機、とくに米国との関係悪化が、クリントン政権のNATO東方拡大を促すなか、市場改革をめぐるオリガルフと旧共産党との対峙、何よりエリツィンの病気とオリガルフの争いが政治の分裂を加速し亢進するなかで、しだいに「後継」問題が浮上する過程をおう。前期エリツィンの政策的矛盾が、プリマコフ首相による挑戦のなか、第9章で後継者としてKGB将校だったプーチンを後継者として指名するなかで20世紀ロシア史は終幕を迎える。

なお、本書はプーチン政権登場で一応記述を終えているが、21世紀の20年間のプーチン時代についての筆者の見解は2020年10月、朝日選書『新危機の20年――プーチン政治史』として上梓した。本書の姉妹編としてご参照いただければ幸いである。

第Ⅰ部

ソ連からロシアへ

軛《くびき》からの解放

［扉の写真］

８月クーデターに立ち向かうエリツィン（下左）と、勝利集会（右）。
エリツィンはゴルバチョフの責任を問う（上左）。

［第1章］

ペレストロイカとエリツィン・ロシア

１９８５年3月、ミハイル・ゴルバチョフのソ連共産党書記長誕生とともにペレストロイカという改革が始まるなかで、いかに改革がエリツィン・ロシアでの主権を目指した運動を懐胎し、しだいに分岐し、そして対立していったのか。

1……ペレストロイカの始まり

同世代の政治家は仲が悪い。かつてロシアの革命家、ソ連の創始者で初代の人民委員会議議長（首相）のウラジーミル・イリイチ・レーニン（1870-1924）の後継を争ったヨシフ・ビッサリオノビチ・スターリン（1878-1953）とレフ・ダビドビチ・トロツキー（1879-1940）とは同年生まれと言われた。スターリンの『党小史』では、聖人に対する悪魔の扱いだった。もっとも１９８０年代末から歴史の見直しが進むとスターリンが徴兵逃れで年齢をごまかしており、実際は1歳年上であったことがわかった。そしてこのことは１９４０年、亡命者としてメキシコにあったトロツキーにスターリンが刺客を差し向け、暗殺することを妨げなかった。第2次世界大戦開始直後、スターリンの軍隊がフィンランドとの冬戦争で大敗を喫する頃である。

エリツィンとゴルバチョフ

ソ連崩壊を導くことによって世界史に名を残す政治家ボリス・ニコラエビッチ・エリツィン（1931-2007）の台頭は、彼を取り立てながら宿命のライバルともなった最後のソ連大統領、党書記長ミハイル・セルゲーエビッチ・ゴルバチョフ（31年生）の政治的キャリアと絡む。二人の政治的葛藤のなかからロシアの台頭とソ連崩壊へと至った。二人の運命が交錯するのは1985年3月、誕生したゴルバチョフ政権による改革、立て直しというペレストロイカのはじまりだった。

この二人はくしくも同じ1931年生まれである。正確にはエリツィンが2月1日にウラルのスベルドロフスク州で生まれ、他方、ゴルバチョフは3月2日に農民の子として南ロシアのスタブローポリ州生まれである。双方とも地方出身者であるが、エリツィンのほうがひと月早生まれである。この年はスターリンが始めた一次5カ年計画のなか、農業集団化という「上からの革命」が本格化した時代である。

この大変動は17年のロシア革命以上に社会を根本的に変えた。スターリンの農業集団化では農民を集団農場に組織しようとし、これに抵抗する農民との事実上の戦争となった。人口の8割を占めた農民の多くがソ連の工業化のための飢饉の犠牲となり、1932~33年にはウクライナや南部ロシアを中心に数百万単位の餓死者を生みだした。伝統的に輸出産品だった穀物の飢餓輸出を図り、かわって軍産複合体を作ったからである。二人の一族ともロシア農民であったが、ゴルバチョフの祖父二人が抑圧されたことは知られているが、エリツィンも同様であった。

またともに小学校時代には「大祖国戦争」の辛酸をなめた。ともに食事も靴もろくになかった。大学時代は、ともにスターリン統治の最末期であった。とくにゴルバチョフは党の青年組織コムソモールの優等生でもあって、モスクワ大学法学部をスターリンが亡くなる１９５３年に出て、その後故郷の南部農業州スタブローポリの共産党組織に戻り、ソ連のエリートであった地方レベルの党官僚＝アパラチキ（機関専従者）の道を歩む。他方、エリツィンは55年にスベルドロフスクのウラル工科大を卒業、同州の重工業の建設現場で働きだした。スターリン時代が生みだしたテクノクラート的党員であるが、もっとも彼が共産党員になるのはかなり遅く、ニキータ・フルシチョフ（1894-1971）第一書記の時代の61年、エリツィンが30歳の時だった。

ゴルバチョフの台頭

ソ連流の優等生だったゴルバチョフの政治的台頭は著しかった。スターリン時代の傷跡が深く残る農業部門では工業化による人口流出でライバルも少なく、ゴルバチョフははやくからその農業地方スタブローポリの党官僚のエースとして注目を浴びた。レオニード・ブレジネフ（1906-82）が書記長であった78年11月に、40代の若さで全国の農業担当の党書記になった。同地方の先輩で担当書記フョードル・クラコフ（1918-78）の急死に伴うものだった。

当時、全盛を極めたブレジネフの副官コンスタンチン・チェルネンコ（1911-85）の共産党政治局入りとの抱き合わせ人事だった。そのころ最高決定機関である政治局には、南部軍産複合体出身のブレジネフ系政治局員、つまりニコライ・チーホノフ（1905-97）首相、ウラジーミル・シチェルビツキー（1918-90）にたいし、ユーリー・アンドロポフ（1914-84）ＫＧＢ議長、ドミトリー・ウスチノフ（1908-84）国防相、アンドレイ・グロムイコ（1909-89）外相らの安全保障会議関係者との密かな対立があるとも言われた。

このなかで81年、アンドロポフはミハイル・スースロフ（1902-82）書記没後、事実上のNo.２であるイデオロギー担当党書記を経て、82年11月9日のブレジネフ没後に書記長を継いだ。もとは外交畑、56年ハンガリー動乱期の大使から党中央で中国やポーランドといった政権にある共産党の関係部長を経て65年KGB議長に移っていた。

KGBとは共産党の防衛組織として1918年につくられた非常委員会の後継組織だが、初代フェリックス・ジェルジンスキー（1877-1926）はポーランド貴族出身の革命家、元はカトリックの戦闘的ジェズイット教団出身という。この組織は党直属の機関だが、アンドロポフはデタント期にKGBをCIAのような情報機関に変えようとし、毛沢東批判をふくめ、なかには相対的にリベラルという評価もあった。事実ユーリー・リュビモフ（1917-2014）監督率いる前衛劇場タガンカのパトロンは、91年8月クーデターの首謀者のウラジーミル・クリュチコフも回想するように、彼の補佐官たちだった（60:278）。

もっとも前衛劇場が問題だったのではなく、それがデタント期とはいえモスクワで公演をしていたことが注目されたのである。しかし書記長は病気がちで酸素テントのなかから指導していたアンドロポフの統治が400日で終わる。この時、アンドロポフの遺書にゴルバチョフの後継が書き込まれていたという証言をしたのは補佐官アルカディー・ボリスキー（1932-2006）であったが、ゴルバチョフはこの時はなれなかった（LG:4/7/90）。

ノメンクラトゥーラによる支配の限界

後継書記長となったのはコンスタンチン・チェルネンコであった（10:57）。彼が傑出した指導者だったからではなく、彼こそ全面包括的な党の支配を人格的に象徴したからである。マルクスが「上部構造」といって、ブレジネフ期に完成の域に達していたソ連共産党が指導する統治体制、いわゆる党・国家体制である。なかでも支配の中核となったのは書記長を頂点とした党官僚制であった。その際支配の要となったのはノメンクラトゥーラとよばれた党人事と宣伝部を通じたイデオロギーの支配である。軍やKGBなどの人事もその一環であった。もともとはソビエト連邦ができる1920年代初頭までのソビエトのややアナーキーな支配が戦時共産主義のあと危機に瀕した。このとき党内分派を禁止し、スターリンを書記長として作られた位階制を指した。

もっとも後期ソ連を議論するときは、スターリン時代の「党・国家」体制だけでは、問題は理解できない。というのも、その党が経済管理を国家計画委員会や政府機関を通して、そして軍産複合体、農工複合体、燃料エネルギー複合体といった分野別の管理システムを包括的に統制・管理していたからである。このことをここで強調するのは、ソ連崩壊を、党支配の崩壊を見ていく時、党の軛《くびき》がとれたことによりこれらの分野別管理もまた瓦解、グローバル化する市場の要請に応じて再編成される過程であったからに他ならなかった。

その意味での危機意識は1980年代初めには体制の最頂点に懐胎していた。計画経済の頂点ゴスプランは、計画どころか管理すら処理できないし、現場の情報は入らないことを実感していた。80年公開のエリダル・リャザノフ（1927-2015）監督の映画『ガレージ』は、ガレージ協同組合をめぐるドタバタ喜劇だがソ連経済そのものが巨大なガレージ・セールの様相を呈していた。実態は数万の生産と配分とのノメンクラトゥーラと呼ばれたリスト作り、そこには消費が入らないこの矛盾は若手官僚から作文作りの研究所研究員まで蔓延していた。60年代末までに作られるか拡充されたIMEMOやTSEMI（数理経済研といったシンクタンクの先端の若手研究員らは、勝利できないアフガン戦争やポーランドのカトリック労組の挑戦などの危機を見ていた。資本主義を追い越すどころか、韓国やシンガポールといったアジアの第三世界の資本主義志向国に追い越された。第3次産業革命が叫ばれるのに、ソ連には8ビットパソコンが5万台しかなかった。

党の経済管理そのものが無理だった。78年から党農業担当のゴルバチョフは、ライバルの中国の鄧小平が毛沢東の死後、人民公社解体と市場導入で穀物生産を倍増させていたことを知っていた。エリツィンが85年に同党建設部長だったことは後ほど議論するが、同じくソ連崩壊時にガスプロムのトップから92年12月にロシア首相となったビクトル・チェルノムィルジン（1938-2010）は、70年代末は党重工業部のガス部門の指導員として「友好」パイプラインを西ドイツまで敷く計画を実施しては「資本主義」との広がる格差を実感していた。ロシアの経団連と呼ばれた科学産業同盟を90年に作るボリスキーはアンドロポフ補佐官から党機械製作部部長として配下の軍産複合体などを監督していた。このように政治局と書記局、党と国家、国家と経済の関係を、ノメンクラトゥーラと呼ばれた人事リストを通じて精緻な統制メカニズムが作り出されていた。計画の名で現実は利害調整を「第二経済」などアングラ世界との関係をふくめた党支配の構造を作りだした。

その闇市場では、元ユダヤ人労働運動の子孫アレクサンドル・スモレンスキー（54年生）という名の逮捕歴のある人物が、ソ連では印刷されない古聖書を闇市場で売りさばいた。ノメンクラトゥーラの子弟には、西側の学者のほしがる1920年代のトロツキーやブハーリンの著作を、ビートルズのカセットや人気タガンカ劇場の出し物であるブルガーコフやマンデリシュタム、あるいはドストエフスキーのソ連版書籍と交換していた。もう少し賢いボリス・ベレゾフスキーという数学者は、イデオロギー統制の薄い管理学研究所を拠点にパソコンやソフト販売をはじめ、やがてジグリと呼ばれ、イタリア共産党党首の名を冠したトリアッチ市のアウトワズ社で作られていたソ連版フィアットの中古車販売でヒット、「市場」規模を拡大しはじめるようになるのは88年からである。それまでは工場はあっても企業はないに等しかった。

制度を熟知したチェルネンコ

そのような制度の裏表のルールを熟知していたチェルネンコが、ブレジネフ書記長の副官として週１回開かれる政治局の議題、決議や参加者を決める党総務部長となったのは１９６５年であった。総務部を強力な「党内党」「国家の中の国家」とでもいう機構に変えたのが彼であった（153:82）。

ブレジネフ、アレクセイ・コスイギン（1904-80）首相、ニコライ・ポドゴルヌィ（1906-83）最高会議幹部会議長といった大物政治家は決定の履行までは気が回らなかったし、何よりも病気で70年代後半は定例の会議も稀となった。この間チェルネンコは１００にも及ぶ縦割りの省庁、国家委員会をも党機関を使って監督したことが彼の権力の源泉となっていた。

ちなみに85年からこの部長となったのはゴルバチョフの40年来の友人で最後はクーデター派となるアナトーリー・ルキヤノフだった。これにミハイル・スースロフらが君臨した党統制機関がチェックしていた。こうして「顔のない男」と『プラウダ』編集長が名付けたチェルネンコがアンドロポフ死後の84年２月13日に書記長となった。制度の膠着化がそれだけ進行していた証拠でもあった（2:53）。

もっともそのチェルネンコもまた病人であった。当時、クレムリンの主治医であったエフゲニー・チャゾフ（29年生）の『権力と健康』という著作では、75年に倒れたブレジネフ書記長以来、冷戦後期の指導者はほとんど高齢の病人であった。いずれもスターリン時代の粛清で革命世代が一掃された時に登用され、世界大戦の試練をくぐり抜け、平和共存とデタントのなか、急騰しだした石油やガス資源を世界市場に売っては体制の宿痾である農産物と軍産テクノロジーを購入、超大国を演出してきた。惰性でもって計画的かつ優先的に生産される核兵器やミサイル、戦車群は超大国米国をも交渉のテーブルにつけさせた。

ウクライナ生まれのポーランド・カトリック出の米国民主党系戦略家ズビグニュー・ブレジンスキー（1928-2017）らはデタントを主導したヘンリー・キッシンジャーに代わってそれがもたらす脅威を説き、

またアフガニスタンでのソ連の79年の南進は「暖かい海」を求める北の熊の習性だといった地政学的脅威をあおった。もちろんアフガニスタンは山国で海はない。いずれにしてもソ連指導者の病は体制自体が病を起こしていたことを象徴していた。

こうしたなかでエリツィン同様、1931年生まれのゴルバチョフはまだ50代前半で健康であった。第二書記としてチェルネンコの体調がすぐれないときゴルバチョフが政治局会議をも仕切ったものの、ブレジネフ系でウクライナの南部軍産複合体出身のチーホノフ首相らからは疎まれていた。それでもアンドロポフ以降、危機をめぐって密かに市場改革を含めた党改革、国家的決定作成の見直しが始まっていたことが重要であろう。

チーホノフ首相のもとの経済「完成」委員会には、アガンベギャンやシャターリンといった大物改革派学者だけでなく若き日のガイダルやピョートル・アベン（55年生）らエリツィン・ブレーンも末端で連なり、市場導入をふくめ別のモデルの模索を議論しはじめていた。とくにアンドロポフ期になって、中央・地方のシンクタンクで密かなNEP《ネップ》や東欧での市場改革がエリート学者やその弟子に許されるようになった（101）。そうでなくとも労働者が「労働者国家」に反乱を起こすポーランドの連帯問題は「世界社会主義体制」そのものの危機となっていた。「遅れた社会主義」国がいまや改革の先端となった。何よりアンドロポフ書記長こそ四半世紀前に東欧反乱の抑圧を現地指揮した経験を持つが、この反乱を核兵器やワルシャワ条約機構軍の5万台の戦車で解決できないことも自明であった。

ゴルバチョフを党書記長に選出

そうでなくとも経済だけでなく政治や社会に至るまでソ連を襲った危機の連鎖は限界に達していた。エリツィンが「20人の共産主義」と皮肉ったソ連株式会社の重役会というべき政治局員のなかで唯一50代のゴルバチョフにお鉢が回ってきた。１９８５年３月10日にチェルネンコが亡くなったあと、翌11日の政治局会議、中央委員会総会で書記長に選ばれた。

彼を３月の総会で書記長に推薦したのは、外交界の最古参アンドレイ・グロムイコであったが、外交官出身者が共産党政治で人事権を持つというのは異例で、70年代から彼は安保関係の政治局員としてアンドロポフやウスチノフとも関係が深かった。ちなみにこの３名もまたじつは古儀式派的関係があるという指摘を行なったのは歴史家プイジコフである（111:347）。事実、グロムイコは公式回想録でも一族の古儀式的過去を指摘した。ブレジネフ周辺にはウクライナの戦後のミサイルなど南部軍需産業出身が多く、古儀式派はほとんどいなかったが、ロシア、とくにモスクワからウラル、シベリアなど東側は伝統的には古儀式派的世界であった。

こうしてグロムイコがゴルバチョフを党書記長に推挙する。ソ連の危機をより深く認識していた国際関係の研究所長クラス、アレクサンドル・ヤコブレフ（ＩＭＥＭＯ）、エフゲニー・プリマコフ（東洋学研究所）、ＫＧＢのクリュチコフらもゴルバチョフ書記長誕生のため奔走した。ちなみにゴルバチョフ選出に党内闘争があったという説があったが、この点では「一致して」選ばれたというルイシコフ首相の回想を疑う理由はない（111:373）。

エリツィンも重要州第一書記に

エリツィンは76年に故郷スベルドロフスク州の共産党第一書記となった。この間、ウラル工大で２歳年上のルイシコフは圧延などで有名な名門軍需工場「ウラル機械」の企業長であったが、82年11月経済の停滞に危機感を持ったアンドロポフのもとで新設された党経済部長として改革派の評判をとった。事実、ノボシビルスク覚書で有名なアガンベギャンやザスラフスカヤといった改革派はその影響下にあり、書記をへて85年には閣僚会議議長、つまり首相となっている。

もっともソ連期の閣僚会議議長は首相とも言われたが、国有企業を管理する、いわばソ連株式会社の管理者で、首相はレーニン時代とは異なり政治家とはいえなかった（106:42）。また同じ82年にシベリアのトムスク州党第一書記からリガチョフが党の組織指導員部長、つまり幹部担当として抜擢された。フルシチョフ期のシベリアの改革派であったリガチョフもブレジネフの長い停滞のあと、アンドロポフの引きで83年末に組織担当の党書記に昇進すると、地方党の第一書記クラスを7割も交代させた。

なかでもスベルドロフスク州のような重要州の第一書記は注目された。アンドロポフはエリツィンに注目、リガチョフを派遣して首実検をさせた（71）。そのエリツィンは同州執行委員会議長との間に確執があったが、ゴルバチョフやリガチョフは、85年に彼をモスクワに積極的に登用した（144:22）。

この間、ソ連経済の遅れと歪みは著しく事実上ゼロ成長になった。アンドロポフの微温的改革もチェルネンコの保守的潮流により窒息していた。このこともあって85年4月のゴルバチョフの登場までに、ソ連崩壊の起源となるような政治方針の対立、意見の分岐は、ゴルバチョフ書記長就任直後にはすでに顕在化していた。ソ連崩壊後に明らかにされた回想録や論文からもソ連が当面した危機をめぐる内部議論があったことが明らかになっている。

2……ウラルの古儀式派

そのゴルバチョフの始めたペレストロイカの過程で登場し、この枠を超えた政治家がボリス・ニコラエビッチ・エリツィンであることはいうまでもない。ソ連末期の１９９１年6月12日、ロシア・ソビエト社会主義共和国連邦（ＲＳＦＳＲ、以下ロシアと略）初代民選大統領となり、91年8月のゴルバチョフに対する保守派クーデターに実力でもって抵抗、ソ連崩壊後ロシア連邦の初代大統領となった。

彼が生まれたのは１９３１年２月１日、ウラルのスベルドロフスク州であった。この地は帝政期にはウラルを開発した女帝にちなんでエカテリンブルクと呼ばれ、革命後レーニンに次ぐ党の革命家ヤコフ・スベルドロフ（1885-1919）の名にちなんでスベルドロフスクと改称された。いま州都はエカテリンブルクという旧称に戻ったが、州名はソ連期のままである。

ウラル地方は、世界経済史的には17世紀の英国とならぶ金属冶金工業の中心地であった。古代のスキタイ人以来武器や農具などを製造してきた伝統があった。これを古くから帝国の遠隔地で開発したのはイワン・ミャスニコフ（1710-80）のようなシベリアの商人、企業家であった。この土地は同時にプガチョフの乱など異端的、反政府的雰囲気があった。１９２１年、同地の古儀式派的党員ガブリール・ミャスニコフはレーニンに王党派を含めた宣伝の自由を要求した（下斗米 2017:96）。この伝統はスターリン時代にも引き継がれ、マグニトゴルスク製鉄所が、米国の鉄鋼都市のようにスターリンの工業化計画のなかで、大量動員方式で作られた（120:54）。言うまでもなく来るべき第２次世界大戦準備の目的であったが、事実ここで生産された鉄鋼生産こそ第２次世界大戦、とくに独ソ戦争の試練を勝ち抜き、冷戦期のソ連の軍需産業を支えた。

エリツィンの生い立ち

エリツィンの生まれたブトカ村は、タリツという町の郊外33キロの位置にある。そこのベリャコバ川の支流ブトカ川から名前を取った。どうやらチュルク＝バシキール語で湖の沼地とでもいう意味らしい。ロシアが帝政になる少し前の１６７６年、この地に要塞と大村とができた。１９００年頃、この村にはロシア正教徒、そしてその源流でありながら17世紀後半に当局によって異端とされた古儀式派信徒とが共生し、主として農耕に従事していた。

古儀式派とはラスコリニキともいわれ、1666年にロシア正教会の分裂（ラスコル）がおきた時、伝統的儀式（典礼）を墨守して追放された集団のことである。モスクワを政治だけでなく宗教上も「第三のローマ」として信奉するこの潮流は、分裂主義者、分離派として当局から迫害されてきたが、強いネットワークを、拠点モスクワをはじめボルガ、ウラル、シベリア等北東ロシアで維持、人口の3分の1とも半分ともいわれ、相当の数を占めていた。G・ミャスニコフも18世紀の民衆反乱指導者プガチョフもこの系譜とも言われることもある。

エリツィンの祖父もまた古儀式派信徒であった。[1] 2014年にロシア偉人伝シリーズでボリス・エリツィンを書いたジャーナリスト、ボリス・ミナーエフ『エリツィン』の第1章は「古儀式派1930―80年代」で始まる。「若き親衛隊」出版社からプーチン大統領の序文付きで出された（82）。そこで著者は、コルトン（17）や下斗米（2013）が提起した古儀式派エリツィンとの関係を深追いしている。プーチン自身はエリツィンの指導集団にいたため客観的に評価できないとは断りながら、別れる最後の日に「ロシアを大切にせよ」と語ったことを特記している。プーチンの縁戚にも古儀式派関係者がいた。この人たちは弾圧にたえ旧来の信仰を守り、頑固で異端、苦境にあっても憤らなかったが、ソ連期も30年代はとくにそうであった。

エリツィンにとって、宿命の政敵となるゴルバチョフ書記長が生まれた1931年は権力の絶頂にあったスターリンが始めた第一次5カ年計画のさなかである。ウラル地方スベルドロフスクもまた急速に工業化の波を浴びた。29年にスターリンのお声掛かりで作られたマグニトゴルスク製鉄所の本部も当初は同市にあった（54:79）。33年には軍需工場ウラリマシが作られる。スターリンの工業化が、農民などの多大な犠牲に基づく工業化であったことはよく知られている。

弾圧された独立農民たち

碩学の経済史家ロバート・デイビスがこの頃の工業化の時代を「飢餓の時代」となづけたように、クラークとよばれた篤農たちだけでなくすべての農民が犠牲になったか、飢餓線上におかれた（19）。エリツィンの祖父イグナチー・エリツィンは製粉所を持った中農であったが、この「クラーク」としてスターリンが弾圧した独立農民であった。

イグナチー・エリツィン家の子供たちもまた親が馬を持っただけで「クラーク絶滅」の対象となった。祖父イグナチーはウラル極北の極貧の地に追放され、36年になくなった。またエリツィンの母、クラウデイア・スタルィギナの父、ワシーリー・スタルィギンも中農出身の大工、ちなみにエリツィンがこの祖父に建設部門で働くと告げたら歓迎したという。

ナイナ夫人もいうようにエリツィン家は単に貧しかっただけでなく、父ニコライが5年間逮捕され、残った家族もなけなしの外套やワレンキと呼ばれたブーツまで当局に没収された。父ニコライの二人の弟たちは近隣のタタールスタンにいくことがかろうじて許され、同地の軍用航空工場で働いた（19:14)。もっとも興味深いことには、エリツィン自身はこのことを両親や祖父から一度も聞いたことはなかった。彼自身親の粛清を聞いたのは92年、ソ連崩壊後だったし、家族の前でもしゃべらなかった。94年になって初めて触れた（19）。

▼1　エリツィンの祖父イグナチーもまた古儀式派教徒であった。祖先は15世紀ベリーキー・ノブゴロドからやってきたエリザリー・エレツであって、一族は１９２０年まではYeltsynと書いたがYeltsinとした。

１９３９年までに、ウラルでは第２次世界大戦の準備もあって新工場が続々と建設された（19:245）。父ニコライも刑期終了後は隣接したペルミ州ベレズニキの建設労働者として落ち着く。家族も合流し、したがって第２次大戦中ボリスは生まれたばかりの妹らとともに同市のバラックで10年間暮らし、同地の学校に通った（『告白』）。この選挙用パンフレットでは当然触れてはいないが、この化学コンビナートはしばしば囚人労働を使用して建設されたが、そのなかにはエリツィン生誕後の１９３２年に建てられたベレズニキ窒素コンビナートもあった。

エリツィンはこのようなスターリン型工業化の劣悪な雰囲気で育った（82:8）。なかでも第２次世界大戦末期から53年にかけてのウラルやシベリアには、収容所が急拡大し、ポーランド、バルト３国や日独伊の枢軸国の囚人たちもながれこんだ（小林）。スターリン治下のシベリアの炭鉱町での成長を描いた自伝的映画『動くな、死ね、甦れ！』で有名となったビタリー・カネフスキー（35年生）監督は、日本人捕虜が森林伐採する建設現場と隣り合わせ、「木曽節」を歌う囚人労働を目撃していた。化学工場や建設現場のこのような環境下で育ったエリツィンは、しばしば囚人とも出会い、従者や下層の人物をも取り立てることをいとわない、自立した人物でもあった。

こうしてエリツィンという政治家、そしてその一族にとって、元農民たちをふくめ「建設」とはいわばソ連という巨大工廠を建設する下支えとなった運命でもあった。スターリンが亡くなるとやがて実権を得ようとしたラブレンチー・ベリヤは人気取りもあって収容所を解体しだした。映画『１９５３年の冷たい夏』はこのような収容所から解放された主人公がようやく都会にたどり着く過程を描いた冒険映画だが、実際、スターリン死後収容所が解体され、元囚人たちもようやくフルシチョフ期には「フルシチョフのバラック」といわれた５階建てアパートに住むことができるようになった。カザフスタンの「処女地」に若者が「自発的」に送られる伝統は、その後も70年代のＢＡＭ鉄道建設などにも見られた。

エリツィンは戦後、化学工業都市ベレズニキの高校からスベルドロフスクのウラル工大建築学部に進み、卒業後は「ウラル化学工場」や織物コンビナート、住宅建設など建設の現場主任として働いた。戦後の冷戦期には、核関連産業がこの地にも作られるようになったが、軍産部門が集中していたこともある。スターリンは欧米からの攻撃に対抗するため内陸のウラルやシベリアに、戦略的工場や核の秘密都市を作った。隣州チェリャビンスクでは核の秘密都市「チェリャビンスク40」が作られ、1957年には最初の核事故が起きたことは有名だ（94）。スベルドロフスクでも60年に米国のU2型スパイ機撃墜事件が起き、フルシチョフ第一書記が激怒、平和共存が危ぶまれた事故だった。スターリンの時代は終わったが戦争の傷跡が残ったうえに冷戦の時代が続いた。

その後、エリツィンは州党委員会の建設部門で7年働いた後、上司リャボフ第一書記がモスクワに勤務したことにより、ブレジネフ期の全盛期の76年スベルドロフスク州委員会第一書記となる（94:74）。州の支配者と彼が呼ぶ地位だ。ちなみにエリツィンより10年早く入党したゴルバチョフは、1970年にロシア南部農業州のスタブローポリの党第一書記になり、翌年中央委員になっていた。同州はスースロフやアンドロポフという大物党官僚のゆかりの地、そしてブレジネフ書記長らの保養地キスロボドスクが位置していた。

80年代前後、政治局ではウクライナ系南部軍産複合体のブレジネフ系と、アンドロポフ、ウスチノフ、グロムイコら安全保障会議系との暗闘があり、ブレジネフ系の後継人事についての別荘地での人事情報がゴルバチョフを通じてアンドロポフに流れたともいわれる。ちなみに後三者の危機感は高かったことがロシア人ゴルバチョフやエリツィンの台頭を促した（111:347）。

3……ゴルバチョフ対エリツィン

ルキヤノフとヤコブレフの対立

なかでもゴルバチョフにとって最初となる4月党中央委員会総会の準備会議で、党総務部長となるアナトーリー・ルキヤノフと、ややあとに党宣伝部長となるアレクサンドル・ヤコブレフとの間で論争が生じていた。

いまから振り返ると対立を軸にソ連崩壊をめぐる、そしてロシア最初の意見の対立も展開されていくことになる。この初期段階でのライバル的な二人は70年代共産党のホープでもあった。このうちヤコブレフはモスクワ近郊生まれ、独ソ戦で負傷したのち党機関で働き、50年代末フルシチョフの「平和共存」時に米国コロンビア大学に留学するという、当時の党官僚としては稀有な経験を経た。ブレジネフ期の党宣伝部長の時、ロシア民族主義を批判したためカナダ大使に左遷させられた経験を持つ、いわば共産党きっての国際派であった。帰国後、最大のシンクタンクＩＭＥＭＯの所長となったヤコブレフは85年7月には党宣伝部長に返り咲き、グラスノスチで知識人の解放と自由化をすすめた。

他方、ルキヤノフは西部スモレンスク州で生まれ、この地はアンドレイ・タルコフスキーの名画『僕の村は戦場だった』や85年に公開されたエレム・クリモフ監督の映画『炎６２８』に描かれたような独ソ戦で無辜の民やパルチザンが犠牲を出した地域だった。年齢は1歳若いゴルバチョフとモスクワ大法学部では同期、その後はソビエト法の専門家として、党と国家の法務部で活躍、なかでも「共産党の指導的役割」を、初めて憲法6条に明記した77年起草委員会のメンバーでもあった。つまり党支配の正統性が問題となった時、ソ連憲法という法規でこれを正当化した。法治国家という支配を重視する保守派のチャンピオンともいえた。

この二人は、システムを改革するに際して論争、その結果二つの路線対立が生じた。つまり党・国家・経済体制の改革を党内改革の枠内でやるか、それとも、場合によって大統領統治と市場改革などイデオロギーの縛りを超えて改革すべきかの根本的対立である（80:159)。前者が法学者ルキヤノフ路線だったとすれば、後者はヤコブレフなど政治学者の考えだった。もっとも両者の関係はイデオロギー国家での政治学の自由の度合いとも関係した。

ソ連では法律学はレーニン以前からの伝統があるが、政治学は大学ではソ連最末期まで公認されなかった。じつは科学アカデミー「国家と法」研究所などや地域研究センターの隅っこでかろうじて政治学研究は許容されていた。それでも79年に初めてモスクワで世界政治学会が政治学者ゲオルギー・シャフナザーロフ、後のゴルバチョフ補佐官らの努力で開催されて以降、とくに改革派が政治学を重視しだした。

ペレストロイカの語源

この時、使われ出したペレストロイカという言葉であるが、じつはスターリン時代の1930年代初頭よく使われていた言葉でもあった（下斗米 1988)。ゴルバチョフは新しい世代に変化を求めたが、同時に古参党員に変化の歴史的正統性を納得させた言葉でもある。

ゴルバチョフ自身改革への特定の概念はなかったとワジム・メドベージェフなど彼の側近たちも回想する。特定の方向提示がなければペレストロイカをめぐって党内で内部対立を始めたとしても驚くにはあたらない。事実、4月の準備会議でヤコブレフは土地の私有制と複数政党制、そして東欧政策の転換を提起したが、これにルキヤノフが反対した（74:8)。体制内改革派か、それとも体制をも改革の対象とするか。もっともこの最高指導部内に芽生えだした亀裂は、外部には国際関係での転換はどこまで許容されるか。

伏せられたものの4月には芽生え、その拡大が結局はソ連崩壊にまで至った。

ゴルバチョフはまだこの認識まで至っていなかったか、あるいは政治的にはできなかった。85年4月段階ではこの路線論争は隅に置かれ、科学技術面での「加速化」、いわゆるウスカレーニエがゴルバチョフ新指導部の方針として提示された。情報通信といったコンピューターや通信技術の導入で危機は乗り越えるという70年代の考えであった。内外の専門家の間では、ソ連体制の危機は深刻で、根本的な改革が必要であることは最初から自明でもあった。

それでもゴルバチョフ就任直後から新聞は保守的だったものの、テレビでのゴルバチョフ発言は日ごとに大胆さが増しはじめた。たまたまソ連に留学していた筆者は、5月のレニングラードで型破りの演説を行なったのに着目した。レッドカーペットのある入り口を使わずに入ってきた新指導者は、官僚が準備した原稿を見ることもなく、ソ連経済の矛盾を語ったのである。価格改革へのゴルバチョフの大胆な呼びかけだった。

だが、翌日の党機関紙『プラウダ』に載った記事では、価格システムの「完成」の必要性といった陳腐な表現となっていた。テレビを握りはじめた書記長とレーニン以来の頑迷な正統な機関紙『プラウダ』の落差が示された。同紙の保守的な編集長から地球的価値を尊重する哲学者イワン・フロロフ（1929-99）に代わるのはそれから4年後となる。ちなみにその交代の引き金となったのは、同紙によるエリツィンのアルコール癖についての記事への改革派の抗議がきっかけとなった。

実際、当時モスクワ市内には食堂にも商店にも文字通り何もなかった。頼みの石油価格が低落したからだが、外貨準備の余裕もなくなった。ドルショップでも醤油や即席麺が品薄となった。当時のスローガンは「発達した社会主義」から「発展途上の社会主義」に変わろうとしていたが、建設現場ではなかなか終わらないビル建設をまえに、いつまでたっても働こうともしない労働者が雑談に興じていた。

ゴルバチョフが就任したばかりの党書記長としての最大の権力とは、イデオロギーや指導方針の提示と並んで、ノメンクラトゥーラと呼ばれる党、政府や企業、社会組織での人事権であった。もっともソ連党書記長とは強大な権力を握っている存在と考えがちだが、制度論的には必ずしもそうではない。欧米の大統領や首相が人事を一掃して新体制を発足させるのとは異なって、政治局の高齢支配者の一掃にはなお時間を要した。ブレジネフの18年の間にノメンクラトゥーラと呼ばれたソ連共産党エリートの政治局平均年齢は69歳と高齢化していた。

書記長とは、当初は「同輩者中の第一人者」にすぎない。54歳と最年少で書記長となったゴルバチョフは、高齢な政治局員の引退と若返りを狙ったが、自分を推薦した保守派外交官グロムイコを引退させるには3年以上かかったように、書記長といえども独裁者ではなかった。それでも二つ年上で、スタブローポリ州の隣、ジョージア（グルジア）共和国党第一書記エドワルド・シェワルナッゼ（1928-2014）を7月に外相とするなど同世代人の若手を登用した。

若手エリツィンの登用

そうして登用した若手のなかにウラルの重工業地帯のエリツィンもいた。スベルドロフスク州第一書記となったエリツィンは在任中4度も州幹部を更迭した（105:16）。そうしたエリツィンの組織手腕を買ってゴルバチョフ執行部、とくにリガチョフ書記は彼を党中央委員会に登用した。

エリツィンが推挙されたのは4月11日、ゴルバチョフの書記長就任直後であった（50）。もっともエリツィンのモスクワでの職務は党中央委員会に25ある部長職レベルであった。7月に宣伝部長となったヤコブレフ、機械製造部長からソ連・ロシアの経団連を立ち上げることになるボリスキーとならんで、エリツィンは建設部長となった。最も重要なのは政治局を仕切る党総務部であったが、そのトップにはルキヤノフが部長となり、2年後には軍やKGBの人事をも扱う行政機関部長兼務で党書記となる。この部を担当した経緯もあり、ルキヤノフは1991年8月クーデター派の背景といわれた理由でもあるが、そもそもKGBを含むソ連の非常事態対処機関もすでに一枚岩の存在ではなかった。

スベルドロフスク州のような有力地方では州第一書記として「無限の」権力と人脈（50:73）を持っていたエリツィンだったが、モスクワにあっては党中央の部長職は未知で、勤務の最初数カ月間はやや動揺したといわれる。しかし半年後には運が向いた。ゴルバチョフやリガチョフは、スターリン時代末期から首都モスクワ党組織の有力者で、チェルネンコ死去の折にはゴルバチョフの当て馬とすら目された市第一書記ビクトル・グリシン（1914-92）に代わる人物を探していた（35:33）。こうしてエリツィンは首都の党を刷新する目的でモスクワ市の第一書記に登用された。

そうでなくともグリシンのモスクワ市政はとくに建設部門の遅れが目立ち、「建設途上社会主義」と揶揄されたように不評だった。12月19日にゴルバチョフはグリシンを呼びつけ、その日、党政治局は解任を正式に決めた（35:138）。かわりに23日にゴルバチョフの執務室で行なわれた政治局会議でエリツィンが後任に推薦された。

モスクワはなんといってもクレムリンが位置し、レニングラードと並ぶソ連権力の中心都市でもある。とくに古儀式派はモスクワを「第三のローマ」と位置づける。エリツィンにとってはこの党組織のトップになることは別格の思いがあった。翌24日の市委員会総会でエリツィンがモスクワ市第一書記に就任した。党政治局が推薦した以上やむを得ないと当時はみられた。エリツィンは、翌年2月には党総会で政治局員候補となる。

抜擢されたエリツィンのモスクワの党運営は新奇でもあった。それまで10時から始まる党務を朝8時から、そして時に夜中2時までの勤務を部下に命じた。またリガチョフ並みに幹部の交代を鋭く迫った。後輩でクーデター派となるプロコフィエフは市党委員会からモスクワ・ソビエト書記への転勤を命じられ、それから市第一書記として戻るのはエリツィン失脚の2年後であった。それでも彼の空気を読む能力と独創的な判断には、この党内保守派も驚かされたという（14）。

また彼の護衛、アレクサンドル・コルジャコフが要人警護のKGB将校として初めてエリツィンに会うのもこの時である。コルジャコフ自身、尊敬するアンドロポフ書記長の護衛ののち、一時はゴルバチョフ夫妻を警備してきた。他方、エリツィンと同様コルジャコフも古儀式派、とくにベロクリニツキー派信徒であり、１９０７年に建設されながら30年に閉鎖されていたモスクワ郊外オレホボ・ズエボの聖堂を２００２年に寄進して再建した人物でもあった。彼はゴルバチョフの護衛だったときに夫人ライサが護衛の外貌に関心があったと回想に書いた（51:71）。女性の社会進出と政治関与に批判的な発言であるが、ゴルバチョフへの批判としては時に有効でもあった。

またこの頃地元スベルドロフスクでの第一書記補佐官だったビクトル・イリューシン（47年生）をモスクワでも補佐官として引き抜いた。以来、彼はエリツィンの「影」になってロシア政治に影響を持つことになる（50:75）。このころまではまだ小文字で書かれたエリツィンの家族を除いて、この二人がその後のエリツィンをもっとも身近で支える人物となった。

その後、エリツィンは86年2月には政治局員候補として、とくに首都での「急進改革」を始めた。リガチョフの庇護のもと2年間で、エリツィンは同市の古いカードルを一掃したといわれる（150:19）。もっとも、当時コルジャコフの見たモスクワのエリツィンとは「確信的共産主義者」「全体主義者」「真の党独裁者」でもあった（51:75）。96年に辞任するまでの10年間個人的関係は変化しなかったが、知り合って3年後にはTyという通称で語りはじめたという。エリツィンはミナーエフによれば、下層から上がってきた人物としてきつい対応をするときも、ややよそよそしく丁寧なVyという表現を使うのが常であった

(82:9)。

エリツィンの側近たち

ゴルジャコフからみて、ゴルバチョフとエリツィンの二人の気質は正反対でもあった。ゴルバチョフは教養人で指導力もあったし、議論も筋道を通して話せたが、大きな理念を抱えて戦うというよりは若いころからコムソモール活動家として与えられた課題を遂行するのが得意であった。他方、エリツィンはむしろ反知性主義であった。エリツィンは本を読むこともなかった。モスクワに呼ばれたのはモスクワのマフィア退治であったし、それをやったことで大衆は「自己の」英雄と見た。ゴルバチョフには世界をどう再編するかといった重荷を背負う姿勢があったとすれば、エリツィンは単純に権力が好きであった。

リベラル派のジャーナリストで、この頃からエリツィン側近となるミハイル・ポルトラーニンは、カザフスタン生まれ、軍務ののち極東のアルタイでマスコミの活動に従事、1975年から『プラウダ』紙に勤務した。自ら回想で明らかにしたように、1720年前後ボルガのケルジャク僧院を拠点とした古儀式派の末流であり、彼らの多くは当時の当局の宗教弾圧でペルミなどウラル地方に追放されていた(102:375)。シベリアに農民としてあった祖父たちはクラークとしてこの頃千万単位の農民と同様に犠牲にされた経験をもつ。

もっとも古儀式派とは19世紀末までの「ロシアの資本主義の発達」の実質的担い手であり、英米の繊維産業からテーラーシステムまで輸入の担い手であった。近代工場制度が導入され、ストも起きたが、サッカーから女工の芝居まで導入するなど労使協調も特徴だった。1905年前後にはモスクワやニジニ・ノブゴロドなどの古儀式派がオーナーの工場ではプリカズチクと呼ばれた管理人がその運営をまかされた。05年前後の古儀式派やボリシェビキ労働運動の担い手は、じつはこのような層である。そうでなくとも美術館で有名なトレチャコフ一族やモロゾフ、リャブシンスキー、グチコフ一族といった05年前後の古儀式派の自立的産業力と富とは17年二月革命での臨時政府を組閣するまでにロシアの政治と経済を席巻した。なかでもサッバ・モロゾフはレーニンの党派に寄付したことで有名であった（下斗米 2017）。

この余韻は十月革命でも続き、モスクワの共産党本部はソ連崩壊時までノギン通りと呼ばれたが、ビクトル・ノギン（1878-1924）は古儀式派出身労働者知識人で、同派のオーナーの繊維工業ではたらき、モロゾフなど商人と呼ばれた産業家と関係が深く、レーニンの急進路線には批判的で、初代モス・ソビエト議長、そして革命直後には最初の通産人民委員となった（ちなみに二月革命の通産大臣も古儀式派の産業家A・コノバロフである）。米国産業界ともソ連繊維シンジケートのトップとして交流した。ちなみに30年代モス・ソビエト議長はニコライ・ブルガーニン、『どん底』で有名な古儀式派オーナーで市長ブグロフの関係者だった。古儀式派に関係のないスターリンもブグロフの同地の管理方式を人民委員会議の見本といったこともある（下斗米 2020:73）。

ちなみに『プラウダ』出身のポルトラーニンもこの頃からエリツィンをポピュリストとして理解しだしていた（102:375）。彼からみたエリツィンはどのような国でも構わないから政治にかかわることが好きな人物と見た。

このことを明言するのは1996年以降彼が権力から遠ざけられて以降のことであるが、もっともこの評価には、エリツィンのイデオローグでありながら、もともとはソ連の党機関紙『プラウダ』のエリート記者という気質も作用したかもしれない（102:155）。この当時エリツィンのゴルバチョフ書記長との関係は良好で、直通電話でも頻繁に話したという。だが87年にはしだいに疎になっていった。モスクワ市委員会でもなぜか、エリツィンを外してむしろ第二書記のほうに配下の官僚層が集まるようになる。

このころまではモスクワをふくめたソ連には闇経済はともかく、原則から言えば市場経済は存在しない。

それでもルイノクという近郊農民や市民が郊外の屋敷付属地で育てた農産物を商う「市場《いちば》」はスターリン時代からあった。だがソ連の経済危機はより深刻になっていった。なかでもモスクワの最大の問題は食糧調達問題と言われるほど状況は悪化した(28)。同年夏までにモスクワの事情は手に負えないほどになった。エリツィンはモスクワ・ソビエト副議長(副市長)だったユーリー・ルシコフ(1936-2019)に野菜や青果物の善処を命じた。これをうまくやったルシコフは「スイカ部長」の渾名をもらったという。91年8月クーデターでは市政のボスとなり、裏方となって台頭するエリツィンを支える役回りとなった(51:369)。そのころスイカはチェチェン共和国など南部ロシアからルイノクなどに半ば公然と搬入されていた。

グラスノスチで検閲緩和

体制内改革が行き詰まった87年1月、ゴルバチョフは党総会で危機の本質が政治にあると指摘し、政治改革の必要を訴えだした。党官僚制の軛が問題だという意味である。組織を握る強大な見えない敵と戦うには政治の枠を広げ、世論を味方にする必要がある。こうして86年末からヤコブレフ党宣伝部長のいう「グラスノスチ」でテレビや新聞・雑誌などの検閲を大幅に緩和した。

1986年4月のチェルノブイリ事故の情報はゴルバチョフの耳には国内から入らなかったこともあり、グラスノスチは加速し、テレビからミニコミに至るまで各種のマスコミが活性化した。またスターリンの批判者、犠牲者として半世紀以上タブーであったレフ・トロツキーやニコライ・ブハーリンなどロシア革命の英雄でありながら、スターリンに弾圧され禁止された人名や歴史の見直しを訴える論文が86年末にではじめた。

なかでもフルシチョフ期のリベラル派ジャーナリスト、エゴール・ヤコブレフ(1930-2005)が編集長となった『モスクワ・ニュース』紙上でエフゲニー・アンバルツーモフ(1929-2010)という政治学者は、スターリン問題とは個人崇拝ではなく体制の問題だとはじめて指摘、市場経済導入を評価し注目をあびた。彼は60年代プラハに拠点があった『平和と社会主義の諸問題』にウラジーミル・ルーキン（37年生）らとともに半分追放されていた60年代の改革派だった。この雑誌はアンドロポフ以降改革派の拠点となる。同時にアンバルツーモフの勤めていた世界社会主義体制経済研究所は、「遅れていた東欧」が、市民社会でも市場経済でも、じつは改革の先端だという急進改革派、最初にマルクス主義批判を行なった「連帯」期のポーランド留学生アレクサンドル・ツイプコ（40年生）副所長をはじめ、リリア・シェフツォバ、アンドラニク・ミグラニャン、最高会議の憲法問題の若手オレグ・ルミャンツェフら政治学者を生みだすことになる。

このような動きに先行して八〇年代はじめの若手知識人や大学院生クラスでは別の道を求める「サークル創設ブーム」（49:106）が起きており、歴史家のミハイル・ゲフテル、哲学者のアマルダシビリ、A・ジノビエフや若きドゥーギンのような周辺に独立的思考が生まれ、モスクワの傾向は進歩的であった。レニングラード出身のチュバイスは、市場改革をめぐる同市とモスクワとの雰囲気の違いについて、レニングラードでは市場改革という言葉はイデオロギー的に忌避されたが、モスクワでは「西側でのホモセクシュアル」程度には許容されていたという（4:84）。87年1月に正式に合弁や個人営業が認められた。さっそくベレゾフスキーらはロゴバズ社を発足させた。

なかでも非公式団体運動が生じだした87年、モスクワの市場改革志向のクラブを発足させたのがエゴール・ガイダルだった。七〇年代末の「サークル活動」をへてアンドロポフ政権時からシャターリンら政府の市場改革研究のグループに属していた。アベンの証言では、アンドロポフ改革時にウクライナは左岸と右岸の二つに分裂する可能性があるという秘密研究もなされたという。[2]

さっそく学術論争を超えた経済クラブを発足させた。歴史の見直しとともに同じ頃「メモリアル」というスターリン抑圧の犠牲者の会が、詩人のブラート・オクジャワやエフゲニー・エフトシェンコら60年代のリベラル派作家、スターリン粛清の犠牲者を発起人にできた。それまでに70年代のデタントの成果でもあるが教会が開かれ、フョードル・ドストエフスキーやミハイル・ブルガーコフの発禁本が公開され、サミズダート（地下出版）やタミズダート（在外出版）の非公式出版の拠点として活動していた。ＢＢＣ、ドイッチェ・ベーレなど短波放送へのジャミングがデタントでなくなった結果、市場も改革も、『収容所群島』も、70年代の知識人別荘や「台所」の会話では許容されたのである。ペレストロイカにはこのような「第二社会」が解禁され、非公式組織の活動が自由となり、公然化したという側面がある。ＫＧＢが西側へのソ連版ストレステストを行なったともいえる。

もっとも非公式集団の組織化はリベラル派だけではなかった。ロシア主義者など保守派も60年代後半から教会など文化財保護運動を行ない、アンドロポフ時代にはワレンチン・チーキンの『ソビエツカヤ・ロシア』紙はロシア農村の悲惨などを好んで取り上げた。のちにクーデター支持派となるワレンチン・ラスプーチンなど農村派作家、ワジム・コージノフら評論家はソ連農村の悲劇を書いた（84:396）。作家のアレクサンドル・プロハノフ（38年生）は非党員だが、革命時に良心的兵役拒否運動を赤軍支持派に変えた人物の孫、60年代末に反中キャンペーンなどで有名となる。

こうした流れから83年にできていたといわれる「パーミャチ」は、ユダヤ人の陰謀と戦うという右翼民族派が作り上げた代物であった。同派が87年5月に戦勝記念物破壊に抗議する無許可デモを組織したとき、これにエリツィンが参加したとウラルの先輩格でもあったルイシコフ首相が指摘している（96:63）。これは不正確な情報で、極端な右派集団がモスクワで集会とデモを計画していた。8月6日の政治局会議でエリツィンが、モスクワで各種の「急進派に傾斜した人物」が示威行為や集会を開こうとしているとモスクワ・ソビエトの決定許可を求めた。ゴルバチョフは原則的には許可しなければならないとエリツィンに集会規則の草案を準備せよと指示した。

ペレストロイカの方法をめぐる紛争

モスクワの夕刊紙がこの集会を報じたことから、リガチョフが政治局でエリツィンを批判した（144:59）。ひと月で集会規則案を政治局がつくったが、これがエリツィンとリガチョフとのペレストロイカをめぐる対立の原因となった。こうして87年半ばまでに、政治局でエリツィンとリガチョフとの間にペレストロイカの方法をめぐる紛争がおきた。

直接のきっかけは87年夏のポルトラーニン編集長が大胆な論調で改革をおしすすめた『モスクワ・プラウダ』、あるいは夕刊紙としてやや自由な『夕刊モスクワ』の論調をめぐるリガチョフら党中央委員会保守派官僚からの逆襲であった。8月末ゴルバチョフは政治局員の特権であるひと月の休暇に入り、9月初めの政治局会議はリガチョフが仕切っていた。集会規則をめぐるエリツィンの市党委員会運営と報道姿勢をリガチョフは批判した（143:140）。これに対しエリツィンは反論した。ボロトニコフ、ルキヤノフら中間派の政治家はリガチョフのエリツィン批判に同調し、集会規則はモスクワだけでなく、全国の「政治気象」にかかわると、政治局に対して新提案を求めた。

その頃ゴルバチョフは1920年代の新経済政策NEP《ネップ》を市場改革のモデルにしたが、その先兵となったのは協同組合という名の市場経済であった。もっともこの理念自体は83年には彼の司会した会議で「NEPへの復帰について」が議論されており、85年春には新書記長周辺で取り上げられた（102:10）。なかでもその代表格モスクワの協同組合レストラン、クロポトキンスカヤ38を絶賛した『モスクワ・プラウダ』

▼2　https://www.kommersant.ru/doc/4702608

のポルトラーニンの記事は保守派の標的となった（106:13）。そうでなくとも同紙はグラスノスチのチャンピオンとなり禁止領域はなかった（131:63）。

彼の宣伝がきっかけで5月に採択された協同組合法に基づいて、ソ連共産党総務部は州委員会の印刷所や党学校を株式会社化するよう要請した。こうして党の有する膨大な資金が銀行業界に投入されるきっかけとなった。その結果、89年1月に41しかなかった商業銀行が91年半ばには1500を超えることになった。古いノメンクラトゥーラにかわって「新ロシア人」が出現するようになる。このことを指摘したエリツィン系の歴史家ルドリフ・ピホヤは旧ノメンクラトゥーラがこうして銀行業務にはいり新しい社会経済層を生みだす契機となったと指摘する（67:80）。後述する98年に首相となるキリエンコやユーコス社のホドルコフスキーは、91年当時いずれもモスクワやニジニ・ノブゴロドの名門工場（「赤いソルモボ」）や地区のコムソモール活動家から銀行創設を経験しているのはこの例であろう。

もっともポルトラーニンは党宣伝部から呼び出しを受け、辞任を迫られた（102:50）。だが彼はくじけなかった。直ちにエリツィンを訪問した。エリツィン自身が書記長ゴルバチョフにこの旨の手紙を書いたものの、夏の休暇で返事はなかった。

そのころエリツィンは本こそ読まなかったものの、新聞は読み、ペレストロイカも自己流に考えたとコルジャコフも指摘する（51:96）。もっとも歴史問題を蒸し返すことにはエリツィンにもジレンマがあった。最後の皇帝ニコライ二世がロシア革命直後の1918年夏に虐殺されたが、その現場であるスベルドロフスク（現エカテリンブルク）市内のイパチェフの館を77年に取り壊したのは当時第一書記のエリツィンだった。決定自体はアンドロポフKGB議長の提案であった。『告白』ではそのことをやむを得なかったと語っているが、古儀式派からいえば皇帝インペラートルと帝国とは「アンチ・クリスト」なのである。それでも87年初旬にエリツィンが宣伝関係者千名を集めた集会では、その自由で民主的な演説でペレストロイカに興味を持った観衆を驚かせた（131）。

エリツィンの反乱（１９８７年秋）

だが、このころからペレストロイカのやり方をめぐってエリツィンとリガチョフだけでなく、エリツィンとゴルバチョフ書記長との亀裂も深まった。なかでも集会規則をめぐる政治局での対立直後の９月12日にエリツィンはポルトラーニンの情報でゴルバチョフに直接書簡を書き、ペレストロイカの遅れ、とくに第二書記リガチョフの党運営を批判した。しかしゴルバチョフは電話をエリツィンにかけただけで直接対応しなかった。

しびれを切らしたエリツィンは１９８７年11月の十月革命70周年記念を前にして10月21日の党総会で突発的に自己のテーゼを読み上げ、ペレストロイカの遅れを指摘する。

革命70周年を２週間後に控えたこの日、ゴルバチョフ、ヤコブレフら改革派は1年も前から準備した歴史の見直しを提起した。その結果もあって、粛清後、半世紀もペルソナ・ノン・グラータとなっていた赤軍創始者のレフ・トロツキーや、市場経済復活で脚光をあびはじめた2代目の首相アレクセイ・ルイコフ、党の「寵児」でありながらスターリンに粛清されたニコライ・ブハーリンといった共産党指導者の再評価が注目を浴びだした。だが、ゴルバチョフは慎重だった。

ちなみにその年6月に開かれた日ソ歴史家シンポジウムで、筆者はスターリン時代以降タブーであったネップ終焉論争で登壇、その当時ペレストロイカで「歴史の見直し」の先頭を走っていたアンバルツーモフ（のちロシア最高会議国際委員長、メキシコ大使）と議論した。歴史観の転換が本物と自覚したばかりであった。こうしたこともあって87年11月の革命記念日のゴルバチョフ報告は、日本でも受像可能となったソ連のテレビ番組をリアルタイムで見た。この時ゴルバチョフ演説でブハーリンの名前がでてきたので、当時モスクワ市内にひっそりと暮らしていたブハーリン夫人にある日本の学者が電話したら、名前だけ復権しても仕方がないと批判的であった。そのころからソ連の市民とも直接電話をかけコンタクトし、連絡することが可能となった。

もっともエリツィンの反乱は党内で保守派からの不満を招くことも十分予想できた。この時の歴史の見直しは内容的には不十分なものにおわった。実際にはこの時の記録はまだ公開されていない。エリツィンは自己の政治局員候補辞任と、将来をモスクワの共産党員の意思に委ねるとだけ言ったといわれる。だが歴史家にとっては幸いなことに、ソ連崩壊前後から党の主要な政治家や補佐官の回想録が公表され、10月21日の中央委員会総会での発言や舞台裏の記録が出ている。国際的にもオクスフォード大のアーチー・ブラウンの『ゴルバチョフ・ファクター』やハーバード大のコルトンが書いたエリツィン伝（17）にも記述が出ている。

これらを総合するとゴルバチョフが司会をした10月総会でエリツィンがまず発言を求めた。そこでエリツィンは党書記局の運営、とくにリガチョフの活動スタイルが過去と同様で許しがたいと批判した。第27回党大会から2～3年、活動の総括が求められるが、党活動での革命はまだ生じていない、革命70年の結果は「重い」ものだ。党での集団指導はない。書記長に対する讃美歌が数名の政治局員から出されているのは許しがたい。リガチョフが私を批判しているが、政治局メンバーとして許されない（11:727）。政治局員候補としてリガチョフ政治局員の解任を要求する、エリツィンは大概こう主張した。

これに対しリガチョフが反論し、書記局がエリツィンに否定的な意見を集め監視するといったことはない。自分も当初はシベリアの地方からやってきた。しかしエリツィンは書記局活動に関与していないので彼の批判は誤解だ。エリツィンの間違いとは、彼がモスクワでなされたことをすべて正しいと主張したことだ。この事件の結果として市委員会では政治的ニヒリズムが生じている。エリツィンは海外でもこの事件が報道されることを狙って、政治局の路線からあえて距離を置き、野心を出した。だが政治局ではモスクワの話になっても黙っている、とエリツィンを批判する。

党総会では22名が討論にたったが、エリツィンが尊敬していたヤコブレフ、ウラル工大の先輩でもあるルイシコフ首相までがエリツィン批判に加わった。ゲオルギー・アルバトフ（1923-2010）からシェワルナッゼまで、いわゆる改革派のエリツィンへの批判も同じ調子であった。保守派の巨頭、グロムイコ最高会議幹部会議長は「党は自己の隊列を乱すことをゆるさない」とまで語った（144:140）。

これに対しエリツィン支持派、たとえば彼のイデオローグであったポルトラーニンらは市委員会の正式委員でなかったので中央レベルでの総会には参加していなかった。リガチョフ派による「スーパーのキュウリ」のような反論が続いた、とポルトラーニンはいう。最後には、書記長ゴルバチョフの個人崇拝までエリツィンは批判した、とされる。こうしてエリツィンをめぐる批判の応酬はいきなり極限までに至った。エリツィンは最後の発言で、自分を政治局員候補とモスクワ党書記から解任してほしい、とゴルバチョフに要請した。

エリツィン解任

このエリツィン事件は、本格的な政治改革を始めたばかりの書記長ゴルバチョフの威信をも傷つけた。ゴルバチョフは、党内守旧派に加えエリツィン流の急進的ポピュリズムへの二正面作戦を強いられた。ゴルバチョフは会議をまとめて、(1)エリツィン発言は「無責任で、熟慮されず、また未熟だ」と評価、(2)政治局とモスクワ市委員会に対し総会についての所見を出すよう要請した（11:731）。党内部での意見の対立は85年4月総会準備段階にもあったが、党中央委総会といった公式の席での意見の衝突は、フルシチョフ期はともかく、この20年ほどなかったことであった。

この会議を傍聴していたポルトラーニンによればエリツィンの顔色は紅潮していたという。総会直後エリツィンは病院に運ばれた。こうしてエリツィンは11月、モスクワ市第一書記を辞した。11月7日はロシア十月革命70周年記念日であったが、直後の9日エリツィンは自殺未遂で入院、以後、彼の健康と精神は変化しだした、とコルジャコフ回想録も語る（51:99）。

後任のモスクワ市の第一書記には、レニングラードの国防産業出のレフ・ザイコフ（1923-2002）が選ばれた。彼はトゥーラ生まれでモスクワとは無関係であったにもかかわらず、リガチョフは彼をモスクワ生まれであると虚偽宣伝した。ザイコフはポルトラーニンを『モスクワ・プラウダ』編集長から解任したものの、後任が決まるまでは留任させた。エリツィンはさらに88年2月の中央委員会総会で政治局から解任され、護衛や補佐官らも配置転換となり、コルジャコフも退職した。側近ジャーナリストの表現ではエリツィンは「昏睡状態」に陥ったかに思われた（132:6）。

その後ゴルバチョフからの直接電話で、エリツィンは閣僚級の国家建設委員会第一副議長に左遷となることが通知される。当時、ノメンクラトゥーラの人事は通常電話で伝えられた。この時、ゴルバチョフは「もう君を政治には復帰させない」ともいった（132:7）。普通はソ連共産党官僚のキャリアはこれで終わるが、それでも閣僚兼務にとどまったのは、エリツィンに特別に与えられた地位であった。

もっとも話はここからである。ポルトラーニンは、エリツインの10月総会発言の記録が公表されなかったことを奇貨として、その内容をいわば代作した。リガチョフが党中央で息苦しい雰囲気を醸成し、ゴルバチョフを新たなイドラに作り上げている、真実の言葉は禁止となった、党が速やかに内部を粛清できなかったら、民衆が判断を下す。こういった趣旨の4頁ほどのエリツィン発言録なる100部ほどのコピーを作り、これをカザフスタンなどの若手編集者にまわした（102:55）。これはバルト諸国、ウクライナ、そして極東まで出回った。やがてより急進的な「エリツィン発言」まで党内に出回りはじめ、それは海外にも知られだした。もちろん中央委員会も別のバージョンを配布したが、後者について民衆は信じなかったという。エリツィンも変わった。ポルトラーニンも自分の眼前で「人間が変容していく様をみた」と書いている。

この１９８７年末、ゴルバチョフは「社会の民主化」には関心があったが、なぜか党組織の民主化には関心を示さなかった。一部の党員たちにはこれに不満があった（102:95）。この問題は91年に再度噴出することになる。

4……エリツィン現象

エリツィンはこの入院を境に、別の政治的存在に変容しはじめた。それまでの基本的対立構造が「エリツィン」対「党政治局」であったとしたら、そこからは「エリツィン」対「ソ連共産党そのもの」へと変わった、とポルトラーニンは回想している。

もっとも１９９６年にオリガルフの腐敗でエリツィンと離れたあとの彼は「エリツィン」対「人民」の対立になったと再度苦渋を込めてコメントするのであるが、これは後の話である（106:56）。政治的脱落者のはずが、いまやエリツィンは党とはバリケードを挟んだ対抗的政治家になりだした。いずれにしても従来の共産党史には見られないユニークなエリツィン現象の始まりである。それまでソ連史にはなかった党への反乱が生じ、４年後のソ連崩壊への道をたどるきっかけとなった。

共産党の軛から自由になったこれ以降のエリツィンの行動と運動を「エリツィン現象」という言葉で表すとすれば、これ以降この数名の側近スタッフがエリツィン現象を支えることになる。まずスベルドロフスク州委員会で部下として10年勤務したレフ・スハノフ（35年生）を抜擢、補佐官とした。ポルトラーニンとスハノフの二人は、エリツィンを対外的にアピールする戦略を模索する。ゴルバチョフの国際的な改革路線の枠内であったことには注意が必要であろう（106:59）。そのゴルバチョフも、しだいに党の限界を意識しはじめだした。

エリツィン現象とは、「敵」が出現したときの政治家エリツィンの政治行動の特質である。政治の流れをいち早くつかみ、状況を動かすリーダーとして、街頭を含めた行動で対抗するスタイルをさす。１９８７年からのゴルバチョフ、91年のクーデター派、93年のハスブラートフら最高会議、96年のジュガーノフ共産党、いずれもこのような敵への巧みな動きをして主導権をとった。しかしそうでない制度建設や改革をめぐってはエリツィンという指導者は無惨にも失敗し、政商オリガルフの跋扈《ばっこ》を許し、支持率もしばしば絶望的になった。トップとなったときにはリーダーシップはまったく消え、制度改革にはまったく弱い政治家でもあった。

高まるエリツィン人気

この時、流れはエリツィンに味方した。彼の解任が端緒となったゴルバチョフとリガチョフとの闘争は１９８８年初めの一連の闘争でゴルバチョフの勝利に終わった。党官僚制という権力の拠点、ノメンクラトゥーラと呼ばれる人事権限の中心であった書記局は88年1月には事実上存在をやめることになった（70:57）。スターリンがつくりはじめ、ブレジネフ期にこの支配は完成の極致となっていた軛《くびき》が解かれだした。官僚制の語源である事務局の小机《ビューロー》の中心は１９２０年ごろできた政治局（ポリトビューロー）を支える最強の超国家機関、書記局の有給党官僚（アパラチク）の支配であった。ゴルバチョフ改革は党と国家、経済機関のいわば「心棒」に当たるものを抜き取ったにひとしかった。88年初め１９２２人いた党中央委員会の職員は解雇され、2年後に残っていたのは大統領府に配置換えとなったゴルバチョフ系の４００人しかいなかった（59）。しかし党という支柱をいったん失うと、ひ弱な国家機関はソビエト的なアナーキーと位階相互の対立を生みだした。

利益分化と並んで理念的な分化も進みはじめた。イデオロギー問題でも88年3月にスターリンを擁護したアンドレーエバ論文の『ソビエツカヤ・ロシア』紙掲載問題で党内のリガチョフら保守派が退潮、かわってより急進的改革への圧力が加わった。この化学教師はスターリン時代を擁護、またこれを掲載した『ソビエツカヤ・ロシア』編集部はリガチョフら保守派の拠点と化していた。しかし、そこでもロシア民族主義とスターリン的復古主義、またネオ共産主義的な文化、そして反共主義も顕在化していく。

なかでも転機は88年夏の第19回党協議会の開催であった。スターリン時代末期以来半世紀も開催されなかった党協議会という制度をゴルバチョフは復活させた。5年に一度の儀式と化した党大会では間に合わないからと、協議会をペレストロイカの突破口にした。6月の協議会では、「高まりつつあったがまだひ弱な民主主義」（スハノフ）が出はじめた。これとともに異端的なエリツィン人気も高まりだした。

まだ形式的には党中央委員であったエリツィンは、モスクワの支持が無理である以上、古巣のスベルドロフスク州の党代議員を望んだが、かろうじてカレリアの代議員に入った。この党協議会ではエリツィンはとくにリガチョフとの対決を通じて、1年前の10月中央委員会での不名誉に対する復讐、名誉回復を求めた。エリツィンはペレストロイカが悪いほうに向かっているとして、改革を党から始めるべきだと正論を吐いた。リガチョフはエリツィン人事を進めた責任があると自己批判した（144:76）。協議会後エリツィンの建設委員会には支持と共感の手紙が「何千通」も殺到した（『告白』）。

変質した共産党協議会

しかもこの共産党協議会は最後にどんでん返しが待っていた。ゴルバチョフはクレムリンから末端にいたる党官僚の支配という保守的な統治体制を壊すため、スターリン時代以降ほとんど無力化していたソビエト機構の選挙制度を利用して活性化しようとした。

議会とは異なっているものの、本来は1905年以来直接民主主義的な制度だったソビエトを、選挙を通じて議会的代表機関に変えようというのである。ゴルバチョフは党協議会の結語で、人民代議員大会の官職の選挙では複数候補からなる選挙制度を導入すると表明した。

こうしてそれまではノメンクラトゥーラを通じてソビエトの人事権を独占していた党書記の力は中央だけでなく地方でも減少、代わりに民衆が複数候補から選択することになった。ゴルバチョフは党官僚を選挙の試練と批判の矢面に立たせることで、癒着していた党とソビエトとを分離、ソビエトを議会に近づける民主化を図ろうとした。こうして新たに人民代議員大会を創設し、これが常設の最高会議（ソビエト）の母体として新しい国家権力機構となることを定めた。狙いは共産党の人事権の剥奪と民主化であった。

じつはこのアイデア自体は、ゴルバチョフの政治学者ブレーン（シャフナザーロフら）が大統領制導入を図ろうとしたことに対抗する、同じ法学者ブレーンで77年のソ連（ブレジネフ）憲法起草グループだったルキヤノフのアイデアであった。そしてこの二つの考え方の違いは根深く91年末のソ連崩壊だけでなく、93年秋のエリツィン大統領とハスブラートフら最高会議との武力衝突という政治危機を生みだす原因になる。だが、この矛盾に気付く者は改革派でもこの時はまだいなかった。

それでも中央党の上からの指示を待っていた党官僚は今や下からの選挙の試練が待っていた。86年から89年までに州書記から共和国第一書記の実に91%もが選挙などで交代した（67:80）。こうして、エリツィンの反乱によって地方や共和国のノメンクラトゥーラは、むしろ地方の利益やナショナリズムを体現しないことには生き残れなくなった。第一書記よりも「大統領」や共和国最高会議議長への道が開かれた。こうして現れた「ノメンクラトゥーラ民族主義」は名前ばかりの連邦制を確実に浸食し、分離主義を促進した。そうでない党官僚たちには銀行などの新しい民営化の道が開かれ、党が創設する銀行などに活路を見いだした。

このようなゴルバチョフ、ヤコブレフらのペレストロイカ活性化のための、いわばトリックスター、ワイルド・カードとなったのがエリツィンであった。ノメンクラトゥーラとして閣僚に残ったとはいえ、そこで唯一、気分は在野の異論派政治家へと変貌していた。ゴルバチョフもまたロシア人のなかでは勇猛をもってなるクバン・コサックの末裔であり、共同体の規制を逃れた自由民としてのDNAが流れていた。これに対しウラルの古儀式派の血を引くエリツィンもまた大胆な異論派としての性格を前面に出したことで88年のソ連では保守派の拠点である党官僚組織が敗北した。

異論派の台頭

これに伴って異論派が台頭しだした。異論派とはソ連共産党の武器、イデオロギー支配に密かに抵抗して言論活動を行なった知識人や大衆のことである。フルシチョフ期の60年代知識人のなかから、しだいにブレジネフ時代の停滞と官僚支配に飽き足らなかった人たちが芽生えていた。なかでも水爆開発の父であるサハロフ博士のような科学技術系の知識人や、70年代当初『収容所群島』をフランスで出版して、無法な政治抑圧の象徴である収容所の存在を初めて明るみに出したロシア民族派のアレクサンドル・ソルジェニーツィンのような勇気ある作家たちがサミズダート（地下出版）と呼ばれる半アングラか、あるいは西側でロシア語出版を始めた。ソルジェニーツィンは74年に米国に追放され、またサハロフ博士はゴーリキー（現ニジニ・ノブゴロド）市というロシア第三の都市に70年代末に行政罰で幽囚されていたが、ゴルバチョフによって86年末解放され、モスクワに復帰していたのである。

自由な議会選挙が始まることで共産党にかわる新しい理念が求められた。サハロフはまもなくエリツィンらと89年春のソ連初の議会内の「合法的反対派」活動で行動を共にし、また当時米国に追放されていたソルジェニーツィンは94年のエリツィン時代に帰国後、エリツィンや改革派のいわば聖像となった。

もっともそこまでいかなくとも党の若手高級官僚や、デタントで海外経験を積みはじめたノメンクラトゥーラ層のなかにこれまでのやり方を考え直す潮流が増えだした。個人的にもこのころから外国の専門家が知識人と自由に会話できた。このころ筆者は哲学者ツイプコと知り合ったが、彼は1965年前後、若手コムソモールの半異論的活動家で、20世紀初めマルクス・ボーイから宗教との対話を求めたベルジャーエフの復権を求め、80年代にはポーランド留学を通じて連帯派と交流、そこからペレストロイカのソ連で最初にマルクス主義批判の論文を執筆していた。彼は急進的なヤコブレフ政治局員系と見なされていたが、ソ連崩壊直後にはゴルバチョフ財団の事務局長となる侠気で、西欧派から保守派まで多様化しだしたロシア政治学者のまとめ役となった。

また先のポルトラーニンは、一時通信社ノーボスチに異動となるが、そこでもKGBや軍人と並んで高位の外交官などに違った層が生まれていたと指摘する。例としてポルトラーニンがあげるのは70年代に西ドイツ大使だったワレンチン・ファーリン（1926-2018）である。KGB要員と誤解していたが実際はリベラルな国益論者であったという（57）。ちなみにKGBは形式的には閣僚会議付属となっていたが、国家機関ではなく党機関のもとにあったことが、その後のこの機関の民営化などでの特殊な動きにつながった。

5……「民主ロシア」

知識人たちがペレストロイカの最前線に

こうして始まったエリツィンのソ連共産党との戦いの第一幕は1988年から、とくに世論レベル、マスコミでの復権をめざすことだった。政治改革で党官僚支配を無力化した88年はソ連邦という「背骨が壊れた」年だった（102:62）。

知識人たちがようやく党の指令や検閲から自由になったとき、カムバックした政治家エリツィンの歯に衣を着せない態度はペレストロイカの最前線にたった。軍を含めた国家機構も、共産党にかわる政党もない人物が復権をめざすとしたら、マスコミこそ重要な武器となり、その自由化が鍵となる。なかでも『モスコフスカヤ・プラウダ』編集長になったポルトラーニンは、エリツィン政権のメディア戦略の担当者として、エリツィンのオープン・ポリティックスを象徴する人物となった。

ポルトラーニンは、じつは就任早々の85年4月にゴルバチョフが党総会用にペレストロイカ改革を企画した時、ヤコブレフ、ボリスキー、アガンベギャンといった人物と並んで改革のコンセプト作成に関与した経済ジャーナリストである（102:12）。彼は歯に衣着せぬ官僚批判で保守派党官僚から疎まれたものの、この新聞は斬新さで部数を1年で10倍に伸ばした（102:127）。ヤコブレフはソ連レベルで自由化したメディア、情報を活字の世界からテレビなど映像の世界に転換するスポークスマンとなった。

85年当時はアナログ時代である。まだネット時代ではなく、ファックスが主要なコミュニケーション手段であった。当時もっとも先進的な通信社が89年にインターファクスと称したのは象徴的である。外国のメディア支局の持つコピー機まで、民間の非公式団体の活動に重要な印刷媒体となりはじめた。ポルトラーニン自身はエリツィン失脚時に一時左遷されたが、その後は外国メディアに登場、エリツィンのマスコミ政策の先兵として、ソ連人民代議員、その後90年7月からはロシア政府最初の報道・情報相として、側近中の側近となる。もっともロシア時代になってエリツィン政治、マスコミ担当の副首相であったが、その後マスコミへのオリガルフや家族による金権支配に次第に批判的となり最終的に96年に側近を辞する。

また政治的にも人格的にも重要な役割を果たしたマスコミ記者がこのころ建設委員会のエリツィンに出

入りしていた。当時、ペレストロイカの象徴としてV・コロチッチ編集長のもとで急変したソ連版グラビア誌の『アガニョーク』のバレンチン・ユマシェフ（57年生）だった。エリツィン自身が吹き込んだテープが彼の手で編集され、89年3月の最高会議選挙用の『告白』など一連の大統領関係の著作の編集を任された。なによりもエリツィンの次女、タチアナ・デヤチェンコの再婚相手として、90年代後半の「家族」の一員、97～98年には大統領府長官にまでなり、エリツィン政治の一部となった。

エリツィン支持の民主化運動のうねり

エリツィンの初の著作『告白』は、生々しい記述で評判となった。代作者ユマシェフが加工せずに出版したからである。『告白』のなかでも、ソ連共産党の寡頭支配をついた「20人の共産主義」はゴルバチョフを含む政治局員への率直な特徴づけとともに、共産党支配への挑戦的「爆弾」となった。88年には30年代末ソ連に併合されたバルト諸国を中心に人民戦線という名の国民的運動が広がりだしたラトビア、またモスクワの市民運動でもエリツィン支持の組織ができた。

このころ彼の故郷スベルドロフスクでも民主化運動の一環として政治討論クラブが立ち上がり、エリツィン支持の運動が自発的におきる。なかでもエリツィンを人民代議員に推薦する運動を展開したのが哲学・政治学を専攻した若手政治学者ゲンナジー・ブルブリス（45年生）であった。以後、ソ連末期からガイダルらの「若手急進内閣」をもたらすことでソ連崩壊の最大のイデオローグ、灰色の枢機卿となるのは彼である。45年に同州のペルボウラリスク生まれのこの人物、父方の祖父はリトアニア人であった。ウラル国立大学に69年入学、エリツィンの母校のウラル工大で哲学候補、助教授となる。企業内の生産民主主義といった主題がペレストロイカ期の彼の本来の専門であって、ウラルの経済や労働に、そして教育にも通暁していた。ちなみに89年の彼個人の選挙アピールとは「ソ連の権力は人民に属しているという憲法理念を生かすこと」であった（39:97）。彼は、物理学者サハロフらの地域間代議員グループの仲間として、「1回戦で勝つ、他に道はない」という言葉を発して有名になる（63）。最高会議議長となったエリツィンを支えた。ブルブリスはガイダルを招くなど、人材をエリツィン周辺でつくる才能があった（103）。

もっとも同地の民主化運動には、スベルドロフスク大法学部出のウラジーミル・イサコフ（50年生）も知識人運動の中心であったが、彼の恩師セルゲイ・アレクセーエフ（1924-2013）は何よりも1993年ロシア連邦憲法の執筆者として関与することになる。じつはブルブリスとイサコフとは70年代から若手学者の会参加者であって、イサコフが法律家議長なら哲学者（政治学）ブルブリスがいわばイデオローグ格であった。80年代半ばに非公式集団ができはじめた時、ブルブリスは民族右派「パーミャチ」に反対する討論グループを作ろうとした。イサコフなどはスベルドロフスクの「民主的選択」派を立ち上げた（39:5）。これが92年の「ロシアの民主的選択」党の起源ともいえた。

こうしてエリツィン政治の初期の代表的人物はブルブリスとなり、89年ソ連人民代議員選挙で当選した。やや妥協的だったイサコフとブルブリスの不和は、その後スベルドロフスク民主化派を分断する契機となり、やがてブルブリスがエリツィンとともに行なったソ連崩壊時、イサコフ派がエリツィン罷免派の中心となる理由ともなった（39:87）。こうして89年3月26日に行なわれたソ連最高会議・人民代議員大会での選挙にエリツィンは最終的にモスクワの選挙区から立候補し、なんと89％の支持を得て対立候補に勝利することになり、2年前の屈辱を晴らしたかたちとなった。

5月25日からクレムリンの大会宮殿で第1回ソ連人民代議員大会が開催された。この時、最初の議題は誰が議長となるかということであった。その時、スベルドロフスク選出のゲンナジー・ブルブリス議員が、エリツィンを提案した。もっともゴルバチョフに対抗してソ連最高会議議長をめざすというこの提案をエリツィンは受けいれなかった。ゴルバチョフとはこの会議中で話し合ったが、結局エリツィンは彼の対抗馬とならなかった。

この会議は全国にテレビ中継され、視聴者は初めてテレビを通じて流れる自由な発言、それまで聞いたことのなかった批判的情報や厳しい討論に世論がくぎ付けになるなどペレストロイカ史に残る大きな話題をよんだ。なかでもカザフスタンの核被害の実態を詩人で映画大臣だったオルジャス・スレイメノフが、バルトの環境被害を人民戦線系議員が、ロイ・メドベージェフのような社会主義的異論派が、スターリン粛清の犠牲者の家族会がそれぞれ発言した。なかでもサハロフ博士の発言が大胆だった。歴史家のユーリー・アファナシエフ（1934-2015）も、この最高会議は「スターリン・ブレジネフ的だ」とこき下ろした。

ソ連最高会議議員の地位を獲得

この年2回開催された人民代議員大会だが、そのなかから選出される常設のソ連最高会議議員にエリツィンは当初は民族院の枠には推薦されなかった。しかしカザンニコフというスベルドロフスク出身の検事がエリツィンに席を譲ると提案したことで、エリツィンは最高会議に席をえた。カザンニコフは、その見返りとしてエリツィン時代の93年秋から最高検事総長となった。エリツィンは大会で経済の非集中化、土地を農民にといって注目された。

この会議中の7月29～30日にソ連史上初めての議会内反対派「地域間代議員グループ」が形成された。モスクワの経済学者のガブリール・ポポフ（36年生）、モスクワの歴史家でフランスのアナル派の研究者だったアファナシエフ、サハロフ、パリム、そしてエリツィン、という5人の共同議長が選出された。エリツィンは彼らの「同輩者中の第一人者」ではあっても、民主化運動の指導者ではなかった。最初歴史家のアファナシエフが主導権をとろうとしたが、エリツィンが代表でなかったことが興味深い。彼らは「全権力をソビエトに」というロシア革命初期のスローガンを復活させた。ソビエトとは人民権力という意味であるが、そのスターリン時代にその実体となった党官僚の権力を奪うという意味となった。「民主ロシア」が次第に大衆運動の中心組織となった。

その直後招待されて、9月に米国を訪問したエリツィンはブッシュ大統領に会うなど、50年末のフルシチョフ同様アメリカに大きな印象を受けた。ボーイング、野菜や果物、商店とわずか1日半の滞在で彼の対米観は「180度変わった」。こうして米国をモデルとしてロシアを再建しようとしたとスハノフは回想している（132:102）。

同行しなかったがコルジャコフもエリツィンが強い印象をもったという（51:46）。大統領会議からスーパーマーケットまで米国訪問はその後の改革のモデルともなった。その後ヨーロッパや日本にも駆け足だったが訪問した。北方領土問題での5段階解決を提案したのは90年1月の日本訪問時である。いずれにしてもソ連政府とは別の主体が日本人にそうした提案をしたのは初めてであった。

[第2章]

主権国家ロシアの台頭からソ連崩壊へ

政治改革の結果、共産党の行政的役割が終わると、連邦での主権問題が浮上し行政的対立が深刻化、これが民営化や市場改革を促すと同時に混乱を生みだす。その頂点がモスクワに二人の大統領が生じた1991年6月から新連邦条約をめぐる8月クーデターに至る過程だった。しかしこれが挫折し、共産党は解散、ウクライナの離反で12月ソ連が崩壊に向かう。

1……冷戦の終わりと熔解するソ連

1989年11月9日、ベルリンの壁が崩壊し、いよいよ東欧での共産党とソ連支配が終わった。その直後、ゴルバチョフはポーランド生まれのローマ法王に謁見、信教の自由だけでなく宗教の完全自由化がすすんだ。その後、マルタでは12月、ゴルバチョフ書記長とブッシュ・シニア大統領間の首脳会談で冷戦の終焉が決められた。乗りうつる艀《はしけ》は大揺れだったが、世界の歴史もまた大回転した。

89年12月に第2回ソ連人民代議員大会が開かれるとポポフ、ソプチャーク、エストニア人民戦線のサリエ、何よりも86年末に国内幽囚から解放された世界的物理学者のアンドレイ・サハロフ（1921-89）は「民主化」を旗印に動き出した。彼らは第2回大会を契機に、初の議会内野党となった。もっとも反対党創設（アファナシエフ）なのか、それとも忠誠な反対派にとどまるかの議論があった。

エリツィンは発言しなかった。このなかで中心人物サハロフ博士が反対派としての性格を主張した直後の12月14日に亡くなった。プリマコフ政治局員を中心に葬儀委員会ができたが、この時エリツィンはテーゼを公表し、そこで保守勢力を批判、省の廃止と国家計画委員会の改革、金融改革、軍、内務省、ＫＧＢの改革を求めた（144:111）。このことは約１４０名の代議員からなる同派の台頭を強めたが、議会主義的反対派にとってはまとめ役がなくなることをも意味していた。

アファナシエフは党の指導的役割の廃止と経済の非国家化を軸とする理念を示した（39:9）。政府は経済の責任を党にではなく議会に負うべきとなった。もっとも人民代議員大会終了後、ゴルバチョフもエリツィンも海外視察に出たことは、国内の焦眉な国民の課題からすれば物足りなくなりはじめた。民主ロシアもシベリアの炭鉱夫の初めてのストライキに対応しきれなくなった。

１９９０年2月27日、ゴルバチョフはソ連共産党での憲法第６条の「党の指導的役割」を放棄、複数政党制に動き出した。ソ連体制のいわば心棒にあたる共産党の国家上の役割はこうして消えた。この頃までにペレストロイカは、共和国主権を掲げ、共和国などから牽引される性格に変質しだした。その牽引役となったのがエリツィン率いるロシアであって、しだいに単なる行政単位に過ぎない「共和国」から主権国家としての内実を整えはじめた。

大統領制の導入

翌月の人民代議員大会でゴルバチョフは、ソ連大統領制を導入し、強い大統領によってペレストロイカを進めるといった。党政治局よりは進歩的な大統領会議も発足した。しかし末端までの「民主的中央集権」的な共産党組織があった書記長とは異なって、共産党の垂直的な位階制は自己解体しつつあった。書記局は委員会へと88年秋の決定で改組されたからである。大統領といっても末端で彼の大統領令を遂行したり、履行を監督する機構は存在しなかった。

それどころかソ連邦に対して15の共和国がそれぞれ「主権」を主張しはじめると収拾がつかなくなるというジレンマが生じだした。ソ連邦の「下」に位置するはずのロシアが共和国主権を主張する。ただでもソ連邦の7割の資源や人口がロシアにはある。すると、そのもとの20ほどの「自治共和国」もまた自己の「主権」を言い出す、というジレンマが生じだした。そうでなくとも自治共和国全体で領土的にはロシアの半分を占める。

しかもこの問題は市場改革の導入によって「所有」問題が中心に位置することとなった。たとえばソ連でダイヤモンドがとれることで有名なヤクート自治共和国では、1937年生まれの賢明なミハイル・ニコラエフというヤクート人がソ連共産党のヤクート州（！）委員会第一書記であった。この州書記という表現に注目したい。ソ連共産党の厳格な位階制のなかでは国家的には「自治共和国」でのトップも党的には「州委員会」という上意下達的な位階の位置づけであった。共産党内には「自治」はなかった。ところが共産党の政治改革のなか、彼はヤクート自治共和国の最高会議（幹部会）議長、そして91年から大統領となる。そしてダイヤモンドや天然ガスといった天然資源への排他的な経済主権も要求しだした。また領土だけで日本の6倍もあるサハ共和国と呼称替えした。

いったいこのダイヤモンドは誰の管轄か？　ソ連か、ロシアか、それともサハか？　同共和国のダイヤモンド企業はどの大統領令に従えばいいのか。ゴルバチョフか、エリツィンか、あるいはニコラエフか、それとも党支配の解体と「民主化」で「利益」をめぐって暗躍しだした各種のマフィアか？　これがいわゆる「法の戦争」「主権の戦争」という当時のジレンマである。建前としてのソビエト自治機関は、じつは党官僚の支配という上からの強力な圧力で担保されていた。だがその心棒を壊したことで、単なる民族問題から新連邦の政治と経済の根幹に関わる紛争にエスカレートした。最大の問題はソ連とロシアの関係である。

この難問を解き明かそうとしたのはエリツィンの当時の盟友、モスクワ市長となる経済学者ポポフである。「何をなすべきか」と、レーニンを皮肉った90年の小冊子のなかでポポフは分析と方針を示した（下斗米 1992:80）。ポポフは、三つの問題＝国家、民族、そして経済をあげている。まだ大統領はソ連に限られていたが、まずソ連最高会議がロシアなど共和国と法の優位をめぐって争っている。またロシア議会でも、選挙で選ばれた議長と対立し、モスクワでも市長が議会多数の支持がありながら辞任を口にする状況があらわれ、ソ連全国家体制の危機となった。ソ連期の行政的経済は崩壊し、かといって市場のメカニズムは容易に生まれない。ロシアのマトリョーシカ人形のように入れ子型の奇妙な縦の統治構造が壊れだし、経済も政治も麻痺状態となった。

モスクワ市長のポポフ自身は、つまり私的所有を基礎として、2割が国家に、3割が個人に、5割が共同経営となるような経済の非国家化、多ウクラードの混合経済しかないと主張した。[▼1] 経済政策の目的は、

▼1　ちなみに、ソ連エリートの間では1982年のチーホノフ首相の委員会で国家所有5割、協同組合3割、そして個人所有2割という案が検討されていたと、その委員のルイシコフ元首相は確認している。ここでは多ウクラード経済への移行を定めた「企業の経済活動の完成」という概念が検討されていた。ポポフの案はより私的部分が大きくなっているが概念は同じである（111:10）。

一元的国家所有を解体し、新しい所有者間で分割することだ。

ここから帰結する主張は、つまり非ソビエト化である。最高会議（ソビエト）、つまりソビエト国家を民主化するのでなく、民主共和国に一元化せよということである。ロシア革命時にソビエトは全国家権力機関となり、下から上に組織化された。しかし民主共和国は逆であって、いったんできた国民議会が上から下に組織化される。権力はソビエトでは集中しているのに、民主共和国では立法、行政、執行と三権は分割される。

つまりポポフはルキヤノフらが主張したソビエトの民主改革は失敗だと主張する。87年からの「党・国家」体制の民主化のなか、「全権力をソビエトへ」というロシア革命時の主張は、急進改革派だけでなく、むしろイデオロギー的には共産党内改革派からも支持されていた。ルキヤノフの系譜の人物は「ソビエト的議会」を主張したが、これは党の行政機構がもはや機能しない以上、位階的な国家秩序の崩壊を招くしかなかった。1905年革命と1917年革命時のアナーキーなソビエトが復活したからである。

ソビエト改革の進展

実際3月の共和国や地方選挙で、圧倒的な都市民衆は、地区ソビエトなどを基盤に各水準で共産党保守派官僚を放逐しだした。エリツィン自身、ソ連の代議員で最高会議員だったが、ロシア議員選挙には地元のスベルドロフスク74選挙区から立候補する。こうして3月4日にスベルドロフスク州で「民主的ロシア」ブロックから立候補、ロシア最高会議議長をねらうと宣言した。

しかし、これはじつはエリツィンの権威への逆風の始まりとなった。当時、スベルドロフスク州や市の民主派陣営は、エリツィンを無条件で支持するかで割れた。法学者イサコフを中心とする6名の知識人グループは、「彼が正しければ支持するが、そうでなければ批判する」という是々非々の立場だった（39:89）。

その頃になるとマスコミでもあらゆるレベルで「主権」要求が吹きだした。ついには夫婦間でも主権論争が起きると皮肉るものまで現れた。このジレンマは、第19回党協議会前後ゴルバチョフ・ブレーン内部で問題ともなっていた。ソ連の代表的政治学者シャフナザーロフは、代表民主制の導入とソビエト原則の否定、大統領制を主張した。しかしソ連改革派のルキヤノフは、人民代表型民主制を主張し、最高会議（ソビエト）議長というソビエト改革を主張、これが通った（LG:30/1/91）。ルイシコフ首相は議会を強化すると政府の執行権力が弱まるという指摘をしたものの、もはや少数派であった（96:65）。

こうして経済改革のなかで、もはやソ連政府は不要となり最後の首相となったニコライ・ルイシコフは辞職、かわって91年に大統領的内閣が新たにでき、バレンチン・パブロフ（1937-2003）が1月にソ連最後の内閣の首相となった。党・国家体制のもとでこそ党書記長・政治局とソ連政府とは一対であったのであり、共産党が指導的役割を失って大統領国家になると政府もまた意図的に内閣と呼ばれ、その権限や役割は縮小した（87:17）。ソ連最初にして最後の大統領ゴルバチョフのもと、91年から発足したソ連最初にして最後のパブロフ内閣は権限の増大を望み、ついにはゴルバチョフへの8月クーデター派となって自滅する。

こうしてソビエト的議会主義の強化方針は「主権」の主張を招き、混乱を生みだした。正常な市場経済をめざすならむしろ強い権力が必要だ、あるいは危機管理型の指導、つまりは大統領制を強化すべきだという主張がむしろかつての民主改革派から出はじめた。先のポポフらは次第に民主派指導者から「国家主義」へと舵を取る。同様な主張を若手政治学者ミグラニャンは、この民主化のジレンマをつき、89年6月に中国の天安門を鎮圧しても市場改革を進めた鄧小平と同様、市場経済移行には「強い手」で行なうべきだと論じて、民主化派と激論になった。この亀裂が91年8月クーデターからソ連崩壊後も93年10月の大統領と最高会議の激突という政治危機の原因ともなった。

2……主権ロシア

モスクワ川の一角、アルバート通りと環状道路の交差点に立つ白亜館は１９８０年に建てられ、ロシア・ソビエト社会主義共和国連邦（ＲＳＦＳＲ）の政府が位置した。隣には東欧などとのコメコン本部の緑の建物があり、89年秋までは社会主義の連帯を表す象徴であった。対岸にあるウクライナ・ホテルや外交陣や外国マスコミの建物と並んでクレムリンから数キロ離れたこの一帯は、クレムリンという党中央委員会やソ連政府、そしてＫＧＢビルといった政策決定の中枢から見ればやや影のうすい存在でもあった。

じつはここの場所は20世紀当初のロシアとモスクワの革命と抵抗の拠点でもあった。１９０５年の日露戦争敗北後、モスクワで初めて05年の民主化革命のさなかに「ソビエト」ができ、12月には武装蜂起した地域であった。今でも「１９０５年通り」とか、バリカードナヤ（バリケード）とか、赤いプレスニアといった「革命的」地名が当時の熱狂の名残りをとどめている。いずれも05年前後におきた真の民衆反乱の拠点だった。白亜館の隣には最近まで有名なシュミット工場があった。この古儀式派出身の産業家は当時のボリシェビキなど革命派に同情して社会民主労働党員として、武装蜂起にも協力した。その先には、レーニンの秘書で最初の官房長官、そして古儀式派研究者だったボンチ＝ブルエビッチなど古いモスクワッ子が眠る墓地がある。

この20世紀はじめの正教異端派的にしてソビエト的なロシア人の無党派的な反乱の拠点は、１９８９年におきたソ連の民主化と東欧革命とにより、再び世界的関心を呼び出した。91年8月革命から93年10月の最高会議（ソビエト）への砲撃事件といった、この地を舞台に世界を揺るがす大変動が繰り広げられるとは、西側の「ソ連学者」やマスコミの想像を超える現象だった。あるいは１９０５年5月のイワノボ・ソビエト誕生に始まるロシアの歴史は、エリツィンが立てこもってソ連崩壊を導いた91年8月の白亜館の攻防を経て、93年10月5日のエリツィン大統領によるかつての盟友、ハスブラートフ最高会議議長、ルツコイ副大統領が立てこもった白亜館への砲撃でもって20世紀ソビエト・ロシア史は一巡することになった。

その出発点は90年春、今度は共和国や市レベルでの選挙と地方ソビエトでの「主権」をめぐる闘争であった。先進的なエストニアやリトアニア共和国では87年の「経済主権」要求から、翌年8月のバルト各国の人民戦線などによる人間の鎖をへて、90年3月11日には最高会議が主権どころか独立を宣言した。4月末のモスクワ人民代議員大会では、エリツィンの盟友ポポフが市議会議長（市長）に選出されたが、5月3日にはレニングラードでソプチャークが市議会議長となった。この時東独から戻ったKGBのウラジーミル・プーチン（52年生）という職員が恩師の選挙に加わっている。

第1回ロシア人民代議員大会の開催

こうして1990年5月16日に第1回ロシア人民代議員大会がクレムリンの宮殿で開催され、1029名の代議員が出席した。ゴルバチョフやルキヤノフらのソ連側の要人も出席した。ここで代議員はソ連共産党系と「民主ロシア」系の二つの陣営に分かれ出した。ゴルバチョフは、その時ロシア首相だったA・ブラソフとI・ポロスコフという当時は無名の党官僚を推薦したが、エリツィンを甘く見ていた。人気が低下しつつあったブラソフ派は、プリマコフが見たところ何も方針を持っていなかった（144:128）。ポロスコフには人気が多少出てきた。

議長選出は過半数を確保できず遅れたが、エリツィン支持派は積極的に動き、結局29日にスベルドロフスクのイサコフ議員の提案でロシア最高会議議長となった。対抗馬は直後の党協議会でロシア共産党第一書記となるポロスコフ、ブラソフらであった。もっとも得票数が規定を満たすには3度の投票が必要となり、エリツィン候補の支持535票は、わずか規定得票数を4票超えただけであった。しかし、この票がソ連とロシアの運命を分けることになる（96:75）。

大会では、初めての民主的議会としてロシア憲法の改正から最高会議の形成まで多くの議題がでた。最大の論点は5月22～24日の「ロシアの主権」であった。ビターリー・ボロトニコフ（1926-2012）旧幹部会議長が公式報告を行ない、民族派のセルゲイ・バブーリン（59年生）ら未来のロシア政治の論客となる40名もの議員が登壇した。ボロトニコフの報告は、ソ連時代の党官僚から連邦内でのロシアの権力の拡大を主張した曖昧なものであった。彼はその日の個人の日記で、ゴルバチョフの権威の低下とエリツィンの人気の上昇を印象づけられた、と書いた。ロシアの主権ではそれがソ連邦内のロシアの権利宣言にとどまるのか、それともソ連崩壊の序章となるのかはまだ想定されていない。ここでエリツィンは「最高権力は地区ソビエトでなければならない」、つまり村ソビエトが真の権力だ、とまでのべた（39:17）。

ロシア主権宣言の意味

最大の論点は、連邦主権とロシア主権とが衝突した場合、どちらが優先されるべきかという第5条をめぐる議論であった。その結果907名がロシア主権の優位という案に賛成したのである。これこそエリツィン議長が求めたものであった。エリツィンは「決定は採択された（長く続くウラーの声）」と速記録は記録する（96:75）。この時はソ連維持派も民主化派も一致してロシア法の優位を選んだ。最高会議は6月12日、ロシアの主権宣言を行なった（140:7）。

この採択されたロシア主権の意味をゴルバチョフも、エリツィンも、ルキヤノフも、そしてポポフも当時は十分わからなかった。当時、英国のサッチャー首相が訪ソした。彼女にロシア主権の意味、ロシア法の連邦法への優位の意味を質問されたルイシコフ首相は、共和国に固有の政府のあるウクライナやカザフスタンと比較してロシア政府には実際に権力が少ないとだけ答えた。実際、ロシア政府の経済権限は当時のロシア全体の７％とも言われた（4:53）。

これ以降６月12日はロシアの独立記念日となるが、ロシアはいったい何から独立したのか、バルト３国からか、といった小話までてくることになる。崩壊後ルイシコフらは主権が、「単一国家の破壊」という本当の結果をもたらす、いわば「トロイの木馬」だったという説を出した（96）。

もう一つ重要な論点は、共和国が「主権」をもっていいなら「自治共和国」も「地区」も主権をより多くもつべきだという「主権」のパレードの引き金を引くことで、保守派も民族派も民主化派もその意味を各様に理解したことだ。もっともソ連邦レベルの人民代議員大会で活躍し、とくにサハロフ博士やポポフ、ソプチャークなどと連携したとはいえ、ロシア・ソビエト共和国レベルの人脈も、またこの問いへの回答も、エリツィンらはまだ持ち合わせてはいなかった。

前ロシア最高会議幹部会議長だったボロトニコフは、代議員の96％はいぜんとして共産党員であると政治局に報告していた（144:295）。エリツィンのかつての拠点スベルドロフスクでも固有の人脈が残っているわけではない。また85年末からのモスクワ市の党組織では２年足らずの異端派では、市民が知るほどにはエリツィンはモスクワを押さえるにはいたらなかった。

こうして最大の問題として浮上したのはゴルバチョフとエリツィンとの関係、つまりソ連とロシアの関係が主権も絡む状況になりはじめたことである。エリツィンからすれば、いかにロシアの主権を確保し、統治体制を動かすかであった。初めての共通課題「市場改革」にどのように乗りだすのか。というのも86年頃からバルト３国を中心に、いちおう共和国政府がある国では恐る恐る「経済主権」論が提起された。それも共和国の空気や水、土地は「主権」の範囲であるという議論である。だがエネルギーや天然資源、地下資源はどうするか。中央連邦政府と共和国との権限配分をめぐる闘争の急進化がはじまった。

「共和国」から「ロシア」への道

「共和国」という名の行政単位から「国家」への道を歩みはじめたロシアであるが、その国家の制度的な内実はまだ空虚であった。

なによりロシア（ＲＳＦＳＲ）には他のソビエト共和国と比較しても固有の経済権力がなかった。ＲＳＦＳＲの「政府」の権限はわずかであった。したがってエリツィンが共和国の最高会議議長として「主権」を宣言したあと、まっさきに問題となったのはロシアの最高会議の具体的機構、および政府機構をどのように構築するかであった。ロシア政府の舵取りをおこなう議長、つまり首相をどう民主的に選定し、いかにその下位機構を強化するかが問題であった。

エリツィン議長のもとで第一副議長にはハスブラートフが選ばれた。また副議長にはタタールスタンの農業関係者ボリス・イサエフ（35年生）や極東の検事出身のスベトラナ・ゴリャーチェバ（47年生）といった人物が補佐した。しかし彼らは、ソ連のそれとは異なって共産党の機構のような重しがないぶん、ハスブラートフ議長ともぶつかりだした。なかでもこの大会を通じて組織的問題を担当したのは若手の法律顧問となったセルゲイ・シャフライ（56年生）であった。ロストフ大法学部からモスクワ大を経て90年にロシアの人民代議員となる。彼は旧来のロシア最高会議の統治機構、とくに総務部を実際の司令塔とし、エリツィンのアルハンゲリスク別荘にロシアの戦略本部を作った。これが主権と市場改革の若手改革派の拠点となりはじめた。

こうしたなか１９９１年６月15日、ロシア最高会議は最初の本格的政府の議長、つまり首相として数名候補のなかから航空産業出身のイワン・シラーエフ（30年生）を選んだ。もとはルイシコフ・ソ連政府の副首相であった。彼の顧問であったバレリー・ボロンツォフによればエリツィン個人の選択でもあった

(143)。シラーエフは54年カザン航空大学をでた航空機製造の専門家であって、85年からルイシコフ・ソ連首相のもとで加速化戦略を担当した。副首相にはエリツィン後任のスベルドロフスク州党第一書記だったオレグ・ロボフ（1937-2018）らが入った。

なかでももっとも重要な副首相となったのは学者出身のグリゴリー・ヤブリンスキー（52年生）で、同じ経済学者でのちの財務相ミハイル・ザドルノフ（63年生）とともに400日市場移行計画をまず打ち上げ、ソ連政府レベルでも知られる存在となった。孤児として育った彼はモスクワでプレハノフ名称国民経済大を出たのち、国家価格委員会という、計画経済から市場への移行に重要な委員会勤務中の87年6月に「国営企業法」を起草、これがもとで90年にはロシアの副首相に抜擢された。ヤブリンスキーは同時に改革派外交官のアレクサンドル・ルーキンらと「ヤブロコ」（林檎の意）という改革的政党を作り、一時は都会の改革派に人気となった。同じく副首相のエフゲニー・サブーロフ（46年生）は90年にロシア文部次官から91年経済相、副首相となった。

1990年6月からのロシア新政府の大臣クラスにはチュワシ人でレーニンと同じ名門カザン大法学部卒の憲法専門家ニコライ・フョードロフ（58年生）法相が人民代議員として地域間代議員グループの反対派指導者となった。その後チェチェン紛争解決に努力、プーチン政権でも返り咲くことになる。アレクサンドル・ショーヒン（51年生）も労働相として活躍した。親欧米派外相となるアンドレイ・コズィレフについては別に言及する。

ソ連政府に対抗できる理論派の集結

ソ連政府との「法の戦争」「主権の戦争」となると学者など専門家の役割が重視され、ロシア政治の中心ではシャフライ顧問とエリツィン議長、なかでも急に台頭したブルブリスとの関係が強化された。

それまでもエリツィン周辺にはいくつかの人脈があったが、次第に固有の派閥と支持者とができた。1980年代スベルドロフスク州第二書記としてエリツィンに近く、事実90年にシラーエフ政府でともに第一副議長になるオレグ・ロボフ、とりわけ極東生まれの電気通信専門家である軍産部門のユーリー・スコーコフ（38年生）らも実務派として目立った。ただ彼らは実務家であってビジョンでロシアの新政府を動かす力はなかった。ちなみにこの二人は、1991年クーデター時、エリツィンの指示でスベルドロフスクに臨時政府をつくることを託されている。その後ロボフはシラーエフが去った後、首相代行になり、91年秋にはこの二人は首相候補ともなった。

アルハンゲリスクの大統領別荘にできた急進派が握る戦略本部は、これらの対抗する集団を「たたく」目的もあった。こうしてアルハンゲリスクに陣取ったブルブリス、シャフライ、ショーヒンらのグループは、90年後半から次第に改革を主導するエリツィン・ロシアの若手急進政府の中核となる。もっとも当初から市場移行問題で活躍したヤブリンスキーはしだいに連邦政府との交渉を通じて、ゴルバチョフ系人脈にも関与するようになり、次第に対立するようになった。

ちなみにソ連崩壊後、ゴルバチョフ系の『自由思想』93年1号の分析によれば、ソ連崩壊前後のエリツィン政治ではロボフ副首相を中心に、(1)ユーリー・ペトロフ（39年生）大統領府長官（1991～92年）、そしてイリューシン補佐官らの古いスベルドロフスク系「ノメンクラトゥーラ」集団と、(2)ブルブリス、ポルトラーニン、スコーコフ、シャフライ系と、それに(3)チュバイス、ガイダルらIMF系の新しい「若手急進派集団」とがそれぞれボスへの影響を争うことになる。この対立の構図は、ソ連崩壊から90年代のエリツィン政権、とくに前半の政治に大きく関与する。こうしてブルブリスのチームは一見強力となったかに見えたが、ブルブリスはその頃までに影響力を失いだすことになる。

なおこの最高会議直後、ゴルバチョフは、ソ連共産党のロシア部門を分離し、第1回ロシア共産党創立大会を６月20日に行なった。当初その第一書記には、最後のＫＧＢ議長となった改革派ワジム・バカーチン（37年生）やクプツォフ、シェーニンらの名前が出たが、結局23日ポロスコフがなった。保守派のリガチョフは共産党が「連邦化」することへの危惧を表明したが、事実ソ連共産党はロシアでも主権に沿って分裂していくことになった。

続いて90年７月２日にはやや早く第28回ソ連共産党大会が開催された。最後に書記長人選が行なわれ、ゴルバチョフが選ばれた。むしろ関心は副書記長に立候補したリガチョフが落選し、エリツィンが大会場から退出するかたちで劇的に脱党したことであった。ゴルバチョフは、この年共産党も最高会議活動も軽視し、むしろ新しい権力機関として大統領府機構の制度化に注意を傾けだした（143:140）。

市場移行の「５００日計画」

当面の最大の問題は市場移行と主権であった。「社会主義と市場」という枠内での議論はアンドロポフ期の１９８２年に「経済改善の当面の措置」が出て、当時としては画期的な経済管理の根本的再建という立法がなされ、小規模な共同組合経営が許容された。ペレストロイカ期にはアカデミー会員の経済学者アバルキンのもと、89年にはヤブリンスキー、ヤーシンといった市場指向の経済学者が動員され、翌年のシャターリンの市場移行の「５００日計画」の母体となった。

ロシアの統治機構の構築で目立つ傾向はロシア最高会議内での「民族派」の問題であった。ロシアもまた内部に16の自治共和国を抱える多民族連邦であった。この自治共和国というのはソ連邦形成時の共和国のさらに下位単位であって、ソ連邦全体では22あった。共和国が分離、離脱の権利を名目上は持っていたのに対し、自治共和国は内陸の行政単位として分離権がなかった。外国と接していないからという理由であった。８月10日、カレリア自治共和国の最高会議は「主権」宣言を行なって以降、にわかに「自治共和国」問題を抱えることになった。

エリツィンが90年最高会議議長になった時、少数民族代表に与えることが恒例となったが、彼は第一副議長への適切な候補を知らなかった。この時、やや偶然にもロシア最高会議議員として候補になったのがチェチェン自治共和国出身でモスクワ大学出の経済学者ハスブラートフであった。経済学博士だったがノメンクラトゥーラではなかったことが幸いした。ただ彼と若手市場改革派との距離は大きかった。1年後にはエリツィン自身がロシア民選大統領となったこともあり、ロシアの最高会議議長となった。もっとも1年後の政治活動から8月クーデターまではエリツィンの盟友として行動したが、チェチェンへの人脈も影響も大きくなかった（104:527）。

ハスブラートフの出身共和国のチェチェンのように、ロシア共和国の「主権」を強調しだしたら、その下位単位である16の自治共和国の主権をも認めよという要求が出はじめた。もっともロシア（RSFSR）のなかの自治共和国は、日本の6倍もあるヤクーチアなど、全部合わせるとロシアの半分の領土になり、彼らがタタールスタンやチェチェン、それに1944年までソ連外だったトゥワなどがロシア離れすることは大問題になりだした。むしろ共和国台頭に悩むソ連保守派から、ソ連を15共和国プラス20自治共和国の計35共和国からなる連合国家を作るべきだという声が起きはじめた。

しかしソ連崩壊後、大統領と最高会議議長との関係は個人的にも悪化しだすことになる。コルジャコフによれば、このころからハスブラートフはエリツィンの経済改革、彼の政策に批判的な人物を糾合しだすことになるが、それは8月クーデター後の動きである（50:214）。なかでもロシア政府副首相で同時に第一副議長だったヤロフの解任をエリツィンが打診した時、ハスブラートフは第一副議長で民主派だったフィラトフをも追い出すことを交換条件として承認した。

フィラトフ自身はうまく大統領府の次席となり、やがてスベルドロフスク出身のペトロフ長官が93年はじめに辞任したとき、フィラトフが長官となる。いずれにしてもハスブラートフはエリツィンとはいわば対等だ、というのが彼の根本的誤解だった。その後は93年にはお互いを敵呼ばわりし、10月危機では戦車を繰り出して戦うことになるという運命はこの時はまだ知らない。

いずれにしてもこのハスブラートフとフィラトフの人事が示していたことは、エリツィンが人事には無頓着で、人脈を系統的に登用するというブレジネフやプーチン流の人事スタイルとは異なり、彼の人材登用には偶然が支配することになる。

3……ゴルバチョフ―エリツィン提携

1990年半ば、ロシア政府の首相人事もまた問題であった。当初名前が挙がったのはエリツィンの建設建築委員会の書記でもあったミハイル・ボチャロフであった。民主派は支持したが、経済学者ヤブリンスキーらは反対した。

こうして先に触れたシラーエフが挙がった。連邦首相のルイシコフとの関係は良くないものの、すべての人に「中立な」人物とみられた。ちょうど市場経済改革が本格主導し、若手の経済学者ザドルノフ、ミハイロフらが400日市場移行計画を90年に立案していた（115:80）。同様にヤブリンスキーらが500日の市場移行計画を打ち出し、これをもとに90年夏には、連邦＝共和国提携で市場改革を進めようという雰囲気がでた（148）。改革政府としてシラーエフとヤブリンスキーとがロシア側から出席、ソ連側と協議交渉した。

この90年夏の第28回党大会でエリツィンは、共産党員籍を放棄、ソ連共産党にわかれを告げた。同世代でも大学時代から党員だったゴルバチョフとは異なり、彼は61年3月14日、つまり満30歳までは入党しなかった（39:91）。そしていち早くこの党に見切りをつけた大物となった。

市場改革をめぐる対立の激化

この本格的ロシア政府の登場は、ソ連政府系の経済学者のアバルキンら穏健経済改革派の改革案にも新しい次元を提起した。ソ連政府にもニコライ・ペトラコフ（37年生）らゴルバチョフ・ブレーンの市場改革派が結集しはじめた。

7月20日、ロシア政府はヤブリンスキーの500日計画を審議、そこでソ連側のパブロフ首相らの反危機政策がロシアの主権を脅かしており、問題であることをシラーエフ首相らは指摘した。もっとも連邦側マスコミはロシアの動きをまだ無視しがちであった。それでも8月初めまでに連邦政府とロシア政府とは市場移行への連邦と共和国との合同委員会を経済学者のスタニフラフ・シャターリン（1934-97）をトップとして作ることとし、2日から30日までソ連と各共和国のトップクラスの経済専門家が関与した。

これが俗に「500日計画」と呼ばれる『市場への移行――概念と戦略』という240頁の冊子であって、ペトラコフ、ボリス・フョードロフ（1958-2008）、グリゴリエフ、ヤブリンスキー、ヤーシンといった13名の経済学者が署名した。もっともこの作業チームにゴスプランをはじめとするソ連レベルの財務省、経済官庁、国防省、ソ連共産党、全ソ労評、国家価格委員会といった全ソ連的な機構がボイコット、まったく協力しなかった（39:201）。9月19日に30万部が刷られた（151）。

なかでも8月9日にはロシアの経済主権の象徴として、ロシア領にある金、ウランとダイヤモンドをめぐる主権を脅かす連邦法を無効とした「ロシア経済主権法」をロシア最高会議が承認した。この法律はこれまでのソ連邦とロシア共和国との上下関係を180度変え、ロシア主権の優位を意味した（143:114）。しかしソ連側の機構的な抵抗もまたますます激化し、指導部もまた8月17日、500日計画を拒否し、代わりにソ連側市場移行計画との統一を画策しようとした（30日）。背景にあったのは主としてソ連邦レベルの軍産複合体などの保守的利害であった。

この結果、ロシア政府は単独で市場経済移行をすることを余儀なくされた。エリツィンはルイシコフ・ソ連首相に辞任を要求した。9月にロシア最高会議はシラーエフ政府の提案をもとにソ連政府不信を表明する。こうしてロシアとソ連政府との対立は拡大した。ゴルバチョフはロシア政府の抗議にもかかわらずソ連大統領の特権を拡大、大統領令が全ソ連で義務となることを表明する。この大統領令とは連邦法に反しない範囲で大統領が命じる行政命令であった。10月にはゴルバチョフ大統領はルイシコフとアバルキンの保守的な市場移行計画を支持した。

全天然資源をロシア政府の管理下に

他方、ロシア政府はソ連邦政府を不信任し、経済改革はロシアの法に則って進めることを表明した。なかでも決定打は、90年11月1日、ロシアの石油、ガス、金などの全天然資源をロシア政府の依頼によって、その管轄をロシアに移すという最高会議の決定であって、先の法令は石油も含めており、ソ連政府を破産に追い込むにひとしい決定となった。もっともまだその効果は未知でもあった。

これに対抗するためゴルバチョフは11月半ばには「危機管理」を合い言葉に、副大統領制導入など中央集権的な制度を導入、12月にはルイシコフのソ連政府を解散する。またロシアは11日にはゴルバチョフとエリツィンが合意し、ロシア独自のテレビ局を作ることになった。もっとも、多くは即座に実行されなかったとしても、翌年1月にはロシア独自の国防・安全保障委員会ができた。ロシアの統治体制もそろいはじめた。

こうしたなか12月の第4回ソ連人民代議員大会では、20日シェワルナッゼ外相が突然「クーデターの恐れ」を理由に辞任した。直後にクーデター派の中心となるKGB議長クリュチコフは「CIAのソ連への陰謀」を発言した。副大統領には、同派系のヤナーエフが就任した。ロシア政府のシャターリンら市場改革派らは連邦との関係を絶った。翌年1月にはシェワルナッゼの警告通り、保守化の重大な兆候が生じた。バルト諸国のビリニュスとリガで、共和国に対するソ連軍、治安機関、党保守派からの攻撃が始まったからである。これは中央での保守化の動きと連動していた。市場改革派の補佐官ペトラコフらが辞任を表明するなか、1月15日にはパブロフ内閣がソ連最高会議で承認され、外相にはベススメルトヌィフ、内相プーゴ、国防相ヤゾフらが承認された。ソ連政府とは異なって新内閣は大統領直属人事となった。こうしたゴルバチョフと連邦政府の改革からの後退に対し、91年になってエリツィンが猛烈に抵抗しだした。バルト諸国での衝突が引き金であった。

だが、連邦崩壊に向かう政治的分裂は、なにも連邦と共和国との間だけではなかった。90年にロシア連邦最高会議議長となったエリツィンの足許で、副議長らに反エリツィンの雰囲気が高まりはじめた。何よりスベルドロフスク出身のイサコフ副議長は、西側のソ連崩壊論であまり気付かれることはなかったが、それなりに重要であった。エリツィンは、憲法改正などの動きを通じて反社会主義、「主権」、反ソ連の性格を強めたが、とりわけ、91年はじめの連邦との対立に対抗手段だけでいいかという批判もでた。91年2月の市場改革への議長の署名拒否が、最高会議の権限を逸脱しているという抗議がでた。

憲法問題でも若い憲法委書記オレグ・ルミャンツェフ（61年生）は、もともとハンガリーの市民社会の研究者で、政治学者アンバルツーモフの弟子、民主的ペレストロイカ・クラブの副代表でロシア代議員だった。この師弟コンビは自治共和国の独立には批判的でエリツィン議長との差違が出はじめた。イサコフ議員は日記に91年2月初め「我が国の『民主主義者』とは革命家の別名だ」と書いた（47）。たしかに資本主義に移行するためのの裏返しのボリシェビキだという声も出はじめる。

ソ連邦維持を問う国民投票の実施

こうしたなか３月17日にはソ連邦維持の国民投票が実施されることに決まった。この２月19日、エリツィンは最高会議に諮ることなくゴルバチョフを批判、ロシアも大統領制導入をめざし選挙を行なうとテレビで発言した。大統領制を導入することも、また国民投票で決めることも最高会議の無視でもある。

こうして狭い側近だけで独断専行する議長エリツィンに対しては、イサコフやゴリャーチェバら６名の副議長らが21日の声明で「民主主義の名の独裁」に抗議することになった。最高会議議長とハスブラートフ副議長以外がこれに賛成、以降ロシア最高会議はエリツィン議長と距離を置きはじめた。これに対してビクトル・シェイニス、ハスブラートフ等の幹部会員がエリツィン議長への中傷だと反論した。主権をめぐる争いは、ほとんど「万人の万人に対する闘争」の状況になりはじめた。

３月28日にソ連邦維持の国民投票結果が公開されたが75・09％が投票、76・43％が支持、「刷新された連邦」の維持が認められた。ロシアでの大統領制導入国民投票でも７割の支持をえた。またモスクワ、サンクトペテルブルクでも市長選挙実施が決まった。

始まった人民代議員大会でも５月21日にソプチャークなどエリツィン支持派と「６名派」が、ぶつかった。大統領選挙の可否と日付をめぐって６回の投票を繰り返した末、６月12日開催で決まった。いったんはエリツィンの勝利となったとはいえ、その後91年秋、そして93年10月に頂点に達する大統領と最高会議との武力衝突にいたる最初の対立の兆しでもあった（39:50）。

もう一つこの大会をめぐって、91年４月にポロスコフの保守的ロシア共産党内に「民主化をめざす共産主義者」派が、ルツコイを代表として70名とも１７０名とも言われる集団をたちあげた。さっそくエリツィンが彼を副大統領候補に指名した。こうした事情については、コルジャコフ回想が語っている。当初エリツィンを批判する共産党員ルツコイには エリツィン周辺に不満も多かったが、スピーチライターや、とくにルドリフ・ピホヤが女性票を意識して推薦した（50:157）。エリツィンからの副大統領候補の要請にルツコイは涙を流したという。もっともこの派は共産党内の論争の結果というよりも、たぶんにアフガン帰りのこの人物の情動性（104）、カリスマ性に由来していた。

彼とエリツィンとを結びつけ、いわゆるガイダル内閣の創始者ともなったのはブルブリスであった。じつはエリツィンをロシア大統領に、そしてブルブリス自身は副大統領の可能性もあったこともあり、ルツコイ候補を好まなかったが、感情が公然化することもなかった。もっともエリツィンも副大統領に重きをまったく置かなかったことが後の問題につながる（104:71）。彼は4月にロシア、ベラルーシ、カザフスタン共和国代表者だけの初めての三者会議をロシア側代表として主催、これは新連邦をめざすゴルバチョフ、ルキヤノフにとって危険な傾向となった（30:220）。

これをうけて91年6月12日、つまり主権宣言1周年記念日に行なわれたロシア大統領選挙にはエリツィンが立候補し、最高得票の57・3%、第2位はソ連首相を解任されたルイシコフで16・85%であった。選挙にはゴルバチョフ系のバカーチン・ソ連内相が、6人の反エリツィン系副議長の一人アブドゥラチーポフとともに参加した。市長選挙でモスクワ市はポポフ、サンクトペテルブルク市ではソプチャークが当選した。いずれも学者市長で行政手腕に問題はなくもなかった。

なお7月10日、エリツィンの大統領選出に伴い臨時の第5回ロシア人民代議員大会が開催され、新議長選出が議題となった。バブーリン、ルーキンらが候補だったが、結局ハスブラートフがバブーリン候補と議長を争ったものの7月中は決まらなかった。こうしたなかで、運命の8月クーデターを迎えることになる。

4……国家非常事態委員会

新連邦条約をめぐる対抗

ゴルバチョフへの保守反対派がクーデター準備に取りかかる頃、新連邦条約をめぐって、大統領別邸のノボ・オガリョボでは関係諸国指導者の議論が繰り返された。8月12日、エリツィン大統領は主権国家の新連邦条約草案を提起したが、そこではロシアの憲法に触れなかったことから、ロシアの議員内で、民主派や中間派、また自治共和国からも草案批判が高まる。かわりに15日にはエリツィン側は新たな主権国家連邦案を提起することになった。

この議論はもともと1991年当初のバルト諸国の危機をきっかけに、そして市場移行の危機をめぐる主権国家同士の関係が難しくなったことから調整が始まった。90年末にはウクライナでの人民戦線ルフなど独立派の勢いが増し、ロシアとの分裂といった予想もありえた。新連邦条約の起草には、科学アカデミーの法学者やゴルバチョフ系のレベンコ書記とシャフナザーロフ補佐官が参加して始まった（10:397）。5月24日には、ゴルバチョフ、ルキヤノフ、エリツィン、ナザルバエフ、パブロフらの会合が、自治共和国代表も含めて開かれ、「主権共和国連邦」条約への準備会合が行なわれた（10:400）。しかしここにバルト3国をはじめ、ウズベキスタン、ジョージア（グルジア）、アルメニア、モルドワなどの首脳が参加しなかったことは、新連邦をめざすゴルバチョフの指導力の陰りを物語った（102:97）。エリツィンも主権国家連邦への賛意を表明した。

ゴルバチョフ大統領周辺、とくにシャフナザーロフ補佐官は7月末、ナザルバエフ、エリツィン、クラフチューク、それにベラルーシ最高会議議長のニコライ・デメンチェイ（30年生）の間で、カザフスタン大統領、ロシア大統領、ウクライナ最高会議議長、ベラルーシ最高会議議長という4者からなる新条約をつくる構想を練った。この時点でゴルバチョフには、ソ連共産党と離別、いくつかの共和国と小さな連邦中央という、ドイツ型大統領になる用意すらあったと、エリツィンの法律顧問シャフライは理解した(102:302)。実際30日にエリツィン、ゴルバチョフ、それにナザルバエフの間で国家連合案に近い合意が成立した。徴税権を共和国に移すなどの案は7月末には完成した。さっそく保守派のルキヤノフは会議にソ連最高会議が呼ばれていないと批判した。

なかでも難問は、ロシア(RSFSR)の16自治共和国をめぐる対立であった。ゴルバチョフ側は、この16の自治共和国もまたこのプロセスに関与すべきだと主張した。この過程には分離独立の権利がない自治共和国まで参加、シャイミエフ・タタール自治共和国最高会議議長も主権国家代表として署名すると表明した。

6月17日のノボ・オガリョボ会議では、ソ連憲法上は連邦離脱の権利のない自治共和国が権利無視に抗議していた。シャフナザーロフ案は、ロシアの16自治共和国を含めアゼルバイジャン、ウズベキスタンの自治共和国等を合わせた20自治共和国をすべて新連邦条約交渉に関与させるというものであった。自治共和国はソ連憲法では連邦(ソユーズ)離脱の自由が存在しなかったからでもある。

もっともエリツィンにとってもこの16自治共和国は人口の20%、そして戦略資源をあわせて領土の51%となり、もしこれがロシア連邦離脱となれば、ロシア連邦自体も崩壊すると反対した。事実、ソ連崩壊後の92年、「自治共和国について」というソ連共産党の特別ファイルをみたエリツィン大統領のシャフライ顧問によれば、エリツィンを「包囲する」ためにこの案が練られたとあった(4:303)。

実現しなかったゴルバチョフ─エリツィン妥協

それでもこの時はゴルバチョフ側とエリツィン側とで妥協が成立した。15共和国プラス連邦中央の16主体が新連邦条約に署名、ロシアについては自治共和国も含めて署名するが、ただしエリツィンだけが先に署名し、残りはそのもとに署名する、という妥協案である（4:304）。これがクーデター直前にでき、エリツィンが仮署名した8月17日の新連邦条約案であった。

結論からいえば、これはクーデターで実行されることはなかった。そして、この時の混乱が、エリツィンからプーチンにいたるチェチェン問題として、その後のロシア連邦を苦しめることになる。チェチェン問題に代表されるロシアでの分離主義問題とは、「好きなだけ主権を」といったエリツィンのかつての政治発言の付け回しとなり、8月クーデター派からの「呪い」ともなった。

もっともゴルバチョフ側にも言い分はあった。共和国側、とくにロシアが急に署名しない場合、1922年のソ連形成の条約は失効するのに新条約はないという状況になる懸念があった。ゴルバチョフは、したがってエリツィン、ナザルバエフとの新連邦条約を考えながらも、同時にこれがうまくいかなくなる可能性に対する臨時措置を考えていたと思われる。この意味では8月クーデターのシナリオとはゴルバチョフ側のいわばプランBであった。

いずれにしてもゴルバチョフはソ連保守派とロシア主権派との微妙なバランスのうえに乗っていた。事実軍産複合体出身のオレグ・シェーニン（1937-2009）書記は、ゴルバチョフとの7月29日の会談で、状況が悪化すれば非常手段をとる可能性もあると語っていた（4:343）。そうでなくとも軍事発注は半減、民需転換は4割以上だった（104:244,71:372）。エリツィン系のガイダルは後に著した『帝国の死』で、「力を用いずして帝国を維持することは不可能だ」と書いた（25:301）[2]。

1982年からゴルバチョフの政治局員補佐官として、ゴルバチョフを見てきたボルディンの回想『権威の座の倒壊』でも、ゴルバチョフは危機に際して、マスコミ対策と論文を書くことを得意とした政治家と言ったが、言い得て妙である。ゴルバチョフは1月ごろから非常事態導入の可能性を論じ、そしてオレグ・バクラノフ（32年生）、パブロフ首相等に研究させてもいた（10:8）。クーデターの直接の契機となったのは7月末のゴルバチョフとエリツィン、ナザルバエフとの会談で、ここで彼らは新連邦条約を締結し、そしてKGBや軍の最高人事をかえる可能性について話し合った。これはKGBの盗聴するところとなった。エリツィンの法律顧問シャフライも、この7月末の三者協議の議論をクリュチコフが録音、他の政治局員に回覧、そして「選択は単純だ、偉大なソ連邦を裏切るのか、それとも何かを行なうのか」だといったと理解した。もっともクリュチコフはエリツィン等の三者協議の中身はまったく知らなかったと言っている（10:13）。いずれにしても新条約署名は8月20日に迫っていた。これがロシア側の理解する国家非常事態委員会の登場する理由だった。

ソ連崩壊を導いた8月クーデターに関しては、改革続行のゴルバチョフ大統領と頑固な連邦維持派との対立が昂じてクーデターを起こしたといった理解が主流的見解であった。しかし実態は複雑で、ソ連邦と共和国だけでなく、大統領と最高会議、共和国内でも強権派と民主派との対立、さらには自治共和国といった複雑な多元的紛争であったことが、当事者の回想でも、また研究でも次第に明らかになっている。

委員会構想にはゴルバチョフも関与

国家非常事態委員会の起源が、じつはゴルバチョフ本人も深く関与して展開されたことは回想文献でも指摘されている（74:105）。その起源は3月28日であった。

この日ゴルバチョフはヤナーエフ副大統領を中心とする非常事態委員会導入の構想をひそかに検討した。メンバーとしてはプーゴ、ヤゾフ、クリュチコフ、パブロフ、シェーニン、そしてボルディン（大統領府）があてられた。プロコフィエフは、３月ゴルバチョフに電話で呼ばれクレムリンに赴いたが、そこにルキヤノフ、ヤゾフ国防相、プーゴ内相、ドグジェフ（パブロフ首相代理）がおり、また党書記としてはセミョーノフ、ストロエフ、そして副大統領ヤナーエフとボルディンが大統領府から来ていたという（106:67）。

この３月会議でゴルバチョフはヤナーエフを座長とする委員会を組織、クリュチコフ議長、パブロフ首相、シェーニン書記も入った。８月の現実の委員会に入るスタロドゥプツェフやティジャコフはいなかったが、プロコフィエフ書記もメンバーだった。その後、ヤナーエフの部屋でクリュチコフ、プーゴ、ボルディンらが非常事態導入の形態を研究することになった。参謀本部のレオニード・イワショフ（43年生）によれば４月12日にも会議が開催されている（41:64）。

プロコフィエフ回想では委員会はゴルバチョフの16日の訪日時にもあり、この時をねらって作戦が始め

▼２　ソ連崩壊時の理論家知識人は著名な児童文学者の孫、アンドロポフ時代に早くも市場改革の政府研究チームにいた経済学者ガイダルであろう。チュバイスなどはまだ市場文献にアクセスできなかった時からこれを議論していたエリートでもあった。その意味では、世界観は正反対になるが『共産主義のＡＢＣ』を書いたソ連の理論家で粛清された『プラウダ』編集長ニコライ・ブハーリン（1888-1938）と似ている。ともにモスクワの知識人の家に生まれ、早くから反体制的思想（マルクス主義、新古典経済学）に親しんだだけでなく、それの適応で双方とも同名の『移行期経済』を著した。もっとも片方が資本主義から共産主義の移行を論じたとしたら、ガイダルは反対である。また旧国家の解体の理論家でもあった。もっともそれゆえに反感を買ったのか、実践活動家としては首相代行の時期は短く、途中で最高権力者に疎まれ、その後不遇で亡くなっている。つねに現実に裏切られたロシア理論家の悲劇といえるかもしれない。そのアナロジーでいえば、ポルトラーニンはルナチャルスキーに似てなくもない。ただこのアナロジーは、８０００冊の蔵書を持っていたレーニンと、まったく本を読まなかったエリツィンの反知性主義で終わる。ロシアの不幸の一つは、ゴルバチョフと比較して遙かに劣るエリツィンの知性にもあった。

られようとしたので、冒険主義とヤナーエフがなだめる側に回ったという（150:6）。プーゴとヤゾフとは非常事態導入は憲法問題が解決した後、つまり大統領と合意し、そして最高会議の決定後になされる手はずだった（106:68）。いずれにしても非常事態計画とは、人選も含めゴルバチョフ企画であったということになる。4月末には合意された案がゴルバチョフに提出された。もっともそれが机上計画だけなのか、あるいは現実案としても国全体か、一部のみに導入されるかは不明だった。

現実にゴルバチョフ帰国直後の4月24日の党総会で、プロコフィエフらが書記長解任を主張した。彼の回想では、ゴルバチョフは「エリツィンとは合意しており、ただエリツィンは1年間のみと注文していたとも明かした」というが、今のところ確認する証言はない（106）。彼によれば、このころクリュチコフはクーデターには党の関与があってはならない、「これは純粋に国家のことだから」と厳命されたという。

クーデター派の不満の亢進

8月クーデター派の真のイデオローグと評されたのはルキヤノフである。ゴルバチョフ時代、軍やKGBの人事を扱う党行政機関部といった党・国家の中枢を歩んだルキヤノフは77年憲法の起草者の一人でもあった。ゴルバチョフとの交友も40年に及んだ（34:278）。それだけにゴルバチョフは回想でその「打算に基づく」裏切りと信頼の喪失に激情を示している（29）。もっともルキヤノフのゴルバチョフとの訣別が7月末では遅すぎたという意見もある（106:43）。急進改革派とルキヤノフとの対立は公然となった。ポポフ市長は、『コムソモリスカヤ・プラウダ』などでルキヤノフを批判した。

たしかにクーデター派の不満は夏に向けて亢進していた。91年6月17日の最高会議秘密会でヤゾフ国防相は、軍人50万人の一方的削減という方針の結果将校不足となったと指摘した（SR:18/6/91）。ゴルバチョフが出した主権国家連邦条約は単一国家としてのソ連の崩壊だと保守派は理解した。

7月初めにはルキヤノフ自身、自分の立場を示したうえで、解任をゴルバチョフに申し出たが返答はなかった(74:23)。内相プーゴも民族紛争の結果、銃火器が拡散し民族紛争が拡大したと指摘した(SR:27/6/91)。首相パブロフは、6月17日閣僚会議に非常大権という巨大な権限を要求し、農業など危機部門には軍の導入も公然と要求した。パブロフをここまで走らせたのは、エリツィン・ロシアの石油・ガス産業の民族国有化の動きと、石油製品値上げ発言であった(105:244)。8月初め、エリツィンはチュメニ油田を視察、そのとき新連邦条約がロシア政府に管理権を与えると発言した(中澤訳 1998)。ヤクートとカザフスタンでの金採取産業の主権化も同様であった。このパブロフ要請は、ポポフ市長などの危機感を招き、彼はマトロック米国大使に注意を喚起した。

ゴルバチョフとクーデター派が激突

なかでも7月23日に『ソビエツカヤ・ロシア』紙にでた保守派の政治家と知識人のアピール「人民への言葉」で作家ラスプーチンらは連邦の将来に危機感を表明した。アピールを書いたのは作家プロハノフであったが、ロシア(RSFSR)共産党書記で年初から愛国的会議を開いたゲンナジー・ジュガーノフ(44年生)も参加、事実上、国家非常事態委員会のアピールであった(147:44)。

こうして7月25~26日の党総会は、ゴルバチョフと潜在的クーデター派との激突の場となった。反ゴルバチョフの中心はプロコフィエフであったが、ウクライナ軍産複合体のトップで最後の同党第一書記スタニスラフ・グレンコ(1936-2013)もプロコフィエフを擁護、つまり反ゴルバチョフに立った(106:234)。彼らはゴルバチョフが党を割り、秋には独自の改革党を作るつもりだと読んだ。このため、ゴルバチョフ批判派も即時解任をこの時点では望まなかった(106:235)。彼らに鼓舞されたルキヤノフはエリツィンの脱共産党の動きが最高会議の安定の動きを妨げると語る(P:29/7/91)。党にとって大統領を失うことは、同時に党が国家指導の鍵を失うことに他ならないと牽制した（74:111）。ゴルバチョフは臨時党大会招集に合意した（70:82）。

もっともゴルバチョフだけでなく、エリツィン側もソビエトと党の復讐を十分意識して手を打った。7月20日、エリツィンは、ロシア（RSFSR）での国家機関、施設、組織でのソ連共産党機関の活動禁止の大統領令を発布した。ちょうど直前の17日、G7の首脳とゴルバチョフ大統領との会見がロンドンで行なわれた。その後ブッシュ大統領がモスクワを訪問、新戦略兵器削減交渉をゴルバチョフと行なった。並行してエリツィンとナザルバエフの両大統領がモスクワに滞在、ゴルバチョフと新連邦条約交渉を行なっていた。

こうしたなかでソ連共産党最後の中心人物は、ウクライナ共産党出のウラジーミル・イワシコ（1932-94）副書記長だった。南部軍産複合体の中心、ドニエプロペトロフスク州の第一書記、その後共和国党第一書記を経て、90年7月に全国の副書記長に選ばれた「極めて慎重な」人物であった（70:59）。事実クーデター時は病気療養中であった。

またその首謀者とされたゲンナジー・ヤナーエフ（1937-2010）副大統領は、94年に恩赦で釈放されてから12年後の２００８年に『国家非常事態委員会』を書いた。ヤナーエフは労働組合官僚から政治局入りしたが、ゴルバチョフ路線に忠実で最初から首魁というわけではなかった。彼によれば実際のクーデター首謀者はクリュチコフKGB議長とシェーニン書記であった（147:19）。

決行はクリミアでの夏休暇

8月初め、そのシェーニン書記とロシア共産党第一書記のイワン・ポロスコフ（35年生）書記はゴルバチョフ大統領の夏の休暇を確かめた。大統領は5日からクリミアでの休暇に入ることになった。ゴルバチョフは休暇前に連邦条約についてテレビで解説し、20日にこれが調印されると世論に印象づけた（70:87）。

大統領会議にかわって91年3月には新しい政治局というべき安保会議が憲法上作られ、８月１日の会議にはヤゾフ、クリュチコフ、パブロフ、ヤナーエフといったその後のクーデター派の中核と、プリマコフ、バカーチンといったゴルバチョフ派とが同席したが、ゴルバチョフは新しいことは何も言わなかった（10:387）。８月16日には新連邦条約案が公表され、20日の署名を待つばかりになったかに思えた。

８月７日ヤゾフ国防相はパーベル・グラチョフ（1948-2012）らに非常事態の研究の準備を命じた（41:72）。グラチョフは空挺部隊出身の軍人でアフガニスタン帰りであったが、91年1月に軍機関紙『赤星』で、民族紛争に軍の導入をすべきでないという論文を寄せた人物でもあり、当時トゥーラの１０６空挺師団を率いていた。17日モスクワのＫＧＢの接待所で、クリュチコフ、パブロフ、ヤゾフ、ボルディン、シェーニン、バレンニコフらが集まった。そこで翌日ゴルバチョフの滞在しているクリミア半島フォロスの別荘に4名の全権代表を送り、非常事態導入の件でゴルバチョフと会見することを了承した。

このシナリオの最大の問題は、ゴルバチョフの決断があるかどうかであった。この段階ではゴルバチョフが当初は黙過するとふんで、クーデターの成功を見たら「赤い馬」にのってモスクワに凱旋すればいいし、反対にロシア政府などの抵抗で失敗すれば「白い馬」にのって帰ればいい、という両天秤にかけるという判断であった。各勢力がそれぞれ保険をかけ、情報の探りを入れていた。問題は、エリツィンやブルブリスらロシア指導部が公然と述べたように、ゴルバチョフとの8月の連携はせいぜい臨時的戦術だったことであった（26）。

こうしたなか実行部隊の中心グラチョフ将軍は、17日夕方、空挺団のレーベジ将軍に「南方バリアント」という指示を与えた。レーベジ回想では攻撃対象の詳細は「後ほど指示」というはなはだ曖昧であり、その後の情報収集でも矛盾に満ちた計画だった（68:6）。18日夕方には「非常情報」を待つよう指示されたが、実際は19日の朝、モスクワのトゥシナ飛行場への夕方の集結が指示され、その後グラチョフの指示でロシア最高会議ビルの保護と防衛が言い渡された（68:9）。レーベジが白亜館に行くとすでにバリケードが構築されていたが、国家非常事態委員会のことは聞いていなかった。レーベジ自身は、その場でかつての教官でもあるエリツィン側のコルジャコフ警護局長と会うことになり、とり込まれる。

グラチョフ自身はウラジスラフ・アチャロフ（1945-2011）国防次官のもとで8月20日に開催された白亜館の奪取作戦の指揮官№2として動員された（RIA Novost）。この席にはアフガン撤退を指揮したグロモフ国防次官、KGB次官のアゲーエフ、レーベジ将軍らも同席した。しかし腰の引けていたことに、アチャロフ次官その人が作戦自体を冒険的だと感じていた。彼はタタールスタンの戦車部隊や空挺部隊を経て国防次官まで上り詰めた軍人だが、東欧からの撤兵や国内でのバクー、ビリニュスでの事件にも関係してきた。アチャロフやグローモフらにとって900人が立てこもり、周りに多くの民衆が集まる最高会議の白亜館ビルを攻撃、奪取するという作戦自体は、純軍事的には困難ではなかった。だがロシア主権の象徴となっていた白亜館の建物を攻撃するということは内政目的のために軍を動かすことであり、ソ連軍人としても困難であった。最初に動くべきソ連軍幹部に当初から不満が見えた。

この間、動員部隊に戻ったレーベジ将軍にコルジャコフ警護局長ら4名が、エリツィン大統領との会見を求めてきた。レーベジはこの時安保担当顧問のスコーコフと会って、初めて国家非常事態委員会のことを聞き、その顔ぶれを知って「どうして権力を体現するこの人たちが権力を奪うことになるのか」と絶句したという（68:16）。

その後、エリツィンの部屋でコルジャコフ、スコーコフらの同席のもと、エリツィンから、命令がどこから来たのか、誰から建物を防衛するのかと問われている。レーベジの回答を聞いたエリツィンは、レーベジをグラチョフ同様信じるといった。やがてエリツィンはレーベジ率いる空挺部隊が民衆反乱側につい

た と伝えられることになった（68:19）。

レーベジはさらにルツコイ副大統領、19日にロシア国防相に任命されたばかりのコンスタンチン・コベツ将軍、ブルブリス顧問らとも会って、その後クーデター本部に戻ってロシア側の状況をアチャロフ、グローモフ、バレンニコフらに報告している。そこでレーベジは建物周辺は10万の民衆が取り囲んでおり、どのような武力行使も「途轍もない虐殺」になると報告した（68:29）。こうしてレーベジはグローモフらとともに事実上エリツィン側に加担することになる。

5……クーデターの挫折

全権代表4人がゴルバチョフ大統領に会見

現実のクーデターは、ヤルタ半島フォロスの大統領別荘にいたゴルバチョフ大統領に会見するため、18日午後2時にモスクワの軍用空港を4名の全権代表が国防相専用機で出発したことから始まる（10）。午後1時説もある（106）。

全権代表の4人とはボルディン大統領府長官、シェーニン党書記、バクラノフ国防会議副書記、バレンニコフ将軍といった連邦維持派で、プレハノフKGB第9部長（警護担当）をともなった。このうちバクラノフはウクライナの軍産複合体からソ連機械製作担当相をへて、党書記から4月に大統領付属国防会議に移った。このフォロス会談の関係者は、ゴルバチョフと全権代表、そしてKGBの警護担当のウラジーミル・メドベージェフ（37年生）である。このうちゴルバチョフ、バレンニコフ、ボルディンの他、警護隊長のメドベージェフも回想録『背後の人物』を出版した（79）。書記長の護衛であって、立場上プレハノフの指揮下にあった。

メドベージェフは、事件がクーデターなのか、それとも反乱なのか、国家転覆なのかという問題を出した。そしてそれへの一義的解答はないという評価であった（79:10）。なぜなら事件を起こしたのは、そもそもゴルバチョフの知人、友人であるからだ。そして一部はエリツィン・クーデターという側面もあったともいう。そのときクーデター派はエリツィンと協調していた。非常事態委員会がけっして白亜館を襲ってこないことをエリツィンは知っていたという（79:11）。

エリツィン側の逆クーデターという説は、クーデター期間のグラチョフとエリツィンとの不思議な関係を考えてもこの解釈は成立しうる。バレンニコフの言うようにゴルバチョフの側の人間によるクーデターでもあり、つまりは双方の仕掛けたクーデターであるという評価を書いた。政治とは結果論であるが、その結論は妥当であろう。メドベージェフは、クーデター時エリツィンが自己の護衛部隊をKGBから切り離して組織し、コルジャコフを中心とする部隊を作ったことを高く評価していた（79:282）。彼にとって8月19日とは二人の独裁者、つまり共産主義者と反共主義者の戦いであった（79:14）。こうしてゴルバチョフは古い全体主義的体制を破壊した、というのが彼の説である（79:301）。

クーデター派はゴルバチョフにたいし、大統領権限を使って非常事態を敷くか、さもなければ権限を副大統領ヤナーエフに与えるよう説くことから始まったと各種の回想は一致している。このうちゴルバチョフ大統領の回想（邦訳『世界を震撼させた三日間』）は、クーデターの直後に緊急出版されたが、内容的にはつまらない。彼とその代筆者は、この4名が「委員会」を代表してやってきたと言い、ゴルバチョフの大統領令か、さもなければヤナーエフ副大統領に権限を渡すよう主張したと想起している。この最終通牒的メッセージにたいし、ゴルバチョフ自身の回想では、最後に「地獄へ行け」と言ったと記録している。

もっとも回想や記録では訪問時間をめぐってなど細部に食い違いがある。ゴルバチョフは午後5時であったと回想でも指摘している（29翻訳）。ボルディンも5時をめがけて急いだと言っている（10）。近隣のホテルに待機していたシャフナザーロフ補佐官はゴルバチョフ大統領と3時50分に電話で話したあと、4時には電話は切れていたという。しばらく電話したのに大統領別荘とつながらず、1～2時間待ったが不通だったことから異常を感じた（121）。

これらの回想を継ぎ合わせると、この代表団派遣は、バクラノフ主導であった可能性が高い。もっとも彼も状況を読み違えていた。ゴルバチョフに歓迎されるとの目論見でフォロスを訪問したのである。しかし驚いたことにゴルバチョフは訪問を予期しなかったし、歓迎どころではなかった。ボルディン長官もゴルバチョフが、この会見も主題も予期していなかったことにむしろ驚いたという（10）。大統領の側近中の側近である。

かみ合わなかった対話

ゴルバチョフとの対話の口火を切ったのはシェーニン書記であった。この段階で初めから国家非常事態委員会を名乗った。ゴルバチョフ回想はこの成員の委員名まで語っている。もっともボルディン回想は記録してはいない。ゴルバチョフの表情も病気気味になっていた。「話がかみ合わなかった」と記した（15）。非常事態問題について本来関与しなかったバレンニコフ将軍が同伴したことにゴルバチョフは怒った（10）。政治の話に職業軍人が立ち入ったと見たからであった。

この会話で「国の実情を話したい」とバクラノフが内容的説明に入り、大統領は国の実情を知っていないと批判的にのべたら、ゴルバチョフは「おまえよりも知っている」と答えた。その後、バレンニコフが軍の状況を詳細に語り、非常事態導入を迫った。といっても農業収穫期での経済安定化の手段として一部地区に導入する話である。ライサ夫人が途中でバクラノフに善意でやってきたのかと聞いて、彼はその旨答えた。別荘から出る帰路でバクラノフは、ゴルバチョフが非常事態導入を唯一の解決といったので何がかわったのか、と思いめぐらした。ボルディンは、ゴルバチョフ・クラスの政治家なら「はい」というだろうかと返したとある。忖度に忖度を重ねて状況を見誤ったのである。

ちなみにクーデター派の回想のなかでもバレンニコフ回想はユニークでもある。メドベージェフの観察とも理解が近いことは興味深い。クーデター派のイデオローグというべきルキヤノフの役割をゴルバチョフ直系とみたり、クリュチコフKGB議長はヤコブレフ政治局員らの西側との通敵と「裏切り」を放置したとか、クリュチコフの一連の発言ほどソ連は停滞していなかったとKGBを批判するなど、軍人の愚直ともいえる分析がある（139:21）。また上司に当たるヤゾフ国防相批判もユニークである。この頑固さが、クーデター裁判のなかでただ一人恩赦を拒否、裁判を続行した理由でもあろう。

ボルディンの記録する後半の会話では、ゴルバチョフは非常事態宣言にいいとも悪いともいわなかったことに着目している。解釈が異なるのはゴルバチョフと国家非常事態委員会の別れ方である。双方は握手して別れたと護衛官メドベージェフ少将の回想は示している。

国家非常事態委員会の反応

この時、クレムリンにいてパブロフ首相らとの緊急会議に出ていたヤナーエフ副大統領は、直後にクリュチコフによる全権代表との会見速報を記録していた。現場でのボルディンと同じく、ゴルバチョフからの批判的コメントを聞いてヤナーエフは茫然としたと回想している（147:46）。

だが、そのヤナーエフもその深更、国家非常事態宣言に署名する。また奇妙であったのはこの時点でルキヤノフが非常事態委員会は非憲法的だとしてこれに加わらなかったことである。外相ベススメルトヌィフも同様だった（41:79）。ちなみにクーデターと対決することになるエリツィンは、首謀者をクリュチコフと見ていた。だがクリュチコフによれば国家非常事態委員会は実際三つの層からなり、第一がクリュチコフとともに決断した中央委員会代表団（バクラノフとシェーニン、パブロフ、それに消極的だったヤゾフ）、第二がこの集団に使嗾されて巻き込まれた集団、第三が途中でやめることのできなかった集団。ルキヤノフは立法機関の代表として最初から名前をリストに入れるなといったことをこう見ていた（150:51）。

こうしてゴルバチョフへの全権代表の訪問後、クレムリンで開催されていた国家非常事態委員会の会議にはヤナーエフ、クリュチコフ、パブロフ、ヤゾフ、プーゴが参加した。戻ってきた4代表のうちシェーニンが報告、バクラノフが補足した。

案の定、意見は割れた。ゴルバチョフが立場を明確にしない以上放置すべきという意見もあった。しかし、国の崩壊という事態は放置できないという声が大きくなった。訪問の目的であった新連邦条約調印への牽制に対するゴルバチョフ大統領の態度は依然として不明であったことから、「我々が主導権をとろう」となった。ボルディンもゴルバチョフは全権代表の訪問を予想外とはとらなかったこと、またクーデターによる牽制に反対でないどころかその必要性も説いていたとまとめ、そして会議終了前に途中で病院に戻った（10:18）。

それでも会議では、ヤナーエフ副大統領が委員会責任者として責任を負うべきだという呼びかけに本人は当初固辞した。しかし戻ってきたボルディンに促され、国家非常事態委員会の「ソビエト人民への呼びかけ」の署名を真夜中に行なう。シェーニン書記はマナエンコ書記にたいし通信社タスを通じて早朝5時に委員会形成を伝える手続きを整えた（106:60）。プロコフィエフはマナエンコフ書記から「国家非常事態委員会」という呼称をその晩聞いて、ゴルバチョフも合意したものと勝手に想定した。彼はクリュチコフから、モスクワ市のルシコフ副市長と秩序維持で話をつけることを電話で要請された（106:60）。

こうしてゴルバチョフ大統領からの授権の説得のこの試みは成功しなかった。このため19日早朝には、副大統領ヤナーエフ、国防相ヤゾフ、首相パブロフ、内相プーゴ、クリュチコフKGB議長など7名からなる国家非常事態委員会は、ゴルバチョフの健康に問題があるとして、ヤナーエフが大統領代行となり、権力を掌握したと公表した。民間からスタロドゥプツェフらが加わった。

　つまりは合法性をよそおったクーデターであった。彼らはいずれもゴルバチョフが登用した人物であるところに事態の深刻さと滑稽さがあった。実際、ゴルバチョフ大統領の所持していた核のボタンは期間中ヤゾフ国防相のもとに管理された。また謀議にでていた最高会議議長ルキヤノフは非常事態委員会には参加しなかったが、さっそく連邦条約問題で最高会議を招集する議長声明を出すなど、事実上これを追認する動きをした。

　クリュチコフの回想では、現実のエリツィンとの関係が詳細に示されている。国家非常事態委員会の最初の課題は、エリツィン側と接触することであった。しかし彼と会見する予定のパブロフ首相が8月に病気となり予定は狂った。彼の任務はシチェルバコフ副首相が代行した。だがシチェルバコフは19日のクーデター当日、ヤナーエフの指示に対しゴルバチョフの健康状態の証明を求めた。エリートが皆それぞれ保険をかけたクーデターだから上手くいくはずもなかった。

　ちなみにエリツィンの回想では19日クーデター派の妨害をぬって最高会議ビルに向かったと喧伝しているが、クリュチコフ側は朝にはエリツィンの逮捕予定はないことをコルジャコフら警備関係者に伝えていた。国家非常事態委員会とロシア指導部との会見意図は公然と述べていた。「我々の計画にはゴルバチョフ、エリツィンに厳しい政策をとることを予定していなかった」(59:184)。

　夏のクーデター導入反対論にはクリュチコフは、「私の分析班は同意見だ」と答えたという(70)。自ら直後に88年から「クーデター派」だったと公言した政治評論家クルギニャンは、同派に守るべき国家はもはや崩壊してなかったと指摘、そのなかで、全体の帰趨を決めた反クーデター派(「賢明な」プロコフィエフ、パブロフ、そしてシェーニン)は皆ゴルバチョフの友人だったと指摘した(105:234)。

グラチョフの立ち回り

8月のクーデターでは、グラチョフ次官は当初ヤゾフ国防相の指示に従うように見えて、早くからその将来に見切りをつけ、20日には他の動員された軍人、空軍の親エリツィン系のエフゲニー・シャポシニコフ（1942-2020）元帥、アチャロフ将軍、ボリス・グローモフ将軍らとともに白亜館奪取の不可を非常事態委員会指導部に訴え、またエリツィン陣営に内通しては、エリツィン側に国家非常事態委員会の目論見を伝えていた。

その後はいち早く、8月23日にはエリツィン大統領のもとでロシア国家防衛委員会議長、つまり事実上国防相、兼務でソ連国防第一次官となる。クーデター派の人選の杜撰さもいいところである。クーデター後はソ連国防省第一次官、翌年5月にエリツィンによってロシア国防相となる。エリツィンは軍人を恐れなかったと伝記作家ミナーエフは語ったが、このような背景もあろう。

エリツィン大統領とロシアの抵抗

エリツィン大統領はといえば、前日カザフスタンに赴き、ナザルバエフ大統領と会ってゆったりとした時間を共にし、18日夜モスクワに戻ってきた。彼の飛行機はナザルバエフの要請で、夕方のエリツィンのアルマアタ出発が3時間遅延した。このことは事実上すでに始まっていたクーデターに好条件と思われた。エリツィンの著作では、彼の飛行機攻撃計画まであったという（150:47）。なぜ彼の専用機が攻撃されなかったのかは謎であるが、そこまでの意思一致はクーデター派にはなかった。

他方、共和国勢力への対策も予定された。当初はカザフスタンから戻る帰途にあったエリツィン大統領に、ヤゾフ国防相とバクラノフ書記が会見し、クーデターへの事情説明をすることになっていた。しかしエリツィンが機内で酔っ払っているという報が伝わり会見は無意味ということになった(150:50)。

エリツィンとイリューシン補佐官は夕刻ブヌコボ空港につくと、法律顧問シャフライらのコマンドと会って自宅に戻った。新連邦条約調印もあって法律顧問シャフライは18日夜空港でエリツィンを迎えて、ともにアルハンゲリスクの大統領別荘に泊まる。19日早朝、イリューシン補佐官とシャフライは二人で早めに行ってブロックされるまでは、クーデターはまったく「予想外」だったと回想している(4:303)。

エリツィンは運命の朝、次女ターニャの「クーデターよ」という声で目覚めたという(150:56)。もっともこの時エリツィンがテレビを見てクーデターの発生を知っていたというが疑わしい。ともかく19日朝にはブルブリス、シャフライ、そしてイリューシンら側近が大統領周辺にいた。しかし早朝出発を約した大統領とコマンドとはすでにクーデターの発動で封鎖されていることを発見する(4:303)。だがモスクワへの交通は可能で、交通は阻止されなかった。シャフライ顧問はクーデターが「本物ではない」とみた(4:305)。

他方、深夜モスクワの白亜館近くの自宅に戻ったレフ・スハノフ補佐官は、早朝クーデターの報をうけた。ルキヤノフ・ソ連最高会議議長が予定された新連邦条約署名はできないと言ったというのである。他方、コルジャコフはエリツィンに通報、朝8時にブルブリス、ポルトラーニン、ソプチャークら側近にクーデターの発生を知らせた。白亜館にスハノフが駆け付けた時、イリューシン補佐官など関係者が集まっていた。アルハンゲリスクの別荘にいたエリツィンとの連絡がつき、補佐官が迎えにいった。ブルブリスも同行した。スハノフ補佐官も遅れてエリツィンの公用車ジルに追いつくが、すでに環状線には戦車が出はじめていた。ウクライナ・ホテルや周辺の橋には戦車があった。

エリツィンらロシア政府関係者は議会がある白亜館を拠点として強く反発した。5階の本部のエリツィン大統領のもとに最初に駆け付けたのはコルジャコフだが、8時にはブルブリス、ポルトラーニン、それにソプチャークがやってきた（51:124）。ロシア指導部はクーデターに関与したものをロシア法で裁くと主張した。主要西欧諸国や国際世論の抵抗もありクーデターを批判した。

スハノフ補佐官が徒歩で白亜館に戻った時、すでにエリツィンは白亜館から出て戦車によじのぼって、彼の最初の世界史に残るアピールを読みはじめた（132）。護衛のコルジャコフが同行した。エリツィンはスハノフに言わせれば「戦場でただ一人」奮闘した（132:19）。エリツィンは自己意志の人で、それだけに行動は予見不可能だったが、それがむしろ幸いした。ポプツォフは「発言の強い声、単純さ、わかりやすさで、人びとの流れを続けさせる。エリツィンは閉鎖性を突き抜けた性格だ」とこの時のエリツィンを形容した（104:53）。

19日朝に公表された非常事態委員会による権力掌握や、モスクワ市内での戦車を投入した戒厳令施行に対しては、多くの共和国が政治的立場を明確にしなかった。なによりエリツィンらロシア政府・議会関係者は最高会議がある白亜館を拠点として強く反発し、街頭でも抵抗した。モスクワ市民たちもまた街頭にでて戦車を妨害した。新聞は多く発行停止となったが、テレビなどマスコミも批判的であったし、ラジオなども自主放送をして抵抗した。ロシア指導部は、表向きの反対論とは逆に、非公式には国家非常事態委員会の人物とも接点をもち、双方に受け入れられるやり方を模索していたとクーデター派のクリュチコフは指摘している（60:185）。

民主勢力の動向

かわって、ロシアでは「民主ロシア」など脱ソ連的な民主化勢力や、構成共和国では分離主義的な共和国勢力が台頭した。モス・ソビエト系の「エホ・モスクヴィ」はクーデター期間中に閉鎖されたが、反対派が放送を再開した。クーデター反対派のほうは勢力を増した。

19日にはモス・ソビエト勢力は市内でストを構えだした。モスクワ市のポポフ市長は24日共産党資産の没収を宣言し、象徴的にはルビャンカのKGB建物の前から初代長官フェリクス・ジェルジンスキー像が撤去された。そのあとに建った全体主義犠牲者の碑は古儀式派系僧侶が10年も帝国と抵抗したソロベツキー修道院から運ばれた。こうして共産党とKGBが無力化したということはソ連にはもはや中心がないことを意味する。同時に22日の勝利集会でルツコイが「偉大なルーシ」復興を呼びかけたことは、はやくも愛国派と民主化の亀裂の兆しでもあった（105:272）。24日に独立を宣言したウクライナ共和国最高会議をはじめ、各連邦構成共和国では独立への遠心力が高まっていた。

なかでもロシア政府指導部はクーデターに関与したものをロシア法で裁くと主張した。ゴルバチョフ個人の動向は明らかでなかったが、曖昧な日本政府の態度をよそに主要な西欧諸国や国際世論もまた多くはクーデターを批判した。結局、ヤナーエフ、パブロフら国家非常事態委員会のクーデターは腰くだけとなっていく。

スベルドロフスクでは10万の抗議集会があったが（49:213）、レニングラードは反応しなかった。ソプチャーク市長は公的声明には否定的であって、じつは待機的でもあった。ヤゾフの本拠極東海軍こそクーデターを支持したが、遠方で役に立たなかった。73のロシア地方指導部でクーデターを支持したのはわずか四つに過ぎなかった（105:264）。ヤゾフも自ら独裁者ピノチェット（チリ）になるつもりはないと公言した。クリュチコフはシラーエフ・ロシア首相との電話で襲撃はないと何度か説得するが、必ずしもロシア側は信じていなかった。シラーエフは襲撃で白亜館の人物は一掃されると信じ21日夜白亜館を去ったが、これは彼のその後の運命で高いものについた。ゴルバチョフ―エリツィン提携派だったシラーエフは事件後に解任された（150:197）。

ソ連とロシアの立場が逆転

3日目の夜3名の市民が市内の衝突で犠牲になるが、クーデターは21日までに終わった。この日夜クリュチコフはエリツィンに電話し、攻撃はないと伝える。エリツィンは状況打開のためにクリュチコフと一緒にフォロスのゴルバチョフに飛行機で会いにいくことを提案した。こうしてクーデター派からクリュチコフ、ヤゾフ、ルキヤノフ、それにイワシコらが、ゴルバチョフの幽囚先に航空機で夕方赴いた。ゴルバチョフと電話で話せたナザルバエフ大統領は、クーデター派と接見や交渉をせず、ロシアのシラーエフ首相やプリマコフなどの代表団を待つべきと話した（105:162）。

ノーボスチ通信社は午後7時46分にゴルバチョフがモスクワに戻り、クーデター派は逮捕されるとコベツ・ロシア国防相が伝えた。そしてモスクワに帰る飛行機内でクリュチコフはルツコイ副大統領補佐官に指示され、結局、ロシア検事総長により「ロシア法」違反で逮捕された（60:219,222）。この時クリュチコフは、ソ連とロシアのどちらの法かと問いただした。

クーデターに関与したソ連の閣僚を「ロシア法」にのっとって逮捕したのは、ペルミの検事からハバロフスクの議員をへて、36歳の若さでロシア検事総長に抜擢されたばかりのバレンチン・ステパンコフ（51年生）検事総長であった。ソ連邦とロシア連邦とは、この時点で立場は完全に逆転した。クーデターに協力した内相プーゴ、軍事顧問アフロメーエフ元帥らはその時自殺した。

クーデターの問に主権者は交代、国内の政治情勢は激変していた。ロシア国家と法のソ連のそれへの優位は動かしがたかった。「ゴルバチョフは別の国に帰ってきた」。しかもゴルバチョフは自己を救ったロシア政府と議会に直接向かって謝意を表するかわりに自宅に戻るという決定的ミスをおかした。

そうでなくともゴルバチョフは自己の人事による内閣、安保会議の主要成員からなるクーデターを招いたこともあり、発言力を大幅に低下させていた。しかもゴルバチョフはクーデター後のソ連閣僚人事でもクーデターに関与した人物を治安機関の責任者とする失態までおかした。

6……ソ連共産党最後の日

動かなかった党中央委員会

クーデターから共産党解散という党内状況を語っているのは、リガチョフ補佐官だったレゴスタエフとプロコフィエフ・モスクワ党第一書記の二人である。

19日、非常事態宣言の報道を聞いたプロコフィエフは、8時にルシコフ副市長と「秩序維持での合意」の電話をした後、書記局会議は翌日の朝10時から党中央の総会を開催すると決めた、とある。シェーニン書記は地方組織に平穏を呼びかけた電報を打ったが、党としての方針は出さなかった。地方組織もまた3月以来の非常事態委員会の事情をほとんど知らなかった。

この時、レゴスタエフは、中央委員会に駆けつけたが、74年にわたり全権を持ったはずのスターラヤ広場の党中央の建物でみたものは密かな噂話ではあっても、世論を動かす発信源ではなかった。党中央委員会の建物には荒廃と崩壊の雰囲気が吹いていた。ビュッフェには食器がなくなり、汚いアルミの製品があっただけだった（70:87）。

19日朝には地方から非常事態委員会支持という報道があった。ゴルバチョフの病気の噂もあった。党書記局会議がシェーニン書記によって開催されるという噂が流れた。非常事態委員会支持の暗号文が地方に送られたという噂もあった。実際、シェーニン書記が送ったことが明らかになった。ただそれは検事局がクーデターの後にえた資料だが、共産党がクーデターの委員会に関与したという唯一の証拠であった。レゴスタエフ回想では、同日昼食時にもう一度党総会開催の噂が流れた。午後になってイワシコ副書記が保養地から戻って、シェーニンから指揮権を取り戻したと知った。しかしまた静かになった。

翌20日も党組織部周辺には誰もいなかったし、その後エリツィンのもとに民警が向かったという話だった。20日後半、レゴスタエフはモスクワ・ソビエトの建物に陣取るアレクサンドル・ヤコブレフの元に、旧同僚の補佐官二人が参加しているのを目撃し、「バリケードでなく自動車」で対峙したという（70:80）。……その晩３名の若者が白亜館近くで亡くなった。翌日『イズベスチヤ』紙にオットー・ラチスが論文を書き、プーゴ内相と夫人が自殺した、とある（71:91）。

このレゴスタエフの回想録が示しているように、こうしてソ連共産党はこの危機になんの政治的行動をとることとなく、むしろ書記局などは間接的にクーデター容認の動きをした。エリツィンは23日大統領令でロシア（ＲＳＦＳＲ）共産党を活動停止とし、25日には、ソ連党とロシア党の資産をロシア資産と宣言した（115）。

ソ連共産党74年の歴史に幕

また幽囚からもどったゴルバチョフは24日になってソ連共産党書記長の辞任と党中央委員会が自己解散することを求める声明をだし、その74年の歴史を終えることとなった。リベラル歴史家のミハイル・ゲレルはポーランドの雑誌に毎月寄稿していたが、９月初めの論文でクーデター派の愚かさについてコメントし、彼らはマラパルテのクーデター論（『クーデターの技術』）も読んでなかった、またレーニンの十月武装蜂起についての論文を学ぶべきだったし、せめてヤルゼルスキの戒厳令施行を知っていれば成功は保証されただろうに、と皮肉った（26:36）。

こうしてクーデターは21日までに終わった。つまり軍や治安機関で、首脳部によるクーデター関与も及び腰だったが、ソ連とロシア共和国との「法律の戦争」で中立が保たれ、ソ連派の影響力は中和化された。

クーデター関係者は、ロシア法により逮捕された。

クリュチコフはその後の回想でクーデターが失敗した理由を10点挙げている。①上層部の動きであったこと、②民衆の反対を過小評価した、③民主派の過大評価、④決断と一貫性、組織性の欠如、⑤ゴルバチョフとの決別が足りなかったこと、⑥人民代議員大会招集の遅れ、⑦共産党の戦闘能力の欠如、⑧マスコミ対策の欠如、⑨共和国対策の不在、⑩モスクワへの軍導入の間違い、である（60:355-7）。

この間23日夕方には組織された民衆が中央委員会に押しかけた。党官僚レオン・オニコフの回想では党職員たちには退去命令が出され、全能のはずの職員はパニックに陥った。ポポフ市長派のラジオ報道に続いて、24日のゴルバチョフの活動停止声明で、党中央委員会も活動停止となった。そして26日、モスクワの副市長ルシコフが、党総務部クールチナと合意の上で建物を接収した。党組織責任者No.2の書記ピョートル・ルチンスキーが30日に清算委員会を組織した（95:157）。31日になってようやく私物を持ち出せたというのが、党最後の日にこの建物にいたリガチョフの補佐官の回想である（70:90）。その後定員削減による罷免が党書記局名で9月6日にでた（95:158）。１９０２年にレーニンが『何をなすべきか』で前衛党創設を訴えて以降、20世紀最大の巨大なビヒモスとなった党の支配が終わったのは、官僚的にしてあっけなかった。

共和国の反応

この前後、バルト諸国では初日にクーデター派の指示が来なかったこともあり、20日までに独立派勢力が軍や通信機関などを押さえた（105:189）。決定的なウクライナとカザフスタン指導部は待機的だった。共和国の実権はグレンコのような軍産複合体の指導者にあった。クーデター当初立場を問われたクラフチューク議長はむしろ西ウクライナへの非常手段導入に好意的でもあった。もし非常委員会がより強く出れば状況は彼らに有利に働く可能性もあった（105:197）。

クラフチュークがその後独立に奔走する立場から見れば対照的であるが、２日目以降よりクーデター派に批判的になった。その後は23日まで独立と建軍にむけ脱兎のように走り出す。ナザルバエフのカザフスタンも、ソ連共産党政治局員から自ら辞任、共和国党を自己解体した。またクーデター後のグルジア共産党などのように、立法機関決定により活動を停止したものもあった。

考えるとソ連共産党は、革命後の１９１８年1月にできた政党というよりは、できた段階で一種の行政・政治国家機関であった。そして最後も、曖昧なクーデター失敗の責任をとって解散した。他方、クーデター時にゴルバチョフが幽囚されたウクライナはクーデターの失敗により独立と軍建設という大きな選択にいたった。

バルト諸国の独立

8月クーデター後、ソ連邦の崩壊は急速に進んだ。9月5日に最後となったソ連人民代議員大会が開催され自己解体を宣言した。またここでできた各共和国首脳からなる国家評議会が、バルト3国のソ連からの独立を承認した。そうでなくとも１９４０年に併合されたこれら地域が独立するのは自然の成り行きであった。この時できたソ連大統領付属の政治諮問会議は、ヤコブレフら旧政治局改革派と、エリツィン、ポポフら共和国派代表とからなったが、指導権はしだいに後者に移っていった。

「クーデター事件・恩赦と真相解明」

もっとも8月クーデターについての真相解明は、奇妙な経緯をたどった。国家非常事態委員会に対するロシア司法当局によるロシア法での裁判は、始まる前にクーデターに関与した関係者と、反ソ連の民主派との政治的圧力のなかにおかれた。被告のティジャコフらは、クーデター関係者はゴルバチョフによる非常事態の犠牲者であるといった。

この司法記録はロシア独立派の『アガニョーク』誌にリークされた。同誌は、リソフ検事の元で行なわれている取り調べ経緯を検事総長ステパンコフとリソフとの名前で出された。まだ始まってもいない裁判での検事側取り調べ記録が、『クレムリンの陰謀』という本として出版された。その実際の著者は、ニキーチン某という作家であった。ステパンコフ検事総長の名前で公表されたが、彼はこの裁判が公開することはないと見込んで暴露に踏み切った（104:522）。

この判断は正しかった。エリツィンは2年後の93年12月選挙での反政府票の台頭を見て、8月クーデター事件関係者を93年新憲法採択での恩赦の対象に含めたからである。こうして新下院議会は94年2月23日に恩赦を決議した。ちなみにバレンニコフ将軍だけは選挙でその無罪を訴えており恩赦をうけいれなかった。こうして一人だけ裁判を受け、5月に勝訴したのは後日談である。

同時にロシア法のソ連法に対する優位を保証したステパンコフは、93年秋のロシア最高会議の優位を主張し、エリツィン大統領への敵対者となって解任される。

第Ⅱ部

ロシアの再生

対立と争闘

［扉の写真］

1993年12月の下院選挙ポスターから。2015年に殺害された若き日のネムツォフ、ロシア経団連（産業家・企業家同盟）のボリスキーらが出ている。

［第3章］

エリツィンと新生ロシア

独立ロシアがソ連崩壊を伴いながら国民国家形成と市場改革の主導権を発揮しはじめる過程を解明する。もっともポストソ連でのロシアの地位は、ウクライナとの混乱も相まって方向が定まらず、国内では価格自由化による市場導入の痛みがエリツィン大統領支配の急速な混乱、各機関相互、とくに最高会議との対立を生み出す。

考えてみればソ連邦のなかのロシアというのは不思議な存在であった。ロシアで1917年二月革命が起き、帝国ロシアは崩壊してロシア共和国となったが、そこでさらに急進的ソビエト・ロシア政権がレーニンを中心に樹立され、これが内戦期ウクライナや、ベラルーシ、ザカフカスに拡大した。

革命の輸出とは帝国主義の別名でもある。民族問題の専門家スターリンは1922年の連邦（ソユーズ）形成当時ウクライナ等を含めた単一ロシア（ロッシースキー）国家を提案する。しかし、レーニンは4ソビエト共和国のソユーズ（連邦）を提案、これが地名のないソビエト社会主義共和国の連邦となった。ソユーズとは1905年革命時現れた、労働組合や政治クラブといったやや緩い連合を指した。もっとも建前の参加も離脱も自由、という連邦の手続き法は結局作られることはなく、連邦というのはほとんど形式だけで、共産党の「民主集中性」という強力な紐帯によって結びつけられた実態は単一共和国だった。

それでもレーニンの連邦制は、１９８９～91年の新条約をめぐるある種の議論の基準となり、３スラブ共和国首脳が同条約の無効をベロベーシで宣言したという意味では、ソ連崩壊は文字通りレーニンのこの理想が実現したと言えなくもない。

もっともロシアは形だけの連邦のなかで唯一ロシア共産党がないなど冷遇された。独ソ戦期にはナチス・ドイツにモスクワ近くまで攻めこまれ、スターリンなどはロシア民族主義を鼓舞して戦った。戦後ソ連邦内でのロシア共産党の地位を高める動きもあったが、90年までロシア固有の共産党はなかった。もっともロシア政府は20年代には農業や教育などで固有の働きを行なったが、スターリン時代に連邦政府の優位が確立し、ゴルバチョフの政治改革が始まるまではロシア政府もせいぜい連邦政府の地方連絡組織的な存在でしかなかった。

ところが前章で書いたように、ゴルバチョフによって共産党の支配が事実上終わり、エリツィンのもとで主権ロシアが動き出すと、連邦とロシアとの二重権力状態が生まれた。その決着がついたのが8月クーデターであった。そしてロシア政府がソ連軍の給与まで払うようになるとあとは、いかにソ連を終わらせるかが真の主題であった。

1……独立ロシア

8月クーデターがエリツィンの逆クーデターだったという説はともかく、結果的にはエリツィンがロシアの最高指導者となった。大統領はモスクワに残って直ちに新しいロシアにおける国家権力と社会制度の構想に着手すべきであった。独立をめざすウクライナとの関係とか、クリミア半島・黒海艦隊の帰属など課題と争点はあまりに多かった。ところがこれがエリツィンらしいのだが、クーデター後はソチでの休暇に向かったことで大きな空白を残した（5:50）。

ソ連国家は崩壊したが、かわるロシアという国家はまだ実体がなかった。その崩壊したソ連政府と誕生間もないロシア政府との狭間で、後出のシラーエフとヤブリンスキーが支える共和国間経済委員会という名の疑似連邦機構があるに過ぎなかった。つまり大統領エリツィンは半無政府状態でモスクワを去ったのである。

エリツィン不在のなかのロシア改革

エリツィン不在のなか、ロシア政府は筆頭格のブルブリス、チュバイス、イリューシン、そしてガイダルらの直系チームがロシアの改革に動き出した。当時、エリツィン系ＧＫＣｈＰという言葉がはやったが、ガイダル、コズィレフ外相、チュバイス、ポルトラーニンといったエリツィン側近の頭字をとった表現もでた（103:5）。側近の謂だが、なかでもガイダルが執筆したロシア経済の新構想（いわゆるブルブリス・メモ）を持って、ブルブリス国務長官がソチで休暇中のエリツィンに会いに行った。メモには新連邦との関係をめぐる二つの概念・戦略があったが、そこで二人は新連邦案を断念し、「全努力をロシアに集中する」ことを、サウナとテニスの合間に決めた（30:326）。

このことをさしてゴルバチョフはブルブリスらがソ連崩壊を促したと批判したが、クーデター後ソ連邦は事実上存在していないとロシア改革派はみていた（5）。事実、少なくとも３０００～４０００トンあると推測された金準備高はクーデター前に費消され、ガイダルが調査したら２５０トンしか残っていなかった（25:346,49:232）。

「灰色の枢機卿」とも呼ばれ、いきなりロシア国家の中枢にたったブルブリスは最初の大統領制下の統治構造を作った。6月には彼自身は副大統領をめざしたともいうが、ルツコイが副大統領となった。結局、クーデター後国務長官というクレムリンを新しく切り回す職務を作った。またこれに並行して国家評議会（Gossovet）が、ソ連共産党のもとの政治局のような「集合的評議機関」として法的には決められたものの、実体はなかった（4:300）。

それでもブルブリス人事は、1991年中はうまくいった。ゴルバチョフとは異なってエリツィンは「街頭」政治家であって、統治のルーチンは人任せだった。エリツィンにとってソ連共産党の軍隊であった軍をロシア側に取り込むには、「コムニスト・ロシア」、つまり共産党系でアフガン戦役帰りのルツコイを通じて中堅将校、愛国保守層を吸収するのに有効といえた。何よりもわずか2月後の8月クーデターに駆り出されたグラチョフやレーベジといった第一線部隊の将校たちは、コルジャコフを通じてエリツィン側が抱き込むことができた。もっとも91年7月に放送開始したロシア国営（第2）チャンネルVGTRK社長だったポプツォフに言わせると、エリツィンがルツコイ副大統領とわずか2年後に内戦まで生じうるとはエリツィンは一切考えなかったという（104）。

6月選挙後、ブルブリスは大統領制では米国がモデルになるとこれを取り入れた（104:71）。国務長官という官職は米国では外相にあたるが、ロシアでは社会、経済、そして文化政策を担当する国家評議会や大統領会議を指導する役割だった。もっとも会議自体は垂直的機構を持たず、大統領が執行権限を生かすことはできなかった。そのためブルブリスは分野を分け、シラーエフ首相が所掌する政府（内閣）は経済管理を担当し、そしてブルブリスが国務長官として指導する国家評議会（大統領会議）が改革の中心になるという権力構想をたてた。

国家評議会とは、そもそもは19世紀初め帝政のスペランスキー改革以来存在した組織である（55,77:314）。

スペランスキーを偶像視していた経済学者ガイダルの考えだったかもしれない。もっともエリツィンが91年6月に最初に指名したシラーエフ・ロシア首相は8月のクーデターで連邦側に去った。

副大統領にルツコイがなったことで、大統領の執行権力強化を構想したブルブリスにとっては権力が流動的な状況のなかでより不明確となった。人びとは「我々のところには米国のように国務長官がおり、ロシアや中国のように国家評議会があり、そして国連のように安保会議」が鼎立する、と揶揄するような事態となった。

市場移行とIMFモデル

ブルブリスのもとで登用したガイダルらの急進改革的な経済学者はIMF型の市場移行チームとして機能した。IMFとの関係をもつチュバイスは、1991年11月10日に民営化の拠点となった国家資産委員会のトップとなり、12月末エリツィンは彼の1億5000万人の所有者を作るという人民的民営化計画を承認した(143:161)。もっともそのころの委員会は「主人、ツァーリ、神」のごとき強力官庁の前では「少年団」扱いだった(16:103)。それでも94年11月に辞任するまで国有資産を民営化する機関のトップとして君臨しただけでなく、96年大統領選挙後大統領府長官として復活する。ここには、ハーバード大学の経済学者や法律家が動員される。米国の人類学者ジャニーン・ウェーデルがいう「チュバイス派閥」とハーバードの経済学者の結託の始まりだった(146:126)。

西側のロシア投資の枠組みとして、1万5000とも言われるロシア企業の大安売りの原因となった、バウチャー型民営化方式は「人民的民営化」として喧伝されたが、じつはこれとは正反対の効果を狙ったことは後に大きな問題となる(146:132)。それでも所有への志向が犯罪者から共産党官僚まで広がったことが、チュバイスの強みとなった。

ロシアの民営化の父と呼ばれたアナトーリー・チュバイスは1955年にミンスクで生まれ、77年にレニングラードのトリアッチ名称技術経済大学を修了、82～90年に同大学の助教授であった。もっともモスクワの知識人家庭に育ち、はやくも82年には市場改革研究グループのメンバーだった首都のガイダルとは異なって、レニングラードはイデオロギー的抑圧が大きかったこともあり、彼のように自由な環境や知性に恵まれなかった。それでも同市で非公式な経済学者の改革派集団を組織した。同人の一人ボリス・リビンは87年にソ連崩壊が不可避となる議論を行なう（5:106）。またミハイル・ドミトリエフ（61年生）はロシア政府に入り、経済発展貿易省次官となる。ほかにビタリー・ナイシュール（49年生）が急進的な市場移行の不可避性を議論した。こうしてエリツィン改革派に合流した。

もっともガイダルが執筆した指令や指示についてエリツィンは秋にモスクワに戻るまで許可しなかった。エリツィンの活動様式は「動員型」であって、これが「ボリス皇帝」のやり方（ネムツォフ）であった。こうして11月15日には価格自由化と対外経済活動の自由を認める大統領令がこのエリツィン内閣の方針を示した。

だが、その結果も早々に出た。92年1月からのショック療法と呼ばれる価格自由化で猛烈なインフレが襲った。最初の3カ月間で公式数字でも実質所得は4割低下、9割の民衆が貧困ラインに陥った（I:20/2/92）。11月からガイダルは正式に首相代行として活動するが、2600％という猛烈なインフレを招いた価格自由化で急速に人気をおとし、また外国貿易の自由化で多くの腐敗と資本逃避を招いた。ガイダルの政府は92年4月13日の人民代議員大会でいったん辞任、実務家を含めて再発足することになる。その途中でポポフ・モスクワ市長を対外関係相に充てる案をエリツィンが提起したが、このブルブリス、ガイダルらは拒否した。また「赤い企業長」が加わるような経済相の構想は排除した。その意味では急進的市場改革の目的ははっきりしたが、その分狭いアカデミー的な「カミカゼ」内閣となった。

ロシア重視か、連邦重視か

８月クーデター後、なによりゴルバチョフ大統領とソ連との関係をどうするかで大きな混乱が生じた。第一の争点は、新共和国と連邦との関係である。つまりロシア共和国重視か、それとも「新連邦」かである。『イズベスチヤ』紙は10月15日、ソ連邦は法的には存在するが、事実上は存在しないという言い方をした（I:15/10/91）。エリツィン自身は８月20日、ソ連の所有物に対するロシアの経済主権を大統領令66号で確認した。だが一部の閣僚がクーデターから戻ったゴルバチョフを支え、「ロシアが管理する連邦」という表現をとった。つまりロシア共和国は固有の機能以上を引き受けるということでシラーエフは連邦レベルでの経済管理委員会委員長となり、９月５日のバルト諸国離脱後は臨時連邦政府というべき共和国間経済委員会の長になった。それどころか連邦の経済管理のため、ロシア主権を撤回させることをエリツィンに要求した。しかし議会と内閣の反対を受け、９月末にはロシア首相を辞任、むしろ新連邦維持にのり出した。一部で「シラーエフがシラーエフに対立した」といわれた（I:24/9/91）。

つまりロシアが、ルーブリ経済圏など連邦中央の機能の維持に向かうのか、それともロシアの一国資本主義ならぬロシア・モンロー主義にとどまるのかという問題である。これは将来の連邦全体の構造をも決する大問題である。ロシアの国家主権と、連邦との関係の決裁機構、決定作成のメカニズムができていないなかで、事実上旧ソ連とロシアの双方の課題を抱え込んだロシア政権が、連邦維持派とロシア一国主義派との内部対立を含むのは不可避となった。後者の支持派は、ロシアは一国で独立すべきで連邦維持に動くのはその利益に反すると主張した。これには、シラーエフやヤブリンスキー、あるいは外相に11月に復帰したシェワルナッゼのように、ソ連改革派がゴルバチョフと連邦に回帰したことが背景にあった。ちなみに彼らと衝突したブルブリス国務長官は、インタビュー（LG:13/11/91）のなかで、シラーエフ首相が辞任した理由は政治的策謀を用い、別のタイプの政府と首相を要求したからだと指摘した。ブルブリスは先の9月のエリツィン会談でロシアは一国主義でいくことを確認していた。

こうして11月に本格的に動き出したエリツィン執行部も連邦省や機関のロシア側への吸収や解体の動きを加速させた。シェワルナッゼが戻ったソ連外務省は11月末にはロシア外務省が接収した。6000名近い在外機関の外交官たちは、数百名しかいなかったアンドレイ・コズィレフ（51年生）・ロシア外相の傘下に入った。連邦国立銀行も29日には支払いが停止され、ソ連のルーブリ通貨というレーニン印の主権の象徴がきえた。

エリツィンとロシア政府の陣容

もっとも旧体制の崩壊は急速に進行したが、これに代替するロシアの制度の形成は遅れた。なによりエリツィン政治には安定性というものが欠けていた。

1991年6月12日に最初の国民投票でロシア大統領となって以降、彼が退任する99年12月31日までに、エリツィンは首相を8人、政府のコマンドを11回も変えた。最初のシラーエフ政府議長（1991／6～）から数えて、エリツィン（91／11～）、ガイダル（92／5～）、ビクトル・チェルノムィルジン（92／12～）、セルゲイ・キリエンコ（98／3～8）、臨時代行チェルノムィルジン（98／9）、プリマコフ（98／10～）、セルゲイ・ステパーシン（99／5～8）、そしてプーチン（99／8～）である。

ソ連末期、91年6月最初のロシア首相シラーエフの顧問だった人物の回想は、90年代のエリツィン権力の内側からみた政権の朝令暮改を示している（143）。春になるとエリツィンは若手改革派を登用したが、秋には議会対策もあり、旧来のチェルノムィルジンやプリマコフのような共産党系の老人が返り咲くのが常だった（143:1041）。シラーエフ自身、エリツィンの無責任なソ連崩壊やショック療法に抗議したことで人気が高まった。

この事情はエリツィン・ブレーンの一部も、ガイダルのようにかつてゴルバチョフ・ブレーン集団でもあったことで複雑化した。ガイダルは「核をもった破産国家」である連邦の崩壊は不可避と考えたが、一義的にロシア主権だけにも踏み切れなかった（49:232）。こうしてシラーエフ首相、ヤブリンスキーらが連邦の国民経済実効的管理委員会に去った。シラーエフが9月26日に解任されてから、次にエリツィンが任命される11月6日まではロシア首相職は空白となったのである。

この間に5名の首相候補が取り沙汰された。第一副首相オレグ・ロボフ、同じくユーリー・スコーコフと、エフゲニー・サブーロフ、ヤブリンスキー、そしてエゴール・ガイダルである。エリツィンは腹心のポルトラーニンにも声をかけたが、彼は自分のコマンドがないからと断ったと回想している（103:80）。ソ連崩壊へと動く体制崩壊への流動化する政治状況のなか、この人事の決定を決めたのはもちろん政治であって、経済ではなかった。8月クーデター失敗による革命とバルト諸国の独立、ウクライナ・ラーダの8月24日の独立宣言に始まる連邦の崩壊のなか、何よりもエリツィン大統領自身の不在という政治空白を作ったのはこの人固有の状況待機ともいえた。

政治党派でいえば、ヤブリンスキーらヤブロコ派のような、なおも最小限の連邦機能を残すことをめざす集団があった。事実これに呼応してゴルバチョフ周辺でも、クーデター後の「ソ連」内閣をめざす動きがあった。事実シェワルナッゼが外相にカムバックした。また12月24日のゴルバチョフ、エリツィン会見に立ち会ったヤコブレフもゴルバチョフやエリツィンの共倒れがありうるという可能性を排除しなかった。ヤコブレフ系とみられた大物政治学者アレクサンドル・ツイプコはソ連崩壊直後ゴルバチョフ財団の事務局長となったが、エリツィン政権崩壊に備えての動きといえなくもなかった。

エリツィン周辺での集団でも利害と意見の相違が表面化し、さまざまなグループが独自に動きだした。

この経済問題は複雑であり、最高会議議長代行で経済学者でもあったハスブラートフと国務長官ブルブリス、法律顧問シャフライらの間に8月クーデター後、基本問題をめぐって対立があった。これは、ロシア議会（ソビエト）である最高会議と、大統領の諮問機関である国家評議会との対立という側面に加え、10月末の最高会議議長選挙をめぐるハスブラートフとシャフライとの対立という側面もあった。

いずれにしてもクーデター後エリツィン不在の空白期にはブルブリス国務長官が大きな影響をもった。これと組んだチュバイス、ガイダルのような市場化をめざす経済学者があったが、ほかのアモルフな周辺の政治家も動き出した。

市場改革派による脱社会主義経済

各派の対立の第一の問題は「連邦か、それともロシアか」の論争の延長であったが、ウクライナや中央アジア諸共和国とロシアとの関係の問題は焦眉の争点であった。この時点で重要な役割を演じたのは、オーストリアの学会とも関係のあったロシア政府の経済官僚でのちにアリファ銀行頭取になるピョートル・アベンであった。

ソ連のゴスプラン（国家計画委員会）がクーデター後、オーストリアのインスブルック近郊のアルプバッハで9月10～11日に行なった経済学者の会合である。ロシアの有力経済学者チュバイスをはじめ、グラジェフ、アレクセイ・ウリュカエフ（56年生）、ナイシュールらを招待した。ナイシュールは若い数学者として国家計画委員会、つまり社会主義計画経済の司令塔で働くうちにこのシステムが機能していないと、急進市場改革に転向した経済学者である（38）。

アベンも、ガイダルも、ナイシュール、あるいはポルトラーニンもこのようなソ連的行政指令経済の超エリートから「急進市場改革」派になった。もっとも市場移行の「５００日計画」の作者、ヤブリンスキーが不在であったのは、シラーエフとともに連邦維持に動いたからであった。この会議では、急進市場改革は主権共和国と合意して行なうというアルプバッハ宣言が9月末の『独立新聞』に掲載された（49:265）。

もっともソ連崩壊前後エリツィンはガイダル・チームだけに経済政策を任せたわけではなかった。対抗馬としては、ロシア商品生産連合会長となっていたユーリー・スコーコフのような軍産複合体ロビーがあった。レニングラードの電気通信の企業出身であったが、88年には銀行を立ち上げ、89年にはソ連人民代議員に選ばれていた。なによりも経済顧問として、91年8月クーデター時には10万の支持運動のあったスベルドロフスクでの臨時亡命政府作りをエリツィンに要請されていたともいう。実際には当時クレムリンで白亜館防衛に活躍した。その後、92〜93年にはロシア最初の安保会議書記であったが、93年5月には解任されることになる。

とくに10月はじめに合意され、18日にアルマアタにおいて8共和国が締結した経済共同体条約などをめぐって、ロシア政府代表であったサブーロフ経済担当副首相がロシア一国主義派から批判を受け、辞意を表した。サブーロフ周辺にはマテロフやロプーヒンらの学者閣僚もいた（5:119）。なかでもロプーヒンは91年末から燃料エネルギー相として石油企業分割を推進した。もっともサブーロフはルーブリ維持のため国家間中央発券銀行創設を支持したことが、ロシア一国での主権通貨を主張するエリツィンらの反対をまねいていた（I:10/10/91）。

経済共同体条約に対して、ブルブリス、ニコライ・フョードロフ法相らがロシア一国主義からする反対を明確にした。ロシア政府内では、コズィレフ外相、ポルトラーニン情報・出版相、ショーヒン労働相、ミハイル・マレイ（41年生）などがこの路線であった。もっともポルトラーニンやマレイは民営化には時間をかけて日本のようにやるという点で、ガイダルらのＩＭＦ急進路線派とは異なった（102）。

エリツィン大統領が議長を兼務

こうして1991年11月6日に発足したロシア政府は、エリツィンを大統領兼務で議長に、ブルブリス国務長官、ガイダル第一副首相らが中心となり、内閣の組織委員会には、エリツィン、ブルブリス副議長、ガイダル、社会ブロック担当のショーヒン、法相シャフライが入った（5:122）。

もっともエリツィンの議長（首相）職は名目で、実際はブルブリス、ガイダル、そしてチュバイスが実務を遂行した。ショーヒンは6月からシラーエフ内閣の労相だったが同時にガイダル・チームでもあった。ちなみにショーヒン自身はクーデター後、情報・出版相のポルトラーニンと相談、ポルトラーニンが政治部門を束ね、ショーヒンが経済ブロックをまとめるという枠組みで政府の骨格を当初構想したという。

彼らに実務経験のないブルブリスを首相にする考えはなかった。ブルブリスとエリツィンとの複雑な関係、そしてガイダル・チームとの関係について、シャフライは、ブルブリスはエリツィンとの関係を独占し、彼だけが大統領を動かせるといった高慢さが権威の失墜を招いたと批判した（4:297）。このことでエリツィンのスベルドロフスク以来のイリューシン補佐官らと対立、結局ブルブリスとガイダル・チームらの後退につながったとシャフライはみた（4:297）。実際にはエリツィンがガイダルを経済ブロック担当に任命、その後ショーヒンらがガイダルを首相代行にすることで、11月に急進改革政府が発足することになった。

実際新しく任命した若手急進改革派のエゴール・ガイダル首相代行の内閣に至っては最初から「カミカゼ」内閣といわれ、価格自由化という難題の短期決戦を想定した任命であった。もっともエリツィンはこの自由主義改革を本気でやるとは思えなかった。ガイダル自身は著名な児童文学者アルカージー・ガイダルの孫である。ペレストロイカのさなか市場改革で急進化する『コムニスト』、そして『プラウダ』の経済部門を経る。このとき西シベリアのガスの独占的管理をめぐってチェルノムィルジンと論争を繰り広げた。

その後、1991年にはシラーエフ首相のもとで経済改革担当の副首相だった。クーデター後、「ショック療法」を提唱したといわれるが、エリツィン議長との組閣討論時には実はふれていない（49:218）。ガイダルは途中で通貨改革への懐疑論を述べたが、ブルブリスが進めたとも言われる。ガイダルは改革派として権力を求めたが、しかし知識人であって政治向きではなかったと94年にアリファ銀行のアベンは指摘している（5:28）。

もっともこのような政府の急進策には、同じ取り巻きでもルツコイ副大統領やハスブラートフ最高会議（ソビエト）議長らから「ピンクの半ズボンをはいたガキ」という批判も激しくなった。11月、ルツコイはシベリア訪問後公然と口にした。翌年はじめの価格自由化後は正面攻撃を『プラウダ』紙上で行なった（61:121）。

この他民主改革派系のポポフやソプチャークらは、ガイダルらの政策を経済の破壊として批判した（143:200）。もっとも彼らもコルジャコフの見立てでは、あまりに学者的であり、大衆派のエリツィンとの肌合いが合わなかった。とくにコルジャコフに言わせればブルブリスはイデオロギーに強く、作家、ジャーナリストなど知識人との関係が良かった（50:148）。この若手改革派政権は米国政府やIMFの支持があったものの、しょせん「アカデミーの学者的政権」であって、実務的試練に耐えられなかった。

2……ベロベーシ会議

1991年12月のベロベーシでの連邦崩壊の会合までに、ブルブリスらはウクライナ、ベラルーシといった国家との関係条約を準備していた。これはロシアが主権を宣言して以来、ゴルバチョフの8月新連邦条約以前からの動きであり、12月1日のウクライナ国民投票に合わせた構想であった。

ブルブリスはゴルバチョフにもその進行を伝えていた（5:64）。ブルブリス案はソ連を前提としない「9共和国がすべて」であって、ゴルバチョフの「9プラス1」案、つまり連邦中央機能を残す考えではなかった。実際、ソ連崩壊の1年前からエリツィン、ブルブリスらはこの考えで構想を練りつつあり、90年11月までに、ゴルバチョフとソ連邦には課題を遂行する力はない、というのがブルブリスの考えであり、ロシアと各国の2国間関係を軸に新しい国家関係を構築するべきだというのである。

ソ連邦が「国際法的主体としても、地政学的現実としても存在を終えた」ことを宣言した91年12月8日の3首脳によるベロベーシ会議については多くのことが書かれた（石郷岡、下斗米 1992）。最後のソ連外相であったシェワルナッゼは、ちょうど7年後の98年12月8日、ジョージア大統領として日本の専門家とあった時、筆者らの質問に対し、ベロベーシ会談は直前まで知らなかったこと、KGBがその動きを伝えたこと、ソ連崩壊を行なったのは自分ではないこと、そしてジョージアが独立したのはロシアの動きを模倣したものであったと評価した（同日ジョージアでのインタビュー）。

ここでは史的記述は最低限にとどめ、いくつかの注目点に触れておこう。

条約共同体CIS結成の合意

第一は、会議冒頭エリツィンはウクライナ側にゴルバチョフ案を提示、この提案に賛成するかと聞いた。レオニード・クラフチューク（34年生）が否と答えたため急遽新条約をその場で作ることになった（82:339）。この文章で言うソ連崩壊は「地政学的現実」という表現は、ブルブリスのものであった。

この会議の主唱者ベラルーシの代表シュシケビッチの回想によれば、7日にエリツィン、クラフチュークと3者で会い、直ちに首相級を招いた6者（ベラルーシ首相ビャチェスラフ・ケビッチ、ウクライナ首相ビトリド・フォーキン）で会談、その際ロシア代表の第2位であったブルブリスがこの地政学的現実を確認すると署名した（30:433）。さすがに核大国崩壊は好ましくないとは確認したがそのままサウナに行き、ブルブリス以外、エリツィンなど5名はソ連邦崩壊の運命への責任を感じなかったという。

こうして新連邦に代わる独立国家共同体という名の条約共同体ＣＩＳは、12月1日のウクライナ独立国民投票によるソ連邦崩壊のなかの8日、ロシア連邦のエリツィン大統領、ウクライナのクラフチューク大統領、ベラルーシ共和国の核物理学者でもあるシュシケビッチ最高会議議長によって合意され、ミンスク郊外のベロベーシで誕生した。この会場はもともとＷＴＯ（ワルシャワ条約機構）の首脳会談の会場であるが、シュシケビッチがエリツィンを招き、これにクラフチュークが参加した（17:205）。

１９２２年の連邦条約を無効にするという考えはこの場でシャフライ法律顧問が主張、コズィレフ外相、ガイダル代行が手書きで案文を作った。もっとも１９２２年の調印者、当時のザカフカス連邦（ジョージア、アルメニア、アゼルバイジャン）関係者を招かなかったのは正統性にかける、という歴史家ゲレルの指摘は正しく、ゴルバチョフへの第二のクーデターだったという評価は正当な指摘でもある（26:54）。もっとも重要な国境については１９９０年11月にソビエト期のウクライナ、ロシア共和国間の条約で主権尊重と領土保全がうたわれていた（140:15）。このこともあり3国間の国境は改めて作らず、ただＣＩＳ共通の国境を作るということだった（30:459）。もっともロシア版では単に国境の開放となっていたが、キエフ版では「市民の接触を妨げない、国境は開放」となっており、意味が違うと『ロシア新聞』は批判した（RG:9/12/91）。またロシアが国連安保理の常任理事国として「後継国家」と決まった。

ロシアによる支払いで旧ソ連軍は消滅

第二には、国家崩壊のなかでももっとも決定的重要性をもったのは旧ソ連軍がどうなるかであった。実際には91年11月までにエリツィン政権がウクライナにある130万人の軍隊を含めた旧ソ連軍将兵への支払いを始めた段階で、ソ連邦は事実上消滅していた。このことは同時に、ソ連軍の分割を通じてクラフチューク大統領率いるウクライナ軍が事実上できることも意味した。エリツィンが会議の結果を最初に伝達したのはエフゲニー・シャポシニコフ国防相であったことが、この会議の真の意味をものがたった。

もっともエリツィンは、このソ連戦略部隊の属する黒海艦隊とその位置するクリミア半島の帰属という重要問題をクラフチュークとの会談では詰めなかった。その理由は、崩壊の主たる目的がゴルバチョフをクレムリンから追放することだったためで、その短慮がエリツィンの政治的汚点ともなった（50:378）。その後、財政赤字に悩むウクライナとの交渉は、黒海艦隊とセバストーポリ港の帰属を賃貸と分割とで妥協したいロシアと、NATO加盟でつりたい米国も関与、ウクライナとの紛争はその後も解決どころか2014年には米ロ両国の衝突に至ることになった。

第三に、小さくてもいいから連邦維持派がゴルバチョフとともに11月25日に予定した、エリツィンやウクライナなどとの最後の新連邦条約締結の努力（9プラス1）が、エリツィン政府の反対で失敗したことである。その前10月25日には、9月5日のバルト3国の連邦離脱承認に続き、財政的にゆたかなトルクメニスタンが10月27日に独立を宣言していた。11月25日のエリツィンとゴルバチョフとの連邦国家論争でも、中央アジア首脳のウズベキスタン、ベラルーシ、トルクメニスタンがエリツィン側を支持、ゴルバチョフ支持はカザフスタンとキルギスタンだけとなった（121：300）。こうして米国のジム・ベーカー国務長官も11月末エリツィン支持に最終的に踏み切った（下斗米1992:282）。残りはウクライナ独立国民投票（12月1日）以降の展開になっていた。

もっともブルブリスやガイダルらエリツィン指導部が、この段階でロシアが一国主義で決めていたかは不透明であった。この点アベンは、盟友ガイダルがロシア一国主義者ではなく、ウクライナ、ベラルーシ、カザフスタンとの連合をなお構想していたと述べている。[1]

第四に、なおカザフ大統領ナザルバエフは、事前にベロベーシ会議の通知はあったが招待されなかったとして参加を見送った。彼の考えは90年末に４共和国首脳が４主権国家連邦を作り、次にゴルバチョフをその議長とするという考えで、ゴルバチョフ抜きの構想はなかった（30:463）。ちなみにエリツィンやクラフチュークら関係者たちはゴルバチョフやソ連当局が万が一弾圧する可能性を恐れ、亡命できるポーランドに近い会場を選んだともいう。

エリツィンの独断で進められた決定

第五に、これらの決定は、外交的権限をもつロシア最高会議には諮ることなくエリツィンの独断で進められた。議長のハスブラートフはこの情報を訪問中の韓国で知って驚いたものの、12日の最高会議は１９２２年のソ連邦形成決議を無効にし、ＣＩＳ形成を承認した（30:480）。

もっともその後の93年秋に至る大統領と最高会議との衝突を予感させるものであった。当時のエリツィン大統領は、実態はともかくロシア憲法上は執行機関の長であったにすぎない。１９９６年３月にロシア下院はエリツィン牽制の目的で、ベロベーシ決議を失効させた。

ソ連崩壊につながるＣＩＳ形成の情報は、12月８日まず米国のブッシュ大統領にエリツィンがコズィレフ外相の通訳で「ブッシュ大統領、ソ連邦はもはやありません」と伝え、ブッシュは「国際社会が期待したことが生じた」と答えたという（30:460）。

当時ワシントンでは、核を持った大国ソ連の将来をめぐって共和党のキッシンジャーやスコークロフト

▼1　https://www.kommersant.ru/doc/4702608

のような、ソ連邦は核大国であり、たとえ小さな権限となろうともゴルバチョフのソ連指導部を見捨てるべきでないという集団と、国務長官ベイカーやウクライナ・ロビーの強いカナダ政府など、エリツィンの時代になったという理解とが対立していた。前者は何より巨大な核抑止システムが崩壊することを恐れていた。しかし欧米世論は急速にエリツィン支持側に傾いていた。

他方、ゴルバチョフ大統領にはシュシケビッチ議長が伝えようとした（82:343）。ゴルバチョフは当然怒った。しかし軍隊まで経済的に押さえられては逆らうすべもなかった。それでも用心深いエリツィンは9日ゴルバチョフに報告にいった時、自分の安全を求めた（17:206）。実際、10日のソ連大統領会議でプリマコフは抵抗手段がもはやないと指摘し、シャフナザーロフ補佐官も大統領辞任は近いといった（121:305）。ロシア最高会議は252名の議員中反対6、棄権12でこれを批准した。クーデター後100日外相を務めたボリス・パンキン（31年生）は、ゴルバチョフには連邦維持の意思がないと慨嘆したが、もちろん意思の問題ではなかった（98:263）。

ソ連邦の終焉が確定

1991年12月21日にはカザフスタンのアルマアタで、先のミンスク会議に集まったスラブ3国家首脳の他、アシハバドで会合した中央アジア5カ国、そしてアルメニアの9カ国首脳が会合し、ソ連邦の終焉を確認するとともに、バルト3国と内戦下のジョージア（グルジア）を除く11カ国（ロシア、ウクライナ、ベラルーシ、アゼルバイジャン、アルメニア、カザフスタン、キルギスタン、モルドワ、タジキスタン、トルクメニスタン、ウズベキスタン）によって独立国家共同体（CIS）を平等の原則でつくることを決めた。

共和国間の領土保全と国境不可侵も決まった。内戦下のジョージアは93年10月まではCISに参加を希望しなかった。21日のアルマアタでエリツィン、ブルブリス、ガイダルらが、ウクライナ、ベラルーシ、カザフスタンと核問題の処理でも合意した。ソ連戦略軍はしばらくＣＩＳが扱うかに思われた。ロシアだけが「ソ連の継承国」として核保有国となった。ウクライナは核問題に若干問題があったが、他の国は問題がなかった（17:573）。

こうしてＣＩＳ発足についてのミンスクでの合意では、執行機関をもたない緩い条約共同体とすることであった。連邦派の巻き返しを嫌って、執行機関を作らず、会議は持ち回り、また中心機能はモスクワでなくミンスクに置かれることになった。もっともウクライナやカザフスタンにある戦略核兵器を継承する必要性から、軍については各国とも固有の軍隊を有するものの、なお「戦略兵器に関する合意」において戦略軍がおかれるものとされた。８月クーデターで決定的な役割を果たし、ＣＩＳ形成を最初にエリツィンから聞いたシャポシニコフ元帥が実際93年８月に解任されるまでＣＩＳ統合軍を担当し、核戦略部隊を管理するものとされた。

アルマアタ会議では、ＣＩＳの調整機構として、国家首脳会議、政府首脳会議がつくられ、また外相会議、同時に、国家首脳会議、政府首脳会議の準備作業委員会という機関ができる予定だった。共通言語はそれぞれの公用語であるが、93年に制定された憲章では、ＣＩＳの使用言語はロシア語（35条）となった。この他国境警備司令官会議はメンバー国家の外的国境の維持機関である。これは集団安全保障機構の起源となるものだった。

１９９１年12月23日午後、クレムリン引き渡しのためのゴルバチョフとエリツィンとの会談では、ヤコブレフがセコンド役の立ち会いで行なわれ、象徴的には３５００発の核のボタン用ブリーフケースがロシア大統領に引き渡された。政治局文書、もしくは大統領スターリン文書も同様だった（82:345）。24日国連はソ連邦のメンバーシップを停止し、ロシア連邦がこれに代わることを認めた。

翌25日ロシア最高会議も国名をロシア連邦に改めた。この日ゴルバチョフがテレビで演説、クレムリンのソ連国旗が下ろされ、かわって三色旗が翻った。米国のブッシュ大統領はロシア、ウクライナ、ベラルーシ、アルメニア、キルギスタン、カザフスタンの国家承認を行なった。91年12月26日最後の連邦会議が開かれ、ソ連邦の存在停止声明を発出し、連邦崩壊の手続きを完了した。

ちなみに年末、ゴルバチョフ財団がクレムリンからはなれた市内場末の旧共産党社会科学アカデミー（現財政大学）に設立された。翌年1月6日、同財団での日ソ政治学者シンポジウムに参加した日本の政治学者らは、シャフナザーロフ教授などクレムリンの政治局員や元補佐官の部屋が場末のセミナー室ほどの個室に削減されたのを目撃、権力の変化を実感した。それでもエリツィンは同財団が「反対派の巣」となることを懸念した（82:345）。

3……ソ連崩壊後のロシア政治

1992年1月3日、ロシア連邦を独立国家、後継国家として承認した国は105カ国に及んだ（131:636）。もっともロシアもまだ単独で主権を行使することを決めたわけではなかった。CISが12月に決めた戦略兵器の管理など安全保障、また経済圏の一体性を保持するという理念は生きていた。最初の外相コズィレフが1月に書いた「旧ソ連の砕片からのCIS形成」という論文では「単一の防衛、単一の軍事戦略空間、そして社会経済的相互依存の輪郭」の確保を課題としてあげた。

内政でも憲法の骨格となる国家機関の役割と位置とは定まっていなかった。ソ連崩壊のベロベーシ会談と経済自由化を率いたブルブリス第一副首相、国務長官の兼務は長くは続かなかった。ガイダル代行のショック療法は文字通りのショックとなった。92年春までに価格自由化というインフレの大波に対して抗議が増すとともにブルブリス国務長官への風当たりが強まり、彼の影響力も弱まった。他方、憲法的には

「最高権力機関」としての人民代議員大会の大統領に対する独自性が主張された。

4月の第5回人民代議員大会ではエリツィン＝ガイダル政府への風当たりが強まった。6日、エリツィンは経済改革を報告したが、議員は政府不信とまではいかなかったが、不満が表出した。ハスブラートフ最高会議議長は、国務長官職が憲法に規定されてないことを理由に、小文字でかく国務書記へと降格させた(5)。またちょうどこの時石油関係会議で、エリツィンは石油企業の分割民営化をあまりに急いだ燃料エネルギー相のロプーヒンを石油ロビーの圧力で解任した(12:124)。かわりにガス産業の大物チェルノムィルジンをエネルギー担当の副首相に任命する(20:234)。最大の国富を生むエネルギー利権を急いで民営化したり、外資導入することへの批判や不安が高まった。

こうしてロシア連邦内閣には春までにウラジーミル・シュメイコ(45年生)、ヒジャら「実務家」が副首相として入るようになる。学者的な自由化政府の代わりに、4月12日にはガイダルが首相代行に残ったものの、ポルトラーニン、シャフライ、シュメイコ、マハラゼ、そしてヒジャからなる5副首相が入るというやや大きな内閣となった。とくにハスブラートフ最高会議議長が第4回人民代議員大会でブルブリスを批判、実務的なシュメイコがブルブリスと同格の第一副首相となった。

哲学者だったブルブリスは農業のコルホーズなどの早期解体と農民経済への転換を求めたが、現実はもちろん動かなかった。8月には彼は第一副首相を解任され、大統領付国務書記に格下げとなった(143:229)。ブルブリスは、結局レーニン政府のもとでのスターリン書記長のような存在にはなれなかった。中銀総裁も保守派で議会にうけのいいビクトル・ゲラシチェンコ(37年生)に代わった。急進改革の行方は不透明になりはじめた。

連邦条約か、憲法か

ここでも決まらなかったのは、連邦条約か、それとも憲法かをめぐる対立で、1992年春までに、いずれかを優先させるかという論争となった。分離独立を許して国家崩壊にいたった反省から、ロシア連邦内にかつての自治共和国を「共和国」として主権扱いすることには民主派を含む一部に強い反対があった。なかでもソプチャークやルミャンツェフらは米国同様、共和国といった民族的徴表に基づく行政単位、つまりはレーニン主義的単位を作るべきでないという考えであった。ルミャンツェフはロシアの60州を20のゼメリ（地域）に行政的に統合しようとした（100:520）。しかしチェチェンやタタールスタンなど遠心力の高まった自治共和国では強い反発が生じた。

民族政策大臣であった民族学者バレリー・ティシュコフ（41年生）が1992年9月に短期で辞任した背景にはこの問題があった。彼は地方自治の基礎になる連邦・民族問題に関しては、「地域」に一本化し、「民族・地域」という区分を廃止しようとして辞任に追い込まれた（NG:24/10/92）。ちなみに彼は、ロシア民族は各種の少数民族の集合体であっても「ルスキーという民族」は存在しないという学説の持ち主であった。

しかし92年3月にロシアでの連邦条約ができ、「連邦内の共和国」として承認したために、問題はその後も繰り返し、「共和国」に対する特権批判がモスクワの改革派から生じた。このころチェチェンが同月議会で新憲法を採択したのをはじめ、バシコルトスタンやトゥワなども同様の措置をとった。タタールスタンは11月新憲法で「主権民主国家」を名のった（47:284）。こうした事情でタタールスタン、トゥワ、チェチェンなどは連邦条約に加盟しなかった。

その後の展開を先回りしていえば、1993年ロシア憲法制定で共和国をどう位置づけるかをめぐっても曖昧決着となった。第5条では「共和国（国家）」として決まったことによりこの規定からは共和国は憲法を有する一方、地方や州などはウスタフ（憲章）でかまわないことになった。レーニン的民族主義という実現しなかった理念がエリツィン体制への復讐というべき性格を帯びだした。

歴史家ズーボフは「エスニック連邦制」なるものが単なる「社会主義的工夫に過ぎない」と喝破した(Znamya:3/96:179)。こうした妥協を経て、タタールスタンなどは94年になって初めてロシア連邦との権限分割条約でもってロシア連邦に加盟することになる。しかしそこにも入らなかったチェチェンをめぐっては、その後もロシア政治にとっての宿痾《しゅくあ》となる。

政党形成と共産党裁判

ソ連崩壊後最大の逆説は、自由化による猛烈なインフレで知識層や中産階級が当面没落した結果として、政界が民族共産系と「急進民主化」派とに二極分解し、ゴルバチョフ改革以来の目標であった社会民主主義など穏健潮流をめざす中間派グループが伸びなかったことである。

なかでも旧ゴルバチョフ系だけでなく、最高会議の憲法担当書記オレグ・ルミャンツェフらはハンガリー型の社会民主主義党を目指していたが、後述する１９９３年の最高会議砲撃後は市民同盟派となるものの同派は１０４万票（１・93％）しか得られなかった。一つにはエリツィンが政党を忌避したこともあり、大統領党を創設しなかったことがある。ゴルバチョフが共産党に振り回されたことを見てきたからでもある。

また同様な理由で「ケードル（杉）」のような環境運動グループも政党形成にまで至らなかった。同派は93年選挙で40万票、95年の選挙で90万票（１・39％）であった(61:207)。ちなみにケードル派にはゴルバチョフとエリツィンの和解を主張した知識人のセルゲイ・シェボルダエフ（37年生）議員がいて、スターリン粛清の犠牲者の会である「メモリアル」の同人だった。彼の父ボリスは１９３２年の北カフカス党第一書記として、ゴルバチョフが生まれた地方党トップだったが、スターリンの集団化と農民抑圧や結果としての飢饉に抗議し（クバン事件）、穏健派のセルゲイ・キーロフをかわりに書記長に推したとして１９３７年に粛清された。父の名は56年まで知らなかったという。

それどころか、ソ連崩壊後は格差の拡大もあって旧共産党左派グループが散発的抵抗活動を始めた。３月の雪解けとともに「明るい過去に前進」といったスローガンで集会まで始まった（RG:19/3/92）。もちろんソ連期のスローガン「明るい未来」をもじったものであったが、支持者は高齢者が多かった。経済自由化は、モスクワだけが潤って地方や軍人、教師、年金生活者などにしわ寄せを強めているといった不満があった。92年春極東では、シベリア極東の埋蔵物利権を海外に安売りしているといった不満が聞かれた（下斗米の3月インタビュー）。極東はソ連末期には改革派支持票が多かったが、ソ連崩壊後は中央への批判の傾向が強まった。

こうしたなかロシアで最初の政治裁判となったのは、ソ連共産党とロシア共産党禁止をめぐる8月クーデター直後のエリツィン大統領令の合憲性裁判であって、１９９２年5月に憲法裁判所に提訴され11月まで続いた。民主化派は「党へのニュールンベルク裁判」を、クプツォフら旧共産党勢力はエリツィン決定の違法性をついた。

最大の論点は、ソ連共産党がエリツィン顧問シャフライらのいうように本質的には「国家」だったのか、それとも政党、あるいは疑似政党（トゥマノフ）なのかという争点であった（116:215）。これも85年４月総会以来続いたルキヤノフと改革派との論争の延長であった。この裁判を通じてゴルバチョフは沈黙を守った。裁判の結論はある種の妥協となり、ソ連党はもはや存在せず、他方ロシア共産党はまだ法人登録されていないとなった。

こうして新たに１９９２年12月にロシア共産党創設大会招集のため主導集団が呼びかけられ、翌年２月にジュガーノフ党首のもとで、反エリツィンや愛国主義を項目とする規約、綱領が採択された。なお無神論は退けられ、信教の自由が盛りこまれた（55:5）。最大の逆説は、エリツィンのショック療法と民営化への不満がこの破産しかけた共産党を甦らせたことである。

4……CISをめぐる対立

それでもソ連崩壊後の１９９２年、エリツィンは6月17日ワシントンに赴き、共産主義は死んだと宣言、米国との共通の核軍縮に取り組むことを議会演説した。第２次戦略兵器削減へのめどがついた。もはや東西対立はなくなったとの認識であった。外相コズィレフの親欧米外交方針は「大西洋主義」と呼ばれた。むしろロシア外交にとっての最大の課題となったのは、旧ソ連構成国だった独立国家共同体ＣＩＳ諸国との関係、なかでもウクライナとの関係である（88:805）。コズィレフは92年1月の論文で、ＣＩＳが定めた単一防衛、安保空間、経済的相互依存を重視した。93年1月には、ミンスクにおいて共同体1周年を祝ったが、ここで国家間銀行創設、国家間市場調整、国家間テレビ・ラジオ局オスタンキノの各決定を採択、何よりも懸案であったＣＩＳ憲章を、ロシア、カザフスタン、ベラルーシ、アルメニア、キルギス、タジキスタン、ウズベキスタンの7カ国が採択し、署名していない国も参加することを求める声明を採択した。

ソ連邦崩壊とＣＩＳ形成という、１９９１～92年の緊急で強いられた事情は、これに準備できていなかった世論、とくにロシア・中央アジアなどで複雑な反応を産みだした。政治家、世論はＣＩＳ形成を不可避なものとみると同時に強いられた関係でもあると、一部では旧来の、あるいは改革された連邦への支持、郷愁すら生ぜしめた。ハーバード大のコルトン教授も97年に書いたように、多くのロシア人はベロベーシでのソ連崩壊が正統性に乏しく、また多くの苦難をもたらしたとみていた(17)。ウクライナとは異なって、ロシアでは独立可否の国民投票もなかったが、そもそもロシアはいったい何から独立したのかも判然としなかった。

なかでも連邦崩壊を事前にはエリツィンらから聞いていなかった最高会議議長ハスブラートフはCIS形成を唯一可能な選択と認めつつ、なお連邦崩壊は「歓迎しない」、CISは各国間の「歴史的統一」維持の唯一の手段であったと指摘した。他方、ウクライナ、モルドワなどでは独立維持のためにもあらゆる統合に反対であった。問題はこの二つの国とも旧ロシア帝国の版図として少数派だがロシア語話者と正教文化圏を抱えていた分断国家であったことであった。

分離か統合か

こうして最大の外交課題は、崩壊のなかのCIS形成の意味が、各国が国家として完全に独立するまでの過渡的措置、つまり「離婚の文明的形態」なのか、それとEU統合同様、諸国家は統合する過程にありCISは統合の始まりかという論点である。

前者はCISの権限を小さくかつ限定的に考えたが、これに対し後者は、集団安全保障、経済同盟、議会連合など、防衛・安保、経済、立法、また司法など各国の多国間機能を拡大するなかから、政治・経済統合をはかろうという志向があった。しかしながら、分離と統合との契機がどちらに傾斜するかは、各国それぞれの国内・国際政治状況、経済の自立度、またロシア語や正教など文化・エスニックな関係などが関与し、複雑な展開を示した。

この対立とはロシア地政学そのものとなった。消極派には、最大の問題国ウクライナ、トルクメニスタン、モルドワ、アゼルバイジャンが入り、再統合派とでもいうべき側には、ベラルーシ、アルメニア、それにトルクメニスタン以外の中央アジア諸国（カザフスタン、キルギスタン、タジキスタン、ウズベキスタン）が入った。ガス資源があるトルクメンは統合に関心がなかった。アルメニアとアゼルバイジャンの飛び地ナゴルノ・カラバフをめぐる紛争では、アルメニアはモスクワ寄りだったが、1915年のトルコの虐殺の記憶があったからでもある。

なかでも、ウクライナとの黒海艦隊、またクリミア半島をめぐる領有権問題が噴き出し、これにたいするウクライナの反応ともども、事実上CISが機能麻痺に陥る原因となった。しかもソ連軍の解体と各国で国家＝軍隊建設が進むなか、ロシアは財政上もウクライナを含む旧ソ連軍を支えていた。このこともあってロシアが独自軍創設へと踏み切ったのはウクライナより遅く、92年5月になってからであった。

この状況は、改めてロシアの固有の利害と、旧ソ連の継承国家としての使命、また他のCIS諸国との関係の制度化を必要とした。とくに早くから完全独立をめざした資源国トルクメニスタン以外の中央アジア諸国では、旧ソ連軍の資産管理と、タジキスタンでの事実上の内戦の状況もあって、ロシア連邦が中心の集団安全保障条約を支持した。5月15日にはタシケントでロシア連邦とアルメニア、カザフスタン、キルギス（93年にキルギスタンから改称）、タジキスタン、ウズベキスタンの6カ国との集団安全保障に関する条約が締結された。旧ソ連国境線の維持が重要な課題だったが、もっともウクライナとベラルーシは加わらなかった。

案の定CISは統一組織としてはほとんど機能しなかった。1992年春、にわかに国境となった旧共和国間で22カ所の紛争が起きていた。こうして91年12月のベロベーシ合意以降、CISという条約共同体をめぐって意見はまとまらなかった。

クリミア半島と黒海艦隊の帰属問題

ＣＩＳが機能しないままのロシアとウクライナとの両国関係は「離婚手続き」もないまま、「近い外国」としての内容も希薄化しだした。両者を切り裂くことになる最大の問題はクリミア半島の帰属問題、なかでもつねにソ連に直属していたセバストーポリ市と軍港、黒海艦隊の帰属問題であった。この地は１７８３年エカテリーナ帝によって聖地奪還の密かな任務を帯びたこともあり、ロシアと西欧との19世紀半ばのクリミア戦争など世界史的紛争の的となり、冷戦期はトルコとＮＡＴＯ基地との戦略正面となっていた。

１９２１年にはソビエト・ロシアのクリミア自治共和国として作られ、45年には自治共和国になるものの、54年2月、フルシチョフ第一書記はこれを強引にウクライナ・ソビエト共和国に編成替えしたことが紛争の起源となった。この地にあったクリミア・タタール人はスターリンによって大戦末期中央アジアに民族ごと追放され、かわりに同地は軍人などロシア人の比重が増していた。フルシチョフの54年決定はロシアとウクライナの合邦３００周年という触れ込みであった。ウクライナではこの合邦をきめた１６５４年ペレヤスラフ会議をラーダといったがこれは通常コサックの集会を意味した。

このことはペレストロイカ末期にこの地でのロシア人意識を強化し「主権意識」を覚醒させていた。１９９１年の国民投票では、93%が、ウクライナから離れソ連内の自治共和国となることを望んでいた。8月クーデター後の9月にはソ連邦の自治共和国としての主権宣言を行なったが、反キエフということだった。ちなみに、91年12月にウクライナの独立国民投票を行なったとき、クリミアでは支持したのが36%であった（15:7）。92年2月にはクリミア共和国へと呼称を変えた。4月にウクライナ大統領クラフチュークはクリミア共和国をウクライナ国家の一部と宣言した。

なかでもその中心部分は帝政以来海軍の中心であり、ソ連期には攻撃核兵器の27%（Ａ・アルバトフ）

を保有した黒海艦隊の行方であった。この強大な軍事的力はいかに管理分割されるべきかをめぐっては、92年1月でもまだ戦略核部隊はCIS直轄とされた。しかし4月にロシア連邦が黒海艦隊の財政をふくめて管轄とするとロシア大統領令が定めたことから、両国間の永続的な論争になりだした。6月には両国大統領が会見、従来の合意を尊重しCIS共同体の戦略部隊の地位は維持すると決めた（16:9）。だが8月にはヤルタで両国が合意、CISの機能不全を見越してロシア、ウクライナ両国の合同艦隊構想に踏み切った。ここにCISは条約共同体を超えた戦略部隊管理としての権限を失うことになる。

黒海艦隊の分割に合意

1993年6月には両大統領は黒海艦隊を分割することになったが、実際にはウクライナの財政事情もあってロシアが肩代わりした。94年にはウクライナの負担分の比重は15～20％となった。

もっともクラフチュークの独立ウクライナが行き詰まったかに思われたのは94年の大統領選挙であって、ここでロシア語圏の東部軍産複合体出身のレオニード・クチマ（38年生）が、独立派のクラフチューク大統領を破った。このことはモスクワを喜ばせた。95年末の議会選挙で共産党系が民営化反対で急速に力をつけると、大統領再選をねらったエリツィン陣営は国家崩壊批判をかわすためにウクライナ、ベラルーシとの統合に熱心になりはじめた。

1996年1月にNATOを「安全保障の脅威でない」と断定してきた外相コズィレフが失脚、かわって統合派のプリマコフになる（48:199）。エリツィン系でもモスクワ市長ルシコフはクリミア半島奪還とウクライナ民族主義批判を新しい綱領に出しはじめた。こうして97年には20年間、つまり2017年までの黒海艦隊の共同管理と軍港の賃貸でウクライナとロシアは妥協する。これは後述するベレゾフスキー問題とも絡む。その後オレンジ革命があっても、2010年親ロシア派ヤヌコービチ大統領とのハリコフ合意で2042年までの延長が有効であった。14年2月に彼の政権をNATO勢力がクーデターまがいに打倒した、というのがロシア側から見たこの問題の認識である。

［第4章］

１９９３年＝憲法改革をめぐる対決

ロシア連邦は、93年秋までは大統領制と最高会議（ソビエト）が併存、しだいにエリツィン大統領とハスブラートフ最高会議議長との対立は激化した。93年9月、エリツィンは大統領令１４００で、憲法改正とこれに基づく最高会議解散、そして新議会選挙を命じて、新憲法によるフランス第5共和制のような大統領共和国、執行権力優位のエリツィン体制が強行的に形成されることになる。エリツィン政治は新たな段階に進みはじめた。

1……ロシアの政治制度

１９９３年10月までのロシア連邦の政治・国家制度は、ゴルバチョフ改革時にソ連の制度を基礎としてそれを改革したものが基礎となった。つまりはソ連期の78年につくられたロシア・ソビエト社会主義共和国連邦憲法の上に91年6月大統領制を接ぎ木したいわば混成物であった。

ゴルバチョフ期に、それまでのソビエト憲法体制にはなかった大統領制が、最初は90年3月のソ連大統領が人民代議員大会から選出されるかたちで生みだされ、ゴルバチョフが初代にして最後のソ連大統領となった。しかしこのソ連期の大統領と人民代議員大会・最高会議（ソビエト）はともに最高権力を主張するという意味で、いわば二重権力の源泉となり、ついには91年8月クーデターの法的原因ともなった。そしてその結果がゴルバチョフのソ連に対するエリツィン・ロシアの勝利となり、年末のソ連崩壊となった。

ロシア大統領制とは

しかし同じことが今度は1991年末に独立したロシア連邦でもリサイクルされだした。91年6月最初の民選選挙で、エリツィンは最高会議（ソビエト）議長から大統領に選出され、かわりにハスブラートフが最高会議議長となった。このもとでロシア憲法を新たに制定する課題は90年の第1回人民代議員大会で提起される。エリツィンを議長に、若手東欧研究者オレグ・ルミャンツェフを書記に憲法委員会ができ、秋に最初の草案もだされた。

91年にロシア連邦でも大統領制度が導入されて以降、新統治体制は議会制共和国となるべきか、それとも米国的な大統領制か、フランス的な半大統領制かを軸に論争が生じた。しかしソ連崩壊と、その後の大統領と最高会議、連邦と共和国といった重畳的な対立が深まるなかで、憲法制定自体がするどい政治闘争の産物となった。ソビエトと大統領という制度形成のモザイク的性格は、91年8月クーデターで関係が根本的に変わった。

それでも今度はロシア連邦の政治制度のなかで、改革された最高会議というソビエト的議会制度と、三権分立論、そして強いカリスマ的大統領といった、それぞれ制度的起源が異なった制度が、相互調整のメカニズムのないままに併存、一元的な統治を困難にした。最高権力者になったエリツィンのしばしば恣意的で無責任な行動がこの理論的な不一致を政治的危機にまで押し上げだした。そうでなくともソ連的諸制度が崩壊するなか、市場経済導入と民主化、そして中央権力の弛緩と地方勢力の台頭による遠心力的分離が働くなかで統治制度全般の崩壊がすすんだ。

小さな権力とカリスマ指導者のギャップ

とりわけ表見上は執行権力として小さな権力しか持たない1993年までのロシア大統領制と、国際面をふくめ de facto なカリスマ指導者エリツィンのそれとのギャップが生じていた。しかも軍事的にはロシア大統領は8月に「クーデター派の第二梯団」を寝返らせたことによって軍やFSBなど圧倒的な権威と実力とを持った。

91年ソ連崩壊では、ハスブラートフ最高会議議長に通告することもなくソ連崩壊を実施した。もっともウクライナ独立をめぐる焦眉の争点の国境問題、クリミア半島と黒海艦隊問題を置き去りにするなどの杜撰さ、市場経済化の急進化、チュバイス民営化の腐敗と不公正、何より2600％のインフレで格差社会を生みだすなど、エリツィン政権は急速に不人気となった。

この時、エリツィン政治の中枢では、決定の個人化、非制度化が著しくなった。エリツィンの趣味である狩猟であったが、伝記作家ミナーエフによれば92年以降エリツィンは狩りに招く人物を限定する、「ツァーリの狩り」を好んだ。首相となるチェルノムィルジンは定期的に招かれたが、ガイダル、ハスブラートフ、そしてルツコイは一度も招かれなかったという(82:370)▼[1]。権力とは権力者との親密度となり、翌年にはその政治的結果を生じた。

この間、ソ連での行列とは物不足のおり消費財を求める買い手の行列だった。しかし価格自由化が始まった92年1月からは街にはレーニン全集から片足の靴まで投げ売りする、主として高齢者からなる売り手の行列ができた。物価はガイデルが予想した10～30％増ではなく、10～20倍となった（49:278）。人びとは政治に関心を失ったが、一部急進左派は街頭行動で反対した。世論は改革に幻滅し、外国の各派新興宗教が豊富な資金をもとにPRをはじめて広がった。街ではカシピロフスキー現象と呼ばれる心霊現象が人気となった。教祖アナトーリー・カシピロフスキー（39年生）はこの波にのって、同様に人気を得はじめたウラジーミル・ジリノフスキー（46年生）のロシア自民党議員となる。

こうしたことが91年8月のエリツィンの勝利とは対蹠的な権威の急速な解体現象を93年春までに加速させていた。この時期の政治をここでエリツィン現象と呼ぶのはこのあらゆる制度の熔解に注目するからである。このことが憲法上は最高会議議長として法的に執行と立法機能をも併せ持つハスブラートフ議長率いる「最高権力機関」としての人民代議員大会・最高会議といった制度をよみがえらせた。

8月の白亜館防衛のルツコイ副大統領などの「同志」たちが、わずか2年後の10月4日には白亜館をめぐってバリケードで対峙、これを大統領側が砲撃まで加えるという悲劇を生みだした。なかには大統領警護隊のゲンナジー・ザハロフ（40年生）将軍のように、91年8月には白亜館防衛案を立てた人物が、93年10月には砲撃する側にまわった例があるが、エリツィン集団の亀裂を象徴した。その矛盾はどうして生じたのか（51:130）。

2……憲法改正の底流

8月クーデターからソ連崩壊前後、エリツィンは当初大統領としての執行権力強化をはかったが、政治体制改革を軽視、急進経済政策遂行をかかげ、法律と並ぶ大統領令という立法権限をとりあえず時限的に得たことが、ただでもひ弱なロシア連邦の中央国家権力を分裂させ、執行権力とソビエトとの亀裂を深めた。

この崩壊という状況は、一方でソ連からロシアへの権力移行を容易にしたが、他方でソ連崩壊後、権力分立、立法権力と執行権力の三権相互が対立し、国内状況のアナーキー化を生みだすこととなった。西欧の憲法学説でいう憲法制定権力は崩壊後のロシアでどこにあるのかが不明確となった。これら一連の事態は権力をめぐる街頭行動を激化させたという意味で革命という表現がふさわしいのだろうが、もっともG7や西欧志向の市場改革派には「革命」という言葉自体もロシア革命を想起するとして心理的には忌避された。この状況は90年代にもう一度、共産党やスターリン主義、そしてレーニン廟撤去をめぐる「妖怪」をロシア政治に出没させる。

ロシア国家の骨格を決めるべき憲法制定に先立って、共和国や州といった主体との間で連邦条約の締結（92年3月）を急いだことも、ロシア連邦の制度形成を複雑にした事情である。締結の中心である国家そのものがまだ星雲状況であるのに、その構成部分との合意による連邦条約が優先されたからである。ロシアは連邦国家なのか、それとも国家連邦なのか。ただでさえ遠心力が働く政治空間で、共和国など地域の自立が促された。

ソ連末期の新連邦条約でも最大の難問であった「自治共和国」問題が、今度は中央が不在のなかで再燃した。憲法改革派は、米国憲法同様、民族的共和国を廃止し、州や「ゼメリ（地）」に一本化しようと試みた。だがこれは旧自治共和国勢力の頑強な拒否にあった。なかでもタタールスタン、チェチェン、トゥ

▼1　著名な古儀式派の歴史家セルゲイ・ゼニコフスキーは、オレンブルク・コサックなどウラルのコサックは皆古儀式派であったと同地方知事のA・ストルイピンは報告していたと記している。20世紀初めの自由主義的改革派首相で暗殺されたピョートルの父であるが、もしそうだとするとチェルノムィルジン首相もまた古儀式派の流れをくむことになる（155:423）。

ワなどの共和国はロシア連邦との交渉を拒否し、当初この条約に参加しない共和国をも生みだした。もっともサハ共和国政府などはロシア政府と経済協力協定を結んだ。

大統領制と最高会議の二重権力の併存

こうして1993年秋までは、クレムリンの執行権力を掌握したエリツィン大統領にたいし、同じく政府への関与を主張する最高会議・人民代議員大会との併存・競合があった。民衆の支持は大統領に向かったとはいえ、最高会議は8月クーデターへの抵抗の象徴だった白亜館ともども、いちおう正統な民主的代表機関であった。

このように異なる権力観に基づく制度・機構が併存する二重権力のなか、政権を握った急進的な市場改革派にたいし、民族主義勢力をはじめ、旧国営企業長らの中道穏健市場派が92年春には台頭、また自由化と民営化に抗議する各種の共産党系勢力が復活しはじめた。エリツィンは91年7月と11月に共産党の活動を禁止したものの、92年11月の憲法裁判所判決で、憲法の枠内でのロシア共産党の活動は合法とされた。共産党をニュールンベルク的な裁判にかけるという運動も立ち消えになった。

こうしたなか、92年12月の第7回人民代議員大会では反対派が、エリツィンが提案したガイダル首相就任にたいし強く抗議、大統領と人民代議員大会・最高会議との対立は暗礁に乗りかけた。もっともこの時は憲法裁判所長官バレリー・ゾリキン（43年生）の仲裁で破局は回避され、もと共産党中央委員でもあったガスプロム社のチェルノムィルジンが結局首相についた。ガイダルは副首相であった。なかでも12月14日、「カミカゼ」改革の挫折でチェルノムィルジン内閣ができたとき、最高会議は政府法を採択、このとき外務、内務、国防、保安の4大臣については大統領任命に際して最高会議の同意を義務づけた（森下:122)。この4大臣は、帝政期は「ツァーリ」の人事権に属するものだった（ガイダル:235)。

93年1月に入ってエリツィンは大統領府長官をスベルドロフスク党第一書記として後輩だったペトロフから、最高会議内でのエリツィン支持派セルゲイ・フィラトフ（36年生）副議長に替えた。フィラトフはモスクワの重工業技術者出身で元来は政治的ではないが、反ハスブラートフ派の議員としても知られていた。

こうして大統領府長官など急進派が依然として主導権を握ったエリツィン大統領の周辺では、ハスブラートフ議長の最高会議との対決色が強まった。なかでもグラチョフ国防相、オレグ・ソスコベッツ（49年生）第一副首相、エリン内相らはエリツィン取り巻きのなかでも「シロビキ」と呼ばれるコルジャコフ、バルスコフら強力官庁出身者の同志と見られた（50:155）。

最高会議を解散して大統領権限の強化

3月に開催された第8回人民代議員大会でエリツィンは大統領権力強化案を提起したが、最高会議側はその縮小を決議するなか、20日にエリツィンは突然テレビで最高会議の解散と「特別統治秩序」導入の声明を発表、この声明をめぐるエリツィンの罷免問題に発展した（溝口 :176）。

当時の大統領に最高会議解散権限はなかったが、4月大統領への信任の国民投票といった大統領と最高会議の対立のなかで、相対的立場を強めた地方勢力の台頭、憲法改正協議会開催、そして秋の最高会議・人民代議員大会解散と、12月新憲法制定をめぐる93年秋の政治決戦といった経緯をへることになった。なかでもこの間の地方勢力の台頭は、本来的な制度解体での遠心力の作用といえたが、「父と母が対立すれば子供は自由になる」といった側面もあった。さらにはモスクワでの権力闘争を奇貨として登場したオリガルフや犯罪的集団が、監視の目の届かないところで力を伸ばしはじめた。

こうしたなか9月21日にはエリツィンみずからが執筆したとも、シャフライ法律顧問が書いたともいわれる大統領令1400「憲法の段階的改革」で最高会議・人民代議員大会の解散と大統領統治の導入、そして新たな二院制議会の創設・選挙などを骨子とする新憲法制定を急いだ。このため最高会議支持勢力との武力対抗となった。議会・大統領同時選挙といった仲介への試みもあったが、エリツィンは軍をも動員、抵抗を排除した。こうして政府への統制から新憲法制定をめぐる大統領側と最高会議との対立が、政治的分極化、両者の公然たる衝突へといたった。つまりは秋の最高会議の強制解散、12月の新憲法採択、そして新議会での反エリツィン勢力の台頭、という結果を招くこととなった。

この間、エリツィンは新憲法採択と新議会選挙のため三権を一時的に掌握し、このもとで各地方主体89ごとに各2名からなる連邦会議（上院）、450名からなる国家ドゥーマ（下院）の12月12日の選挙を布告した。また新憲法草案の国民投票を実施するとの大統領令もでた。さらに地方議会の自主的な解散をも求めた。そして急進的共産系や民族系集団の活動、ならびに反対派マスコミの活動も一時的に制限された。反エリツィン的な州知事の更迭も行なわれた。

エリツィン自身も認めたように、憲法停止、最高会議解散の権限は大統領には与えられておらず、したがってこれらが超法規的措置であることは疑いがなく、あとはその正当性をめぐる争いでもあった。きわめて強力な大統領権力の大統領案は、旧最高会議支持派だけでなく、改革派内部からも反対・保留派をも生みだした。12月の憲法国民投票ではかろうじて支持が得られたと、エリツィンは主張した。こうして93年末以降、大統領共和国の制度形成が始まった。この過程を以下見ていこう。

3……エリツィン憲法制定への道

憲法の起草ということはその人民、国家にとって象徴的出来事である。とりわけ旧ソ連のように、ロシ

郵便はがき

料金受取人払郵便

麹町支店承認

9781

差出有効期間
2022年10月
14日まで

切手を貼らずに
お出しください

1 0 2 - 8 7 9 0

1 0 2

［受取人］
東京都千代田区
飯田橋２－７－４
株式会社 作品社
営業部読者係 行

【書籍ご購入お申し込み欄】

お問い合わせ 作品社営業部
TEL 03(3262)9753／FAX 03(3262)9757

小社へ直接ご注文の場合は、このはがきでお申し込み下さい。宅急便でご自宅までお届けいたします。送料は冊数に関係なく500円（ただしご購入の金額が2500円以上の場合は無料）、手数料は一律300円です。お申し込みから一週間前後で宅配いたします。書籍代金（税込）、送料、手数料は、お届け時にお支払い下さい。

書名	定価 円	冊
書名	定価 円	冊
書名	定価 円	冊
お名前	TEL （ ）	
ご住所 〒		

フリガナ
お名前

男・女　　　歳

ご住所
〒

Eメール
アドレス

ご職業

ご購入図書名

●本書をお求めになった書店名

●ご購読の新聞・雑誌名

●本書を何でお知りになりましたか。

イ　店頭で

ロ　友人・知人の推薦

ハ　広告をみて（　　　）

ニ　書評・紹介記事をみて（　　　）

ホ　その他（　　　）

●本書についてのご感想をお聞かせください。

ご購入ありがとうございました。このカードによる皆様のご意見は、今後の出版の貴重な資料として生かしていきたいと存じます。また、ご記入いただいたご住所、Eメールアドレスに、小社の出版物のご案内をさしあげることがあります。上記以外の目的で、お客様の個人情報を使用することはありません。

ア革命によって「法ニヒリズム」が跋扈し、憲法が最初から名目的存在であった社会で1985年以降改革派にとって、本格的な法の支配、「法治国家」をめざす立憲主義の課題はもっとも重要な闘争の課題であった。

しかし8月クーデターは、ソ連大統領とソ連最高会議議長（クーデター派）との対立を、ロシア側から「克服」する結果となった。ロシアの政治学者がエリツィン・クーデターというのは、ゴルバチョフ・ソ連大統領とソ連崩壊を促した12月までの過程を指すとすれば正当であるが、しかしこの成功は92年以降、ふたたび8月の同志たちを大統領派と最高会議派とに分断した。そしてそれを合法的に解決する法的装置はそれまでのソ連・ロシア法にはなかった。

この93年春から秋にかけてのジレンマを、あるリベラル知識人は「憲法もない、憲法裁判所もない、表現の自由もほとんどない、選挙と選択もない。なぜなら共産党員と抑圧された最高会議支持者の参加しない選挙は選挙ではないからだ」と喝破した（22:72）。このアクロバット的な役を演じるのは、これまた異端的政治家エリツィンの出番となった。

「脱ソビエト化」の三つの過程

この「脱ソビエト化」は、ソ連崩壊後のロシアにとっても同様な課題であった。同時にこの過程は改革派の分裂とエリツィンの選択、国家観、政治観を見る上でも興味深い。憲法改正をめぐるロシアの政治過程は3段階にわけて考えられる。

第1段階はエリツィン指導部が、ロシア最高会議の改革派とともに憲法改正を急いだ段階である。第2段階は92年頃から最高会議と大統領の対立が表面化し、エリツィンと最高会議側とで議会制国家か、それとも大統領制国家かをめぐる対立が浮上していく段階。第3段階は、4月の国民投票をめぐる対立から、

6月の憲法協議会、そして「段階的憲法改革」を指示した9月21日の大統領令と10月の最高会議の武装解散をめぐる衝突、そして12月国民投票でエリツィン憲法が採択される決定的段階、の三つである。「法治国家」「権力分立」をめぐる闘争は、人民権力とソビエト原理に立つ憲法から脱却、法治国家・権力分立をめざす課題となった。

93年の憲法危機での根本的な対立は、第2条で「国民は権力をロシア連邦の政治の基礎である人民代議員大会を通して実現する」という、不可分なソビエト的権力観と、他方新たに加わった第3条にいう「ロシア連邦の国家権力は、立法、執行、司法の権力分立の原則の上に」基礎づけられるという権力分立の決定的相違にあった。ソビエトが「政治的基礎」であるという考えと、権力分立論とは水と油の違いがあるからだ。最高会議は憲法上では国家権力の常設の「立法、処分、統制機関」（107条）だけでなく、104条が国家権力の「最高機関」と規定していた。

この違いは大統領と最高会議、つまり執行権力と立法権力との違いとなった。だが複雑なのは大統領も次第に大統領令という機能を使って立法的権限を強めた一方で、最高会議側も代表権限に加え、主要人事への統制権を求めていたことであった。基本的にはロシアの政治体制は「大統領国家」なのか、それとも「議会制国家」かという対立である。

このような問題は当初から理解されていた。1990年6月の第1回人民代議員大会ではエリツィン最高会議議長を議長に、ハスブラートフ、リャボフを副議長に、そして若手政治家ルミャンツェフを責任書記とする憲法委員会を発足させたことは先述した。「ロシアのマディソン」を自称したルミャンツェフの委員会は16名からなっていたが、新憲法案の起草を委託された。彼らは90年8月までに「概念」を作成、秋にはその草案が早くも公表された。中心人物はゴルバチョフ改革の拠点、世界社会主義体制研究所のハンガリー研究者であったルミャンツェフであった。

しかしクーデター挫折後の状況は根本的に変化した。91年10月にはロシア憲法の最初の案が、ソ連の崩壊の予兆のあった第5回のロシア人民代議員大会に提示される。ルミャンツェフは10月の最高会議の演説で国家機関相互、とくに中央と地方、立法と執行の不均衡が存在していることに注意を払い、その安定を確保する憲法が必要であると訴えた。とくに「法・主権・法的権限の戦争」に終止符をうつため、連邦条約よりも、憲法で規定された連邦・共和国関係を定めることを優先すべきだと求めた。しかしこの問題は、自治共和国勢力との対立を招くこととなった。

憲法改正には代議員3分の2の支持が必要

じつはクーデター崩壊と保守派の後退という1991年秋の最もいい条件のもとで憲法改正をやる予定であった。しかし憲法改正には3分の2の代議員の支持が必要である。同時に、大統領など連邦の執行権力と、その統制の関係、とくに最高会議の「代表・立法機関によるチェック・アンド・バランスの統制」強化、「効果的に執行権力を統制する」ための梃子となることを求めていた。しかし91年10月の第5回人民代議員大会ではエリツィンの支持にもかかわらず、議員の3分の2の支持は得られなかった。

それでも当初は、改革派と保守派、最高会議とエリツィン大統領との憲法をめぐる対立はそれほど大きくはないかと思われた。フィラトフなど民主派も憲法採択を92年4月の第6回人民代議員大会で採択することを支持した(RG:19/3/92)。この間、エリツィンとハスブラートフの中間派、民主改革運動系はソプチャーク、ウラルの憲法学者アレクセーエフらの「社会の基本法」としての憲法改正案を提示した(I:28/3/93)。しかし最高会議と大統領との緊張をたもった蜜月はここまでであった。

最高会議に対抗してエリツィン大統領側は、法律顧問のシャフライらが中心となり、執行権限の強い憲法草案を作りはじめた。また最後のペレストロイカ派というべき民主改革運動の側は、ソプチャーク、アレクセーエフらが92年3月には独自の改革案を提示、またアンドロポフ改革時のKGB理論家ボリス・クラシビリなど共産党系の憲法案も出た。92年以降の改革の分岐と同様の文案をめぐる対立が生じた。こうして大統領権力強化に動くブルブリスらエリツィン系、また半大統領的な民主改革運動系、そして議会共和国の理念に近い最高会議のルミャンツェフ、という3潮流が分岐した（RG:3/4/92）この他、クラシビリら共産党系もあった。承認の見込みのない旧共産党系の改正案はおくとしても、最高会議（ハスブラートフ、ルミャンツェフ）の公式案に対し、ポポフ＝ソプチャークら民主改革運動系、そしてなにより大統領権力を中央地方で強化することを狙ったエリツィン＝シャフライ案が出たことは、改革支持派が、将来のロシアの政治理念をめぐって完全に分岐、分裂していることを示した。

しかもこの対立は、経済改革をめぐる大統領と最高会議との対立に連動した。とくに改革に慎重な企業層を中心とした市民同盟が、ルツコイ、ボリスキーを中心に政府の改革、人事の一掃、そして急進改革路線からの「修正」をはかろうとして以後、政府を握るのは、大統領か、最高会議か、予算などはどちらが監督するかという「大統領と議会」との対立に拡大した。対立点は改正に必要な人民代議員の3分の2枠を、エリツィン大統領側も、最高会議側もとれそうもない状況で、この決定作成をどう行なうかという選択と関連した。

憲法改正の国民投票をめぐる争い

エリツィンは1992年7月、執行権力の強化、国民投票《レファレンダム》の遂行をめざす考えを最高会議に示した（K:31）。他方、民主改革運動は「憲法制定会議」のような第三の道を選択、独自の勢力としての地方勢力とも連携した対立となった（I:18/1/93）。92年12月の第7回人民代議員大会では、大統領と最高会議とが正面衝突し、憲法裁判所のゾリキンが和解案を提示した（P:9/12/92）。

こうして93年に憲法改正で4月に国民投票を行なう人民代議員大会決議が出た。ブルブリス、ポルトラーニンら大統領派は最高会議への工作よりも、エリツィン改革派をまとめ統合していく方向に転じた。他方、最高会議は国民投票の延期を、ソプチャークらは過渡的な「小憲法」、臨時憲法の採択を主張する(LG:2/93)。執行府と立法府との対立を合意させる作業委員会のシャフライは、エリツィン系のなかでも共和国など地方勢力の重視と和解の方向をめざした(RG:18/2/93)。93年3月、憲法裁判所長官ゾリキンもまた、憲法をめぐる報告で両者の対立に警告した(RG:11/2/93)。

93年春に憲法問題は決定的段階をむかえた。国民投票の可否をめぐる3月の第8回臨時人民代議員大会は、エリツィン大統領側の提案を否決、4月の国民投票を否決したからである。これに対しエリツィン大統領は3月20日テレビに出演、人民代議員大会の事実上の解散と、新憲法、新議会法の可否、正副大統領の信任投票を4月25日に行なうと、大統領の特別統治をめざす大統領令を出した。危機の時期に「国家を議会的おしゃべりや集会を通じた投票や、宣伝的なマイクロフォンによって支配することはできない」とエリツィンは語った(89:285)。つまりエリツィン派は、二重権力状況になっていた人民代議員大会・最高会議との関係を前者の解散と新議会創設という大胆な清算の措置にでたのである。

エリツィンは、自己が国父であり、自ら三権を超えた超越的存在であると考えていた。しかし大統領特別統治という権限も旧憲法上の規定にはなく、憲法との関係でも問題といえた。この弱点を知って、エリツィンは大統領がロシア国民自身によって直接選挙されたものであると、さらに信任の投票にかけるといった。

国民投票に賭ける

こうしてエリツィンはふたたび大胆な賭けにでた。他方、人民代議員大会は「最高国家権力機関」であり、憲法改正を含む内外政策の決定、閣僚会議議長の批准などの権限（104条）を持っていることが、同様の権限を持つ大統領との間に対立を生んだ。しかもそれは国家の主権と権力の根幹にかかわるものであって、本来的には憲法裁判所での解決や妥協になじむものではなかった。

しかもこの問題は単に中央だけでなく、地方レベルでも、大統領が任命する行政長官など行政と各級人民代議員ソビエト、さらには大統領の目と言われる大統領代表もくわわっての三つ巴の対立を生んでいた。モスクワから遠くエネルギー資源のある地方では、台頭しはじめたオリガルフや犯罪組織までも実権を握ろうとしただけに対立はなおさらだった。

民主派とエリツィン支持派との対立も生まれた。サハロフ博士の遺志を継ぐ市民派の評論家ユーリ・ブルチンは、いったい誰が8月革命の真の勝利者なのかと問い、民主革命は失敗したと決めつけた(NG:1/12/93)。財産は盗みであるというフーリエの言葉をひきながら、ノメンクラトゥーラ民営化は私的収奪（プリフバチザチヤ）だと批判した。

もちろんどのような革命にも、「裏切られた革命」論はつきものであるし、エリツィン政権から距離をおきはじめたポポフ（元モスクワ市長）のような論者はこの論点を指摘していた。またブルブリスらも、「ノメンクラトゥーラの復讐の危険」という考えをだした(I:21/8/92)。なかでも論文集（『8月後1年――苦しみと選択』）に代表される急進民主化派は、8月ブロックがエリツィンとノメンクラトゥーラとのブロックにほかならず、今や後者が勝利した以上、民主化派は市民社会にもとづく反対運動に純化すべきであると指摘した。ポポフも、民主化派は「日本社会党のように」監視の役割になるべきだといった。

エリツィンの権威主義化を懸念するブルチンの提起は、その後ガイダル首相代行解任につづいてブルブリス国務長官が解任されるにおよんで、にわかに現実味を帯びた。93年2月末エリツィンは大統領機構の改組を行ない、新たに大統領会議と行政長官会議を新設した。もちろん民主化派を一部登用しているこの異動の性格や背景は不明確である。実際エリツィンは、コルジャコフの回想では大統領会議の有益な発言を聞かなかったし、記録も読まなかった(51:46)。しかし民主化派側からの敗北宣言や政治学者プガチョフの自由化派の敗北論は、これらが杞憂でないことを暗示していた。そして代議員大会の結果はこれらをあとづけた(I:26/2/93)。

4……憲法協議会から大統領令1400へ

こうして出現した憲法をめぐる危機状況は、4月25日の国民投票で64・25%が参加し、エリツィン信任は58・5%で成功を収めた。つまり約4000万票の支持をえた。ちなみに1991年6月の大統領選挙時にも57%強で選出されていた。

最高会議側の世論調査では2700万票程度の支持を予想し、また内務省も悲観的資料しかなかったから予想以上の勝利といえた。事実、エリツィンとハスブラートフとの社会学的評価の対比でも、エリツィンは93年中で4〜6月の評価が9・50%以上と頂点であった。もっともこのころのハスブラートフの評価もまた3月に9・04%となった(153:601)。

エリツィンは、大統領への不信任を国民投票につなげる保守・中間派の思惑を逆手にとって反撃に出、この間非政治化していた民衆の潜在的支持を掘り起こすことに成功した。もっとも反エリツィンの拠点であり、あるいは非政治化していた農村票などの掘り崩しには成功しなかった。

大統領民主共和国をめざす

問題は、エリツィンによる憲法改正案の作成である。最大の争点である、大統領共和国をめざすのか、それとも議会型共和国にするのかといったことが表面化した。改正の主導権と決定機関がどこであるのかという問題と重なった。

この結果、中道・改革勢力であった民主改革運動系が分裂し、ヤコブレフ、ソプチャークなどは憲法問題ではエリツィン支持となり、他方ルツコイ副大統領をはじめ、ゴルバチョフ、ボリスキー（「産業家・企業家同盟」）などは批判派・中間派になった。民主改革運動系の法学者アレクセーエフとソプチャークの案と、直系のシャフライ副首相の指導のもと、実際にはアレクセーエフを中心として大統領権限を強化した大統領新憲法案がエリツィンにより紹介された（NH:15/4/93）。法学者トゥマノフによれば、これはフランス型大統領制、あるいは「半大統領制」ということである。

こうして24日に公表された「新憲法基本原則」では、大統領民主共和国をめざした。もっともアレクセーエフは、当時台頭していた「連邦主体」と呼ばれる地方勢力の重要性を説いてもいた。この背景には中央権力の崩壊に伴って地方の自立が高まったことがある。92年秋以来、連邦内地方共和国や、各州・地方の台頭にたいし、憲法上規定はないが大統領の諮問機関として共和国首脳会議、また地方長官会議が制度化されてきた。これら地方の幹部たちは、エリツィンの大統領権限によりその任命に関わる地方長官もふくめ、必ずしもエリツィン寄りではなかった。

第9回人民代議員大会では、両者の対立の緩衝だけでなく、その仲介者としてすら機能しはじめた。地方主義の強いウラルやボルガの行政長官らは双方を批判した（RG:1/5/93）。その代表人物は32歳のニジニ・ノブゴロドの知事ネムツォフである。軍産複合体部門の保守派であるスコーコフは当時共和国首脳会議の事務局を担当したが、第9回人民代議員大会後、大統領とも、議会とも異なる、いわば第三の道を模索しはじめていた（NG:27/3/93）。

国民投票で勝利が確定した29日、エリツィンはこの連邦会議的なものを憲法制定会議の母体とすることとし、草案を各共和国・州などの構成主体に送付し、各2名からなる代表を派遣することを求めた。こうして5月のエリツィンの大統領令により、シャフライだけでなく、アレクセーエフ、ソプチャークを加え、ヤロフ、さらに議会内の和解派である委員会書記シェイニスなどからなる憲法作業委員会を発足させた。ルミャンツェフの名はなかった。

この委員会の憲法案は、二つの点で中間派の勢力取り込みをはかった。第一に、新憲法の内容としては、92年3月に連邦条約が結ばれたことに伴い、人民代議員大会解散後は二院制議会の上院を「連邦会議」とし、各主体に2名ずつを与えること、大統領の解任もまたこの新連邦会議によりなされる、そして首相決定の権限もあるとして、一見かなり大きな権限が上院たる連邦会議に与えられた。

より重要なのは、この憲法制定のための憲法制定会議が、この連邦会議を母体として、連邦自治体会議が行なうとなっていることである。つまり経過措置として、各州（共和国）から主体といわれる自治体の議会議長1名と行政長官1名とからなる「連邦自治体会議」なるものができるとされた。必然的にロシア人の優位が保障されるこの会議では、共和国の分離主義を制約することになった。

憲法協議会案で最高会議が分裂

結果的には、この憲法協議会案は、最高会議の分裂を引き起こした。エリツィンは6月5日に憲法協議会を開催した（森下 :189, 溝口 :188）。

ソビエト勢力の支持掘り起こしを試みたハスブラートフ最高会議議長にたいし、リャボフ副議長、ステパーシン等の最高会議の40名が、憲法協議会への参加と大統領との和解をといた。この結果、ハスブラートフら最高会議も、憲法協議会へ参加せざるを得なかった。最高会議の側からエリツィン憲法案に協力したシェイニス書記も「最適は両案の統合」であると主張する（RG:3/6/93）。大統領派でも、シャフライは

「(地方)主体への影響力の闘争」が決定的であるとして、大統領案での地方との和解路線を推進した。大統領派にも妥協派が生まれた。もっともこの憲法案は、エリツィンには批判的となったゾリキン長官の憲法裁判所の権限を縮小させた。憲法解釈の権限は、最高裁判所・仲裁裁判所長官とともに形成する「最高司法会同」とでも言うべきものに与えられる。

しかも、地方勢力との和解を協議会で求めようとしたエリツィンの考えは、次第に遠心力を強めた共和国・共和国昇格を求める州などの動きを招いた。ウラル、沿海地方、ボログタなどが共和国昇格を主張しだした。

これに対し、クラスノヤルスクのノビコフ知事など共和国主権化が、国家の分裂につながるとする反対派も登場した(I:24/6/93)。この背景には共和国首脳会議を主宰するスコーコフの影響が強かった。また政治学者ブルラツキーら旧ゴルバチョフ系の反発もあった。とくに反エリツィン的な勢力の強い地方ソビエトは、両案の和解をもとめた。共和国ではもともと反中央的なタタールスタンだけでなく、ヤクートなど中間的な11共和国も支持しなかった。地方でも「赤いベルト地帯」と呼ばれた諸中部の農業州を中心に消極的であった。

人民代議員大会の日、旧官製労組や社会民主党、自由民主党など中間派の11党派もソビエト解体の拙速を批判する公開状を出した(5:19)。改革派の共和党、議会内の中間派「転換(スメナ)」派も同様であった(5:18)。こうしてスコーコフは7月、憲法採択での拙速を非難した。このためシェフツォバなど政治学者の間にもエリツィン憲法への悲観的見方が増えはじめた(LG:2/6/93)。このなかで、エリツィンは7月末大統領令を出し、協議会案で各機関が合意することを求めた。

夏休みの8月に入ると、エリツィンの強硬論と和解派の潮流も分裂気味となった。エリツィン陣営の穏健派は大統領案と最高会議案の和解、統合を示唆するようになる。同時に彼らは、最高会議・議会と大統領の同時選挙で決着するという考えに傾きはじめる。ルミャンツェフ書記も双方案の統合、11月人民代議員大会の決着を主張した。妥協が行なわれたかに思われた。

最高会議解散を模索

しかし均衡は破られた。9月21日の憲法改正と最高会議解散に関する大統領令1400に始まり、10月4日の最高会議に対する武装解散で頂点に達した一連の過程は、最高会議と大統領との二重権力状況を、前者の強行解散により克服するものであった。大統領報道官は、これを実際に決めた8月10日の10名からなる大統領会議（ガイダル、カラガノフ、サタロフ、その他イリューシン補佐官、コスチコフ）の討論を公表している。エリツィンが最初に解散案を提案、批判派が多少いたが、とくに軍の動向をみて強行策が採られた（53:203）。

もっともこのような重要決定が諮問機関で実質審議され、採択されたとは考えにくい。コルジャコフ回想も言うように、日時は特定していないがスタロ・オガリョボのエリツィンが招請した会議で、チェルノムィルジン、コズィレフ、エリン、シャフライ（民族政策）、グラチョフ、ニコライ・ゴルシコ（37年生）安全保障相の参加のもと、最高会議解散の日付を決めたというほうが正しいだろう（50:155）。

こうして日付だけが審議事項であった。当初のエリツィン案では9月19日と予定されたものの最終的には21日解散となった。もっとも一言居士の首相らには異論もあった。その意味で、エリツィンの側の「超法規的」大統領統治は、たとえ議会側が先に武力に訴えたとしても、なおそれにともなう軍事力行使、その人的犠牲ともども問題を残すことになった。9月16日、エリツィンはさらに中心となる軍の情勢を懸念、グラチョフ、コルジャコフ、バルスコフを招いて意見を求めた。

とくに問題は動揺する軍指導部であった。グラチョフ国防相の考えでは、このような状況で動くべきは内務省軍であって、国軍が国内政治目的のために動くべきではないという昔からの彼の持論を述べた。コルジャコフらに言わせればなにも準備はなかったし、事実バルスコフは軍に介入準備はないと直言した(50:15)。これには93年5月に解任された元安全保障担当書記スコーコフが議会との妥協路線であったことも関係した。

エリツィンはあくまで個人的忠誠を求め、「司」の任にある高官は制度の論理を表明した。しだいにブレーンの役をおりはじめたポルトラーニンは1991年のゴルバチョフと93年のエリツィンとの違いについて次のように回想する。ゴルバチョフはビリニウスなどの流血事件について公式の命令書を準備しなかったが、エリツィンは93年10月の白亜館砲撃に対して公式の命令書を出した。グラチョフ国防相がこれを要求したからであると(102:379)。

91年8月と93年10月の双方に関与した国防相は最高指導者の政治責任を求めた。ちなみにポルトラーニンは、ゴルバチョフにおけるヤコブレフの役割に近かった。ヤコブレフがビリニュス事件後ゴルバチョフから離れたように、93年に彼は民主主義者から別人になったとしてエリツィンと袂を分かったのである(102:379)。

暑い秋、最高会議を強行解散

こうして1993年10月3日には、どの軍や内務省などの機関も強行解散に実際的準備はできていなかった(51:219)。『20世紀と平和』のマクシム・メイエルらの論文では、大統領陣営には9月21日から10月5日の危機の間、統一したセンターは存在しなかった。せいぜい大統領会議の自発グループが存在したにすぎない(23:85)。それでも大統領府は92年から次第にこの問題で比重をまし、旧最高会議のフィラトフら反ハスブラートフ派が大統領側の戦略策定で重要な役割を演じた。

大統領周辺に四つの分析班があったが9月21日までに統合され、22日からは効果的分析本部となり、危機後は憲法改革の中心センターとなった。その頃、大統領にはボルコゴノフら9名の顧問、大統領会議に29名の委員が元首相代行ガイダルやアンバルツーモフといった政治学者を含め存在したが、夏からはより狭く、サタロフ報道官、カラガノフ、ミグラニャンなど6名ほどの政治学者が関与し、10月危機以降は憲法改革の「概念」を提起していた。彼らはイリューシンなど7名の補佐官と協同していた。

これに対し危機の間、最高会議では、ハスブラートフ議長は大統領との交渉に一貫して消極的であった。ルツコイ副大統領も独自の見解を持ち合わせなかった（106）。最高会議派は800名ほどの将校同盟を率いるマカショフ将軍が非公式な軍事組織を有したという。ハスブラートフのブレーンは不明であるが、著名人としては政治学者で91年クーデターのイデオローグでもあるクルギニャン等が働いた（91）。その学術評議会には経済学者のレオニード・アバルキン（1930-2011）や、プーチン政権の「ナーシ」に関係することになるユーリー・ヤレメンコらも関係していた。それでも最高会議ではきちんとした決定作成メカニズムが欠けていた、というのが『20世紀と平和』誌の分析である（23:94）。

この間、憲法裁判所長官のゾリキンは9月21日、人民代議員大会と大統領の同時期限前選挙を主張し、中道政党各派が支持を表明した。『独立新聞』のトレチャコフ編集長や、ヤブリンスキーらの賛同を得た。また政権内のエリツィンの護衛コルジャコフやバルスコフも大統領と最高会議との対抗のなかでは「局外の傍観者」の立場をとった（23:225）。

憲法改革をめぐる大統領派と最高会議派の激突、白亜館砲撃という悲劇の2週間については、いくつかの基礎史料が出ている。グレプ・パブロフスキー（51年生）ら民主派は『20世紀と平和』誌の特集として『93年10月モスクワ』を出版した（23）。またコルジャコフらエリツィン側近を含めた大統領府が側面協力して作成した史料集『モスクワ――93年秋対立の日誌』（1994）も基本史料といえよう（92）。その他『エリツィンとハスブラートフ　団結、妥協、闘争』は双方の指導者の発言を集めている（152）。その他各派の関係者の論文や、主張、そして回想が出ている。

大統領令で人民代議員大会・最高会議の停止

運命の21日、前日からチェルノムィルジン首相は解散強行をはやるエリツィン大統領に慎重論を説いてきた。ガイダルも同調した。しかし予定より遅れてエリツィン大統領が第一チャンネルのテレビで演説、大統領令「ロシア連邦の段階的憲法改革」を述べ、人民代議員大会と最高会議の停止を命じた。旧憲法や法制もこの大統領令に反しない限りで有効性を持つことになった。また代わりの国家ドゥーマ選挙を12月11～12日に行なうことにした。直ちに閣議と、強力官庁会議が開かれたが、エリツィンの措置への反論はなかった。しかしこの日、それまで急進改革派系だったグラジェフ対外経済連絡相が辞任、愛国派に投じた。グラチョフ国防相と軍は旧来同様にレジームで動くことになった（23:5）。

しかしこの夜、最高会議ビルでは、ハスブラートフ、ルツコイ、憲法裁判所のゾリキンらが協議、代表が大統領権限は無効になり、大統領令は不法であると表明した。ルツコイは自ら大統領権限を行使すると表明した。歴史家で大統領会議のゲフテルのような民主知識人も大統領令を批判した。連邦独立労組副議長もエリツィンをクーデターの試みと批判した。翌日の憲法裁判所の協議でも、エリツィン大統領令の違憲論は9、賛成は4と分かれた。

微妙な立場に立った一人がロシア検事総長だったステパンコフだった。若手改革派の検事として91年2月にロシア最高検検事総長に任命され、ロシア検察庁法制度、法制度改革に協力した。なかでもソ連から合法性を重視するロシアへの転換の象徴として、91年8月クーデターに関与したヤゾフやクリュチコフら国家非常事態委員会メンバーを「ロシア法」違反として逮捕したことはロシアの主権と法の優位の象徴だった。もっともそのクーデターやソ連共産党非合法化の事件を独立ロシアの立場で行なうには荷が重すぎた。

ロシアの不幸は、ジャーナリストのポプツォフも指摘するように、人材、幹部の不足であった（103:399）。当時のロシア法では検事総長の任命権は最高会議にあったが、エリツィンとハスブラートフとの93年憲法対立は、「合法主義」（ユーリー・スクラトフ）の検事総長を引き裂いた。彼はエリツィンの特別法治秩序に反対だった。そうでなくともあまりに多くの腐敗を含め「知りすぎた」ステパンコフをエリツィンは93年の危機に際して解任した。かわりに88年にソ連最高会議議員としてエリツィンに地位を譲っただけのアレクセイ・カザンニコフ検事を最高検事総長に任命した。このことはロシア検事局と大統領との不安定な関係の原因ともなった。

激突への妥協、仲裁の模索

ほかにも妥協や仲裁の試みがなかったわけではない。なかでもロシア正教会は総主教アレクシー二世（アレクセイ・リディゲル1929-2008）の仲介で、彼の居所でもあるダニーロフ修道院で10月1日朝、非公開での話し合いが行なわれ、大統領側から、チェルノムィルジンの代わりの新星のソスコベッツ第一副首相、フィラトフ、中間派からモスクワ市長ルシコフ、これに対し（旧）最高会議側から、ラマザン・アブドゥラチーポフ（46年生）民族院議長、ボローニン第一副議長らが関与して開催され、翌日まで持ち越された（92:321）。しかしモスクワ市内での対立もあって、話し合いは2日目に休会に入り中断した。

しかしこの間も白亜館には、ОМОН（内務省特殊部隊）やレーベジ将軍配下のプリドニェストルの軍人たちを中心に2000丁の銃、総数600人までの軍事組織が存在した（23:195）。このもとで最高会議派がテレビ局を攻撃し、チェチェン人、コサックらは街頭行動に出た。バルカショフ派の軍人たちも、リアリズムよりもむしろアナキズム的反乱に近かった。

議会内では、アマン・トゥレーエフ知事が「クズバスが味方だ」と炭鉱夫の最高会議支持を訴えた。もっとも地方勢力は、大統領令に批判的であったが、しかしだからと言って必ずしも最高会議を支持したわけではない（104:405）。また世論の読み違えも大きかった。91年8月のクーデター派同様、93年の最高会議派も世論の動きより自らの煽動やビラによっていた。エリツィンへの「葬儀」を急ぎすぎたとポプツォフも指摘する（104:407）。ルツコイは「世論の無関心」は煽動をすれば刮目《かつもく》できると記者会見で語った。

テレビ局襲撃が軍隊動員の口実に

こうした状況下で、最高会議側は計算を間違えた。じつは大統領側も袋小路に入っていたのだが、10月3日、最高会議側がテレビ局オスタンキノへの襲撃を行なって、12名の犠牲者が出たことは、最終的に大統領側が、内務省軍ではなく軍隊をも動員する口実となった。この日4時、ルツコイ副大統領はテレビ局とモスクワ市庁舎への襲撃を指示した。

これら決定的事件にあってグラチョフなど軍の政治的動向は不明確であった。国軍としては国内政治対立の処理に関与することは本来の任務外である。エリツィンがチェチェンを含めてこの手の内戦に大統領令を出した先例はなかった。グラチョフはエリツィンからの軍の発動指示に対し「大統領令がなければ何もしない」と抵抗した。しかし最高会議がテレビ局奪取をめざし街頭行動に出たことは、エリツィン側の意向に結果的にはかなった。軍隊導入の口実ができたからである。エリツィンは最高会議砲撃の大統領令を出した（101:379）。

この日は休刊日でもあって、テレビの比重が増加した（23:221）。大統領側は最高会議に対する抑圧を独占、正当化できた。この日中間派で大統領候補のヤブリンスキーがエリツィン支持に動いたことで大勢は概ね決まった。モスクワでは最高会議支持の若干の動きがあったが、地方は概ね不参加であった（88:167）。10月3～4日の攻撃の犠牲者は、公式的には内務省軍の18名を含め、145名と年末に報じられたが、あきらかに過小評価であった。グラチョフはその後も96年までは国防相であり続けた。しかし96年大統領選挙でのレーベジがエリツィンを支持する条件としてグラチョフは罷免されることになった（88:302）。

アメリカの法律専門家は、エリツィンは合法性に違反したが、正当性は維持した、と指摘した。この説に対しスターリン時代に投獄され、最後はソルボンヌ大教授だった歴史家ミハイル・ゲレル（1922-97）は、「国家建設が進行している、民主的であればなおいいだろうが、今は民主主義よりも、国家が重要だ」とエリツィンを擁護した（26:161）。たしかにロシア人からいえば、権力の所在とは憲法の規定よりも最高指導者がどこに位置するかである（26:164）。重要なことは二重権力の時代は終わり、クレムリンとスターラヤ広場の住人となったのはエリツィン大統領だったことである。

1991年まで共産党書記長が座ったクレムリンでは最終的にロシア大統領が執務することになった。政府（内閣）はスターラヤ広場から最高会議が位置してきた白亜館に移った。ロシア議会下院はかつてゴスプランがあったマネージ広場横に変わった。ソ連大統領は200名の職員が支えたが、エリツィン大統領府には93年で3500名のスタッフがいた。ちなみにゴルバチョフ期の党官僚＝中央委員会職員は1900名程度であった。スターラヤ広場に位置した安全保障会議は始まった時10名程度だったが、やがて数百人に拡大した。パーキンソンの法則ではないが、官僚制の肥大化現象が始まった。

5……エリツィン憲法採択と12月選挙

1993年末のカンパニアで重要であったのは憲法改正の国民投票であった。9月大統領令での段階的憲法改正と国民投票案は、強力な大統領権力を求めるだけでなく、10月事件の事後承認を求めるものであった。このことから、憲法制定会議や議会審議を省略した国民投票での承認という採択方法の可否は政治問題化した。

新憲法上、政府は議会ではなく大統領に対して責任を負うことになる。しかし反改革派が優位である下院は過半数で政府不信任を表明できることにもなっている（117条3）。この場合、大統領は不信任をした下院を解散できる強大な権限を有してはいるが、しかし選挙後1年間は解散できない（109条3）。したがって、下院が政府を拒否したまま、大統領と議会との間で、政府をめぐる宙ぶらりんの状況が出現する可能性があった。もっとも、新議会は二院制となり、かつてのハスブラートフ最高会議議長のような上院、下院を統合した議長職はなくなった。

新憲法にたいする各派の態度

きわめて強力な大統領権力を有したエリツィン憲法草案は11月10日に公表、国民投票が提案された。もっとも草案は最高会議支持派だけでなく、改革派内部からも反対・保留派を生みだした。モスクワの知識人にもエリツィン支持派には権威主義体制支持のミグラニャン等のような大統領支持の論陣を張ったものもいたが、他方、民主化派でもゲフテル、ブルチン、パブロフスキーのように10月の行動を正当化する憲法には反対の意見や、その急いだ採択を批判するシャターリン等の意見がでた。

12月議会選挙のなかでは、与党にあたる「ロシアの選択」が憲法案を支持したのは当然として、ファシズム的と言われるジリノフスキー等の自民党も賛成だった。彼らの活動はテレビで報道され12月の躍進につながった（40:68）。もっとも自由民主党支持者が本当に憲法支持票を投じたかは不明である。反対に共産党・農業党・自民党が多くを占めたロシアの中央農業地帯では、やはり圧倒的に憲法批判派が5割以上を占めていた。元異論派の評論家リュバルスキーは、ボロネジ州では憲法に反対した票と、自民・共産・農業党の得票がほぼ同一であると指摘、このような地方が、カレリア、オリョール、ペンザ、スモレンスク、ハバロフスクなどでみられるとして、ジリノフスキー支持票とはむしろ反憲法票であると論拠づけている（NV:10/7/93）。

他方、微妙であったのは起草者の一人でもあり、最高会議案の早くからの批判者ソプチャークら民主改革運動であった。ポポフは記者会見で「過渡期の憲法として」のみ憲法を支持するという見解を打ち出した。彼は提案された憲法を否定することは、ソビエト憲法を支持するということになるとしてこれを支持した。ソプチャークはみずから建設的反対派として保留した。これを過渡期の憲法としてのみ支持すると主張する。つまり、「真の民主的憲法は長期的歴史的展望の上で」採択すべきであるというのであった。

他方、民主派でも憲法に否定的であったのは「ヤブロコ」派であった。ヤブロコの候補でもあるアンバルツーモフは、巨大な大統領権力では、もしジリノフスキーが大統領となったらどうするかと批判した。その危惧が当たっていたことは結果が証明する（S:8/12/93）。ルーキンも、議会が大統領のポケットとなると批判した。ヤブリンスキーは新議会を憲法制定会議にすべきであるという発言を行なった。

面白いのは穏健保守派の政府党である「プレス」派も憲法反対へ傾斜した。もっとも指導者シャフライや支持者のニコノフらは憲法支持を要請すると主張した（88:852）。経済学者シャターリンやトラフキンがソ連主軸につくった民主党はもっとも明確な憲法反対派であった（60:187）。元経済相の若手のグラジェフも、憲法案を批判した（P:17/11/93）。

共産・農業党ブロックも同様であった。共産党と民主党の憲法に対する批判は、政府関係者を不安にした。情報担当相であるシュメイコは、選挙管理委員会に、両党を禁止して、憲法論議を禁止せよと提案、与党「ロシアの選択」派が彼の発言に懸念を表明したほど世論を驚かせた（S:12/2/93）。

ある知識人は、この状況を「悪と最悪との選択」と評したが、あまりにも巨大な権力を大統領に集中した大統領案は、「ロシアの選択」派以外の支持を得られなかった。それでも、憲法採択をしなかった場合、旧憲法が生き、最悪には内戦になりかねないという政府の声が、結局奏功した。憲法改正の国民投票では、エリツィンは過半数の支持を得て採択に成功したが、問題をのこした。

12月議会選挙の実施

1993年12月選挙は、政党も選挙も議会もにわか作りという制度的文脈で行なわれた。筆者もいくつかの地区でにわか世論調査を試みたが、皆自由に答えたことを記憶する。

もっとも強力な政権党を作るのに失敗したエリツィン支持側に対し、12月にできた新議会は反対党の拠点と化した。選挙は、鋭い緊張のなかで行なわれたが、20ほどの政党が名乗り出た。もっとも解散された最高会議支持だった6党派は参加が禁じられ、その意味では完全自由選挙ではなかった。

結果は、当時の政権党・急進改革派の「ロシアの選択」に対し、エリツィン側が憲法改正への支持を条件に支持を与えた極右ジリノフスキー自民党の躍進が顕著であった。政権党となったのは9月に副首相に戻ったガイダルら急進改革派の「ロシアの選択」であり、これは「民主ロシア」の一部と、大統領府、政府内の急進市場派との結合体であった。しかし政府内は統一しておらず、首相チェルノムィルジンは政治への参加をそもそも拒否、政府内でもシャフライら中道保守系は「プレス」派「統一と合意」、エリツィン反対の改革派系からはヤブリンスキー、ルーキンらの「ヤブロコ」派、中道派からは「ロシアの女性」、民主党、反対派からは農業党、共産党、自民党など13団体が公認された。

この間エリツィン自身は、政治党派を超えた存在であるとして、大統領党を含めたあらゆる政党形成に一貫して否定的であった。このような政党創設は1997年にも検討されたが、エリツィンはゴルバチョフと共産党の関係を見て政党からの支配を嫌った（K:19/2/97）。

新議会選挙と国民投票の結果

12月の憲法改正の国民投票、新議会選挙の結果は、エリツィンと支持派にとって事実上敗北であった。投票したとされるのは全有権者の1億617万835人中の5818万7755人、このうち5636万8963票が有効であるとされた。この数字を信じるとしても53・1％のみであって、つまり半数近くが投票しなかったことになる。

実際、この数字にも問題がないわけではない。4月国民投票では全有権者数は1億731万人余となっていたので114万人ほども減少している。またさらに13日の「最初の公式」発表では1億580万4000人中、投票参加者は5598万7000人とされた（LG:17/11/93）。賛成票は2933万3000票、つまり約52％である（53:267）。この日当初、報道官コスチコフが見た数字も同じだ。ところが選管委員長がエリツィンの部屋に行って15〜20分過ごした後、タス通信が数時間後に公表したのは約60％に嵩上げされていた。憲法の国民投票では賛成票が3293万7630票、つまり有効とみとめられた投票数の58・43％（参加者数だと56・6％）であったことになる。

ところがこの数字は問題であった。12日夜からのテレビ番組では、中央選管の人物が、憲法採択は問題ないが、議会は複雑であると発言し問題を呼んだ。リャボフはさっそくこの番組と選管とは関係がないことを声明した。しかし13日昼の選挙管理委員会の最初の公式数字では、登録1億528万4000人、憲法支持が2933万7000票とされたが、最終公式数字はこれからさらに360万人分多いことになった。その数日後、同じコピーを見た報道官がリャボフの数字にペンで加筆した跡が見つかった、とコスチコフは、自分が筆跡鑑定人ではないと断りながら述べている（53:268）。

他方、反対したのは2343万票余、全体の41・6%である。4月の大統領信任票の4040万余票から比べると、大統領憲法の支持者はその71%でしかない。他方、4月の大統領不信任票（2699万票）からみて、今回の憲法不支持票が1割程度しか減っていないのを比較すると、全体としてエリツィン体制に対する信任度の低下が顕著といえる。

憲法の国民投票への参加は、最終的に54・37%と辛うじて過半数に達するほど低調であって、しかも改憲はその52・3%の支持を得たのみあった。のちにはなぜか58・4%に訂正するという茶番まであった。公式には57・06%である（40:68）。エリツィンの威信をかけた強力な大統領権限を持つ憲法はいちおうかろうじて採択された。一部の学者には、この憲法投票結果は偽造で、成立しなかったと論じる者もあった。

第一に指摘されるべきことは、シラケ選挙をうらづける投票率の低下である。主要共和国はまだ様子見で参加を見送った。チェチェンでは国民投票がまったく成立せず、タタールスタンでは新聞『主権』が国益に反すると選挙ボイコットを呼びかけた。またアディゲイ、バシコルトスタン、ダゲスタン、カラチャエボ・チェルケッス、モルダビア、トゥワ、チュバシなどの各共和国でエリツィン憲法への支持率は5割を切った。ベルゴロド、ブリャンスク、ボルゴグラード、ボロネジ、クルスク、リペツク、オレンブルク、オリョール、タンボフ、スモレンスクなどの州でも5割を切った。4月の国民投票でもエリツィン支持が5割をこえていたのは、わずかにトゥワ共和国のみである。いずれも中央黒土地帯と周辺の農業地帯で、そこでのエリツィン体制に対する批判は強かったことが示された。ここでは大統領がロシアからの離脱を含む新憲法を考慮中と伝えられた（S:712/93）。

議会選挙で野党が多数派を占める

新憲法のもとで初めて行なわれた12月新議会選挙でも、下院の政党別得票で、大統領府から憲法改正支持の見返りかテレビで多く報じられた極右政党の自由民主党が第1位となり、党首ジリノフスキーは91年の大統領選挙時での600万から、1400万（23・2％）へと支持を伸ばした。他方、急進的な政府与党の「ロシアの選択」派は民営化の不人気もあり、モスクワでこそ33％を超えたものの、全体としては15％強でしかなかった。12％をとった共産党、8％の農業党など改革慎重派が優位を占めた。ちなみにその後「ロシアの選択」派の人権派議員セルゲイ・コバリョフが大統領との会見で同日の選挙では800万票が偽造されたと指摘した（53:268）。

皮肉なことは、大統領のポケットと皮肉られたひ弱な議会も、反改革派が相対的優位となる構成のなか、政府にたいする議会の影響は予想されたより大きくなったことである。チェルノムィルジン首相を維持するというエリツィンの選挙後22日の記者会見での方針をうけ、「ロシアの選択」派とチェルノムィルジン系とからなる新政府ができた。しかし、ガイダルの首相へのもくろみは外れた。やがて「ロシアの選択」は政権中枢から離脱した。

これと関係しているのはロシアの情報公開の父ポルトラーニン副首相が首相との確執で解任されたことである（53:270）。彼と親しいテレビ局オスタンキノのビコトル・ブラーギン総裁も選挙直後に解雇された。かわりにゴルバチョフ系のヤコブレフ元政治局員が任命されたが、情報公開は危機にさらされた。

1994年1月11日に連邦会議と呼ばれた議会がはじめて開催された。それが最初につくられた1906年の下院、国家ドゥーマ以来から数えて第5回であったため第5国家ドゥーマとも呼ばれた（117:49）。国民代表の原理による議員集団が初めて形成されたが、任期は変則的に2年となった。議長はもとボルゴグラードの共産党官僚だった中道左派的な農業党のイワン・ルイプキンが選ばれた。彼はドゥーマがいかに人民権力機関のソビエト原理から異なるかを説いた。

上院はシュメイコが議長となった。新議会ではガイダルら急進派は後退し、首相にはチェルノムィルジンが選ばれた。94年4月のエリツィンの社会的和解の建前もあり91年8月クーデターや93年10月の政治犯の恩赦など分極化を招く議題は避けた。

［第5章］

民営化で台頭した寡頭支配の闇

1993年憲法危機を乗り切ったエリツィン指導部は、市場改革の本格的転換、とりわけ経済の民営化を促進する。しかし下からの企業統治を目指す運動がないなかで、政府は旧ノメンクラトゥーラの民営化と新たに台頭したオリガルフ（寡頭集団）への特権付与で、新たな政商集団の国営企業体の浸透を許し、また情報産業などは宣伝情報戦となった。実態は、旧共産党利害の個別分野や地域への瓦解と分解であり、これが95年12月の議会選挙でのエリツィン支持派の惨敗と共産党の台頭を促す。

憲法改正と議会選挙が終わるとエリツィンの権力は一応安定し、大統領は国民和解的方向をめざしだした。1994年には国民和解の協定ができた。エリツィン政権側にとっては、彼個人の人気が急に低迷するなか、93年末の急造の議会・政党ではない新しい立法や政党形成が課題となった。

エリツィン憲法は、言葉は書かれたが守られることはなかったソ連憲法と比して、けっして民主的でも権力抑制的でもなかった。大統領に議会解散権を付与するといった大統領権限は米国ではもちろんない。

モデルとしたドゴール憲法にはあるものの世界でも珍しく、93年秋の最高会議解散という現実を反映したものであった。そのような限界は最初から指摘されたが、なお「ポスト全体主義国家」(88)の基本法として、それからの立法や選挙制度を一定程度拘束することともなった。

不平等を強めた連邦制度

また連邦条約を削除する代わりに共和国を「国家」と位置づけた憲法での連邦制度も、タタールスタンなどいくつかの共和国が1994年2月以降参加したように、不満足ながら整備された。ノメンクラトゥーラ民族主義とは、旧ソ連の共和国や自治共和国の共産党トップが89年頃からの「主権」戦争のなかで、自ら大統領となって資源への経済主権を主張することをさす。

もとは自治共和国であっても共産党ではタタールスタン州(!)第一書記にすぎなかったミンチメール・シャイミエフ(37年生)は91年6月タタールスタン共和国大統領となり、ソ連崩壊後いち早く連邦と共和国の関係をうまく利用してロシア政治の風見鶏となった。最初は連邦条約時の独立派として、そしてその後はロシアが真の連邦制国家となることを訴える立場の指導者として、であった。背後には共和国のタトネフチ社が94年には共和国の株式会社としてロシア石油企業の第5位に位置づけられる資源があった。

93年10月事件以降は誰がクレムリンの主人になったかをいち早く理解し、早速94年2月15日には権限分割条約への調印を決めた(下斗米 1999,2017:285)。エリツィンも5月にカザンを訪問した。もっともこの条約には、共和国がロシア連邦内にあるのか、それとも主権同士の関係なのかは明記されておらず、ある種非対称な国際条約、つまりはタタールスタン側から見れば国家間条約だが、連邦側から見れば文字通り縦の権限分割を明らかにしたという曖昧な内容でもあった(下斗米 1999)。

もっとも主体の平等をうたった憲法にも関わらず、その後連邦主体との間に結ばれた権限分割条約は、連邦主体相互の不平等を強めることにもなった。多くのロシア人州でも共和国昇格運動が起きるようになったからである。依然としてソ連崩壊後ロシアの政治は法と制度に基づくよりも、かつての第一書記あらため大統領であろうと新興のオリガルフであろうと、クレムリンと地方の有力なボスとの個人的な関係に頼っていたことの証拠でもあった。

急進派が去り停滞する経済民営化

1993年秋の憲法改正の強行は新旧エリート間での政治制度の安定化をめざす目的であったが、大統領と大統領府、立法府と政府の関係が制度化することを促した。安全保障会議のトップには93年秋からエリツィンの盟友ロボフがつき、いわゆる強力官庁との利害調整をすすめた。上院は地方勢力との関係を正常化することであったが、ここでは権限分割条約を通じて分離主義を取り込む方途がとられた。

政府形成では、意外な人事があった。1月16日、ガイダル第一副首相は同時に政府と議会反対派を続けることはできないと、辞任を伝えた。その前からチェルノムィルジン政府での活動は「理想的ではない」とガイダルはエリツィンに書簡を出していた（53:277）。こうして政府からガイダルだけでなく、ボリス・フョードロフとエラ・パンフィロバのような急進改革派が政府を去った。ショック療法による経済的奇跡がもはやありえないとわかったことでもあった（82:449）。

この結果、重量級の元共産党官僚の経済運営への流れが決まった。チェルノムィルジン首相とチュバイス第一副首相のコンビはチェチュ体制とも揶揄されたが、依然として巨大な各種利害の調整を、軍産複合体や農工複合体、燃料エネルギー複合体あるいは新興の金融・サービスといった利害が、民営化のなかで変容する過程をおし進めた。

もっともオレンブルク・コサック出身で旧共産党重工業部ガス指導員から出発した首相は、しばしば直言居士ではあった。だが民営化などでの利害調整などは、大統領府を通じるよりも、護衛や「家族」、はたまたスポーツコーチに至る仲介を経てなされたことは民営化手続きの不透明さともあいまって政府の人気のなさをさらけ出した。改革派チュバイスのすすめる民営化推進の怪しい利害関係はこうして「保守派」コルジャコフ警護隊長の周辺に結晶化しだした慎重派との間で曖昧に決着されることとなった。

1……金融産業集団

１９９３年12月には大統領令によってこの企業集団をあらわす「金融産業集団」の創設が決まり、当初20ほどの企業、銀行が登録され、2年後には法律となった。その後はオリガルフとよばれるようになる集団の法的基盤も整い、あらかじめ先取りしていえば98年には72集団が登録された（14:12）。

このなかにも、ノメンクラトゥーラとよばれたソ連的エリートが横滑りすることで国営企業が民営化されたものと、新興金融集団が創設したり買収したりする企業との違いがあった。前者の代表例は首相をだしたガスプロム社であるが、これに対しソ連末期から新興金融・銀行集団の萌芽的なものが急速に発達した。後者でもロシアの政治学者オリガ・クリシュタノフスカヤ（54年生）が「コムソモール経済」と呼ぶような、共産党周辺の若手集団が台頭した（58:297）。モスクワのフルンゼ地区のコムソモール（共産主義青年同盟）の資金を基礎とした科学技術集団からでた「メナテプ」グループのミハイル・ホドルコフスキーは後者の例である。彼らはバウチャー民営化で急速に金融グループとしての立場を強めた。

土地・資源は誰のものか

80年間土地私有制を知らなかったロシア人は、8割が土地の私有に反対する、土地登記といった経済の対象としての土地と大地とを区分できない、母なる大地は売るものではないといった観念が支配的であった。土地はロシアでは昔から共同体、神様のもの、つまりOne for All, All for One の世界だった。1990年代最初のエリツィン政権、とくに「若手改革派」の急速な自由化政策は、米日について世界第3位のソ連経済を急速に縮小させた。またソ連政府の元で国家予算に頼ってきたソ連流中産階級を一挙に貧困水準に陥れた。90年代民営化の結果についてはロシア人の7割が支持しなかった。

ロシアの自由化のなかでも、外国貿易をはやばやと完全自由化したことはオリガルフや各種の犯罪グループや官僚たちの途方もない富の源泉となった。ソ連崩壊後のロシアでも世界市場で富を稼ぐことのできる石油や天然ガス、アルミ、ニッケルといった資源はいったい誰のものか、こういった部門での民営化はどういう基準とテンポで行なうのか。

最初の民営化の父チュバイスやガイダルらが石油などエネルギー資源の民営化をしばしばインサイダー的に急いだことは批判を浴びた。欧米政府やマスコミがしばしば彼らを民営化のチャンピオンと呼んだことは、国内的には「犯罪」を正当化するものと映った。94年エリン内相は、民営化で1684件の犯罪が民営化に絡んで生じたと、イスラエルのチョールヌィ兄弟がシベリアのアルミ企業を不法に取得したことなどを指摘した（101:28）。8月にはプリマコフ、ステパーシンFSB長官から、NATOがロシアの先端軍事技術を、専門家を通じて取得する計画があると指摘した（101:29）。これらの批判は最高会議によるエリツィンや「若手改革政府」への批判の対象となり、エリツィン政権もまた考慮せざるを得なかった。

こうしてチュバイス副首相は、94年11月には民営化担当を外れ、エリツィンが新たな国家資産委員会議長に11月15日に任命したのはウラジーミル・ポレバノフ（49年生）というテクノクラートであった。ソ連崩壊後は極東の「コルイマ」の金採掘という重要部門を担当してきた。ソ連崩壊前後はウラジオストクで韓国系外資などの導入と戦い、同時に93年9月の憲法改革方針ではエリツィンを支持した人物である。

アムール州知事となってから中央の関心を招き、チュバイス民営化への批判派であったことからイデオロギー的にはコルジャコフ系とみなされた。むしろ金採掘という国家的重要部門での経歴が重視された理由であろう。彼は94年11月にロシア国家資産委員会議長兼務で副首相に抜擢された。エネルギーでの外資導入や軍需産業民営化に否定的であった(16:120)。彼は第1段階の民営化の成果を国家ドゥーマに提出しているが、それをもとに95年に書いた『大いなる欺瞞のテクノロジー』という小冊子では、2000億ドルの価値の企業500社がわずか72億ドルで大安売りされたと、チュバイス型民営化に異議を唱えたのである(101)。

この争いは94年末、エネルギー民営化をめぐる首相へのコルジャコフの11月末の書簡での批判が話題となった。新聞にリークされたこの書簡では「国家を統治しているのはだれか、エリツィンか、チェルノムィルジンか、それともコルジャコフ将軍か」というタイトルで掲載された(I:2/12/94)。コルジャコフは外資導入では経済は豊かにならない、という外資導入反対論を展開、公然たる政策紛争に発展したが、チュバイスなど急進民営化派が進めている石油企業の民営化は国益にならないという趣旨であった。首相が握るガスプロムは国営コンツェルンが「条件的な持ち株会社」となった(11:128)。また石油部門の民営化は崩壊直後から急ピッチで進められてきたが、ソスコベッツの政府委員会で石油民営化の問題を慎重に扱うべきだという議論である(84,51)。実際保守派のスターとなったソスコベッツの委員会は94年12月末に稼働しだした。

政商的集団・オリガルフの出現

こうして1995年までに民営化をめぐって政権中枢では、民営化推進派のチュバイス、チェルノムィルジン、高等経済院のヤーシン、そして大統領府長官フィラトフという一派と、これに懐疑的なコルジャコフ、ソスコベッツ、それにポレバノフという2派が対峙するという構図が形成された(80:321)。もっとも民営化に懐疑的なポレバノフ議長もわずか3ヵ月しか持たなかった。彼が95年1月24日、『プラウダ』紙に民営化の内部資料を公開したかどで突然解任されたことは、民営化の利害がいかに深かったかを示していた。チェルノムィルジン首相が民営化促進だったことが重要だった。

もっともそのやり方は、チュバイスが後に試みることになる国営企業の大規模民営化ではなく、「古い国営企業体の企業長」と「あたらしいビズネス」との共存だった。この点で能力を発揮したのはベレゾフスキーである。とくに93年末以降ベレゾフスキーはアウトバズ社のウラジーミル・カダンニコフ(41年生)や、のちには国営航空アエロフロート社にもくいこんでその金融部分を支配する。ノメンクラトゥーラとヒルファーディング流の金融資本との共存でもある。事実、カダンニコフは、96年から第一副首相として政府入りするようにもなる。

このような民営化の主体となり、その結果を裨益したのがいわゆるオリガルフである。ここではこの多義的な用語を金融産業集団全体よりも政治的に傾斜した政商的性格を持つ集団をさすこととする。オリガルフというのはもともと古代ギリシア政治哲学用語である。このオリガルフ(寡頭支配)を現代ロシアによみがえらせたのはネムツォフといわれるが(82)、ヤーシン教授などはベレゾフスキーが使い出したとみる。しかしここでは金融産業集団一般ではなく、政治傾斜した利益集団を重視したい。

というのも当時のチュバイス副首相の進めた民営化とは、同時に、あるいはそれ以上に1996年のエリツィン大統領再選キャンペーンのための2段階戦略でもあったからである。チュバイスはこの急速な民営化の政治目的が「1996年選挙での共産党の決定的破壊」という意図を隠さなかった。ゴルバチョフ改革の推進派だった長老経済学者オレグ・ボゴモロフ(1927-2015)も指摘するように、若手改革派の強迫観念となっていたのは市場への転換をできるだけ速やかに不可逆的なものにすることであった(8:11)。まず短期のうちに「ロックフェラーかカーネギー並みの」資本家＝オリガルフを作り、第二に、彼らの資金を選挙に動員する、という戦略でもあった（下斗米 2020）。

「債務と株式」交換方式で政府に融資

その出発点は、１９９５年の金融危機にさいして10～15ほどの銀行指導者が「債務と株式」の交換という方式で政府に影響を行使しだしたことである。この経済政策の政治目的はピョートル・アベンにいわせれば単純であった。急速に台頭したジュガーノフ共産党に権力を渡さないための戦術である。こうして３月31日、首相チェルノムィルジンを訪問した３人の金融資本代表、つまりウラジーミル・ポターニン（61年生）、ホドルコフスキー、そしてアレクサンドル・スモレンスキーの交渉であった。彼らは「担保債権オークション」という方式で政府に18億ドルを融資し、代わりに優良な国家所有企業の株式を担保としてとった。これ以降金融と企業、そして政府との関係は大幅に転換していくことになった。

主導者のポターニンは、外国貿易省幹部の息子でオネクシム銀行を創った人物だが、ノリリスク・ニッケルという国有優良企業の安売り買いの勝者となった（46:200）。ちなみに同社は金属や資源、武器輸出などを通じて政府との関わりが深く、「国家的メンタリティをもつ私銀行」と呼ばれたが、政商的性格は薄いと言われた。

またモスクワのコムソモール金融部門からでたホドルコフスキー率いるメナテプ社は、いまや50億ドルの資産価値のある石油会社ユーコスを３億ドルで入手した。彼は崩壊直後には燃料エネルギー省次官として石油分野を30ほどの企業や製油所に分割した。そのうちユーコス社はサマラの石油精製に関係していたが、同地のアウトバズ自動車企業との関連でベレゾフスキーのロゴバズ社との関係を深くした。ユーコス社は96年からは中国市場に注目、大慶への民間パイプラインを通じた石油輸出に進出するようになった。

また半犯罪人とも言われたスモレンスキーは、祖母がユダヤ系労働運動（ブント）派の活動家だったいわゆる「押し屋」、つまりソ連期の「第二経済」で聖書のような稀覯本を闇市でさばいていたブローカー上がりの政商だった（38）。95年8月にできた垂直統合型企業「シブネフチ（シベリア石油）」を得たことになったが、後者の本当のオーナーとなったのは、じつはベレゾフスキーであった。ソ連末期にコンピューター学者から出、自動車販売のロゴバズ社を立ち上げた。この会社は8月クーデター直後に輸出の許可を得、石油やアルミなど戦略資源の輸出に進出、巨万の富を得た（46:75）。なかでも自動車販売の関係でアウトバズ社のカダンニコフ所長らと関係を深くし、94年までに公共放送ＯＲＴ創設に関与した関係で政治への関与を始めた。

2……情報産業とオリガルフ

なかでも経済の自由化は、情報産業という新しい権力＝第4権力をめぐる闘争をも生みだし、オリガルフの台頭を促した。国営第1チャンネルと『プラウダ』に象徴された世界から、報道の自由、民主化という試練を経た。

エリツィンの民主派副首相だったポルトラーニンはもっともリベラルな情報法を起草した。問題はリベラルな法律をぬってその利権を得ようと狙った勢力がしばしば半合法、いな時に非合法的な勢力だったことである。93年秋の危機に際しては最高会議を支持する街頭勢力がオスタンキノのテレビ局を狙った。情報をめぐる闘争が政治闘争の帰趨にいかに重要かをも示していた。

民主化、情報の自由、利権をめぐる対立

それでも1994年議会ではじめて「情報政策と通信」委員会ができ、初代委員長にはエリツィンの盟友、リベラル派のポルトラーニン元副首相が入った。しかしその頃までに民主化、情報の自由と、何より第1権力と第4権力の対立、そしてオリガルフのテレビ利権をめぐる対立が急速に浮上しだしていた。なかでもロシアで最初の民間テレビ局NTVを作ったのは、ベレゾフスキーの敵でもあったモスト銀行のグシンスキーらであった。モスクワ市長ルシコフの支援でできたが、放映は93年白亜館襲撃事件の1週間後であった。

ポルトラーニンによれば、グシンスキーは、欧米の一部専門家が理想化するような報道の自由のための闘士ではまったくなく、マスコミを「連邦資産分割をめぐる派閥闘争の手段とする」(101:275) 人物だった。初代理事長にはペレストロイカ期に米ロ関係をやってきた神経質そうな米国研究者イーゴリ・マラシェンコ (1954-2019) がなったが、職掌柄ソ連時代末期から米国政府とも接点があった。

そのベレゾフスキーは別の情報政策を模索した。それはソ連国営放送第1チャンネルを、その宣伝部門への接近を通じて統制下に押さえるというものであった。このため1994年にエリツィンとコルジャコフ警護隊長に接近、宣伝放送を契機に、なによりも第1チャンネルとよばれた旧ソ連国営放送を民営化、94年末から公共放送ORTとして事実上握るなどマスコミを自己の傘下に収めた (46:145)。ORTの株式49%をわずか32万ドル (約3億2000万円) で入手したともいわれる。

これとワンセットであったのはロゴバズ社がシブネフチ社を事実上入手したことである。これらにはエリツィンや「家族」、とくにコルジャコフ警護隊長からの支援があった (51:7)。つまり94年末から公共放送ORTの第一副理事長となったベレゾフスキーがエリツィン再選選挙に電波を利用することとセットであった。こうして政治権力に当初は食い込み、その中枢を握ることにより、民営化の法外な富と権力を、

しばしば非合法な手法でもって得た。

その他、ロゴバズ社は第6チャンネルや、ペレストロイカの象徴だった『独立新聞』まで入手しては、他のオリガルフ、とくにグシンスキーやモスクワ市長などを攻撃しだした。階級的連帯どころか、94年12月にはアエロフロート資産をめぐりグシンスキーのモスト銀行の入った旧COMECONビル前で、コルジャコフの大統領警護隊とグシンスキーの警護隊とがにらみ合う騒ぎともなった（21:104,5:125）。いずれにしても95年までに新興の金融集団が政治化し、情報手段の民営化を通じて年末の議会選挙と大統領選への新しい主体として浮上した。

「担保オークション」方式による企業民営化

転機となったのは、1995年夏からの「担保オークション」方式による金融集団の企業民営化であった。なかでも「ノリリスク・ニッケル」という巨大企業の民営化論争である。これは、ロシア第三にして、世界のニッケル生産の2割以上のシェアをしめる優良企業の民営化論争である。スターリン時代にラーゲリ労働を使って開発され、年に一人あたり13トンもの産業廃棄物を空気中に放出しながら稼働、ソ連型工業化のシンボルともなってきた。ソ連崩壊後の市場化にともなう緊縮財政と生産低下のなか、給与の遅配といった問題が生じ、かつては民主派の拠点であった従業員もストを打つなど政府批判派が増えた。

95年秋におきたこの企業の株式売却をめぐって、チュバイスとの関係が深かったオネクシム銀行（ポターニン総裁）が議決に必要な株式をあまり公正とはいえないオークションで取得し、新社長を送り込もうとして、ソ連時代以来の企業管理者とのあいだに紛争が生じていた。これをめぐる政府内の葛藤に加え、下院議会ではロシア共産党系がこの企業民営化への批判キャンペーンをはった。他方冶金部門出であるエリツィン政権内保守派のソスコベッツ第一副首相は、銀行側の新社長のかつての上司でもあって、民営化論者でもあった。なによりも「軍産複合体、生産、科学技術複合体の利益代表」（81:105）である。

こうして旧ソビエト時代の管理者と新興銀行派遣の社長との対立は、全国的な政策対立の象徴ともなった。しかし、結局共産党は再国有化の世論を利用できなかった。政府は、96年5月、銀行側集団の主張に軍配を上げ、6月議会も結局合意した。議論は棚上げされ、民営化は継続された。

ノリリスク・ニッケルほど目立たなかったが、垂直統合型石油企業シブネフチを95年8月に、チェルノムィルジンなど政府の反対をよそに作ることに合意したのは、エリツィンであった。当時、昵懇であったコルジャコフとの関係をてこにベレゾフスキーはシブネフチ創設の大統領令をえた（5:123）。

すでに述べたようにこの民営化は単なる経済目的だけではなかった。ベレゾフスキーが94年末から影響を持った公共放送ＯＲＴを来るべきエリツィン大統領選挙に利用することがコルジャコフとの交渉の見返りでもあった。シブネフチをベレゾフスキーにただ同然で提供したのも公共放送を運営するための資金ともいわれる。そのころまだ親しかったチュバイスにベレゾフスキーがいったオリガレフの国家への優位は「我々は米国でもドイツでもなくアジア的だ」。したがって「ビジネスが政府に指示しなければならない」のであった（16:321）。

ホドルコフスキーとメナテプ銀行の助けを借りて行なったベンツやボルボ車の販売がロゴバス社のシンボルとなった。この延長線上に90年代末ユーコスとシブネフチが提携したユクシという超巨大民間石油企業の創出を、ベレゾフスキーは構想する。もっとも96年以降「国を支配する」目的のベレゾフスキー、ホドルコフスキー、グシンスキーらと、法のもとの平等を一応とるチュバイス、アベン、ガイダルら「若手改革派」の世界観は異なり、両者は次第に敵対するようになってきた（5:124）。

3……チェチェン紛争の開始

1994年11月から12月にかけては、エリツィン政治のもう一つの宿痾となるチェチェン紛争の始まりとも重なった。

チェチェンは、ソ連時代は北カフカスに位置し、人口100万人前後の印欧系の少数民族だ。ロシアからの独立を宣言して内戦状態に陥ったチェチェンに94年末、ロシア連邦軍が介入し、犠牲者総計10万人近くを出した（第1次チェチェン戦争）。96年8月和平合意が成立した。だが、99年8月、チェチェンのイスラム原理主義武闘派が、東隣のロシア連邦内ダゲスタン共和国に侵攻し、「イスラム共和国の樹立」を宣言したことで当時のプーチン・ロシア首相は9月末、チェチェン包囲作戦を開始した（第2次チェチェン戦争）。

チェチェン紛争の対立の根源

このチェチェン紛争を含む、カフカスとロシアの対立の根は深い。イスラム世界の北端と拡張するロシア帝国の接点でもあった。1864年にはダゲスタン、チェチェンを含む北カフカス全域がロシア帝国に併合されたが、それ以前にはシャミーリらの30年以上に及ぶ抵抗の歴史があった。「民族の牢獄」とロシア帝国を批判したレーニンやスターリンだったが、その第2次世界大戦末期のスターリンの北カフカス民族の中央アジアなどへの強制移住は、帝政下でもないほどの抑圧だった。

1944年、ソ連政府はナチス・ドイツの侵略者に協力したという理由で、イスラム教徒が大半を占めるチェチェン、イングーシ両民族全員を強引に中央アジア、シベリアに移住させたからである。同時に、それまであったチェチェン・イングーシ自治共和国は消滅し、強制移住を逃れて残った少数は武力で抵抗した。スターリンの死後、フルシチョフ期の57年1月のソ連最高会議幹部会令によりチェチェンおよびイングーシ両民族の自治が回復した。強制移住させられた50万人を超える人たちのうち、生き延びて、元の土地に戻れたのは3分の1だったと言われている。

その後、ペレストロイカ末期のゴルバチョフ大統領らソ連に対するエリツィン・ロシア共和国最高会議議長らの「主権」をめぐる対立が、この共和国内の「自治」民族問題に新たな光を与えた。連邦維持派のアナトーリー・ルキヤノフ最高会議議長は、ロシアなどの共和国を牽制する目的で、ロシア連邦内部の自治共和国の「主権」を促したこともソ連末期からの地域紛争を全国化させた。主権をめぐる連邦、共和国、そして自治共和国の三つ巴の争いを当時のジャーナリストは主権ウイルスとよんだが、エリツィンはこれに対し「好きなだけ主権をとるべきだ」と発言、この動きを擁護した。その後連邦が消滅、今度はエリツィン・ロシアへの「宿痾」として広がりだした。

90年11月、チェチェン・イングーシ共和国では「チェチェン民族大会」が開かれ、「執行委員会」の議長となったのはエストニア駐留ソ連軍から退役したドゥダエフ少将だった。91年8月の反ゴルバチョフ・クーデターの直後、チェチェンでは、首都グロズヌイで、武装勢力を率いるドゥダエフ派が共和国最高会議を打倒し、これは当時党権力に対する「民主」派の勝利であるとされた。

10月27日には大統領・議会選挙を強行した。ロシア議会が無効とした「選挙」でドゥダエフがチェチェン大統領に選ばれ、新議会も選出された。こうして11月1日、ドゥダエフは「チェチェン共和国の国家主権」を宣言。大統領就任式ではイスラム教のコーランを前に宣誓を行なった。チェチェンの主な宗教はイスラム教だが、南の山岳部と北の平野部では教団が異なる。ロシア人との接触が多い北部は、親ロシア性が濃かった。なによりも百数十のテイプと呼ばれる氏族集団に分かれていた。

チェチェンに4万人の軍を投入

1993年春、チェチェンでは、ロシア政府からの財政支出が停止したため、年金や公務員の給与支払いが滞った。経済の悪化や大統領の独裁強化を理由に、議会は大統領と対立した。ドゥダエフは4月、議会を解散し、内閣も更迭して大統領直轄統治制を導入。対する議会側は5月、独自の首相を擁立、二重権力状態となり、銃撃戦が発生した。翌94年11月末には、北部の親ロシア・反ドゥダエフ派が首都制圧作戦を決行したが、死者数百人を出して失敗に終わった。

こうしたなかエリツィン大統領は12月11日、「憲法秩序の回復、人権擁護」を理由にチェチェンに4万人の軍を投入したことからエリツィン政権への批判が高まった。

エリツィン政権の大義名分は、チェチェン共和国内の内戦の停止、分離主義の解消だった。また、アゼルバイジャンからチェチェン経由でロシア黒海沿岸のノボロシースクに通じる石油パイプラインを維持して、膨大なカスピ海の石油の通過料を確保する目的もあった。さらに、NATO東方拡大をけん制するために、ロシアの軍事力を誇示する事情もあった。しかし実情はロシア側の敗北に近いもので、政治学者らもこれを認めた（88:293）。

ゲリラ戦に転じたシャミーリ・バサエフ（1965-2006）らドゥダエフ派武装勢力は戦線をロシア全土に広げた。95年6月半ば、共和国外の病院で1400人もの人質を取った（ブジョンノフスク事件）。この事件を契機にチェルノムィルジン首相とチェチェン側との交渉が始まり、同月下旬、ロシア軍の撤退で合意が成立した。96年大統領選挙後新たに任命されたレーベジ安保会議書記が、ダゲスタンのハサビュルトで8月末、チェチェンのアスラン・マスハドフ（1951-2005）参謀長と、独立問題を2001年末まで5年間棚上げすることを盛り込んだ共同声明と、今後の和平交渉の基本原則を定めたハサビュルト合意に調印、紛争解決の突破口を開こうとした。

4……分極化を示す下院議会選挙

1993年の選挙では、地域的・産業・階層的な利益分化はまだ政治面にまで至っておらず、急進市場派か、民族・愛国派かといったイデオロギー的分化のほうが重要であった。しかし95〜96年の議会や大統領選挙には新旧エリートの利害状況に伴って利益的な分化が重要な要因となった。このなかで95年には、コーポラティズム的利益が分岐し、とりわけ石油ガスや鉱物資源の利益をめぐる対立が激化、そのなかで96年大統領選挙をつうじてオリガルフと呼ばれる金融・銀行集団が政治的影響を急速に強めてきた。

こうしたなか、95年春には下院選挙法と、大統領選挙法の制定が行なわれた。エリツィン政権側は、反対派が過剰に代表されている、政党に実体がないのに、主としてモスクワの有名人のみが政党リストに過剰にでるとして、比例代表での政党枠を、従来の225対225から小選挙区300対150へと減らし、また一人区選挙で有力な地方首長らの勢力をとりこんで、反政府勢力を封じ込めようとした。比例区でも93年同様の5％条項を設け、93年初めに54に達した小党の乱立を防ごうとした（61:5)。実際には反対派の圧力で比例区の政党枠と、一人区の数字はそれぞれ225と、93年選挙の現状が維持されたが、政党枠では中央の枠を限定し、地方の影響がますかたちが取られた。

91年末、とくにクーデター崩壊時に圧倒的であったエリツィンの人気は、ソ連崩壊の原動力となり、その後のロシア政治の統合の最重要な要素であった。しかしその統合力は個人的なカリスマ的ポピュリズムの所産であった。とくに92年以降の巨大な市場移行とともに、その支持層の分解が急速に進んだ。貧富の格差、地方格差、そして産業分野（軍需産業、農業、エネルギー、サービス金融など）の差異がみるみる広がった。

新興の金融流通、エネルギーは興隆したが、ソ連が世界に誇った軍需産業、政府の補助金などの支援がなくなった農業などの伝統部門は生産が半分以下に低落した。これは、それまでのソ連共産党の各部局に表出され統合されていた利害が、書記局官僚機構の分解とともに断片化したからであった。燃料エネルギー部門を担当した党重工業部出身のチェルノムィルジンが、ガスプロムを掌握、他方、共産党農業部からはその後農業党が生まれた。

しかし鉱工業やエネルギー部門は国際的にも対応しうる資源を所有していたものの、農業などは世界市場で太刀打ちできる競争力をもともと有していなかった。こうしてすべての階層のエリツィン体制との関係は、次第に分化する利害のなかで変化し、改革の受益者、被害者ともにエリツィン体制にたいする不満は増大していた。

下院議会選挙を大統領選挙の予備選に

エリツィン大統領の支持率も一桁台に低下していた。ソ連崩壊から5年にして、エリツィン体制は重大な岐路に立った。

この体制統合の危機は1995年はじめまでに、つまり95年の下院議会、96年半ばの大統領選挙を迎える時期までに、感得されていた。これに対してエリツィン体制を再組織、統合するシナリオがクレムリンを中心に描かれたのはもちろんである。しかしそれは難題であった。というのも各コーポラティスト集団が政権をめぐって競合し、これが新旧ノメンクラトゥーラの産業部門別の分化といった性格を持ってきたからである。産業界の固有利害が、しばしばむき出しなかたちで表出され、経済利害・地域利害が、議会選挙に直接投影されるようになった。

　このことを示したのが96年大統領選挙へのリハーサルとも呼ばれた12月下院議会選挙であった。なかでも政権党は、チェルノムィルジン首相が同年5月に創立、公称300万人を擁する「我が家ロシア」であり、これに対抗したのはエリツィンの初代安保担当書記だったスコーコフらの軍需部門を背景とする民族左派のKRO「ロシア共同体会議」であった。この党は95年選挙では300万票に近づいた。さらに急進的民営化派「ロシアの選択」はチュバイスやガイダルなどがIMF民営化をより純粋な形で進めることを求めた。

　これに対し反対派としては、ジュガーノフのロシア共産党が民営化の闇をついて強い立場を持ち出した。大国主義をかかげるジュガーノフの党は、ソ連期の共産党とは一線を画し、93年2月に創設大会を開いた。『エリツィン伝』のボリス・ミナーエフが見たところ、このジュガーノフの急躍進を支えたリソースとは、「全地方で維持されてきた巨大な経済構造であり、ジュガーノフが地方を回れば、地方行政の長が、ロシアに伝統的なパンと塩の儀式で迎え、地方の立法機関のトップから、しばしば行政のトップまで整列した。ジュガーノフのもとには、地方メディア、共産党の組織構造、そして重要なリソースとなった、改革そのものへの巨大な抵抗、社会に蓄積された抵抗の要素があった」[1]。

　また旧ソ連共産党の農業部門が農工複合体として再編成された形のミハイル・ラプシン（1934-2006）率いる農業党は93年創設だが、次第に組織力を誇る共産党の立場と合流し、ジュガーノフ躍進の背景となったと考えられる（61:17）。もちろん大都市の知識人層を中心に「ヤブロコ」は反政府系リベラル野党として ソ連末期から10％程度の世論を確保できた。しかしこの党も民営化批判のあおりを食って476万票しか得られなかった。

頓挫した2大政党構想

はじめはクレムリンでも文明的な民主選挙が構想され、２大政党をめざす動きが構想された。しかし１９９５年半ばのような民営化をめぐる分極化したロシアでは、まず経済成長を図りながら、同時に建設的野党を構想する一党優位性のモデルが選好されだした。具体的には市場移行で膨大な利得を得たガス部門出身のチェルノムィルジン政府周辺の利害を再編成して政権与党をつくる。これに対し、野党系では政権と異質なロシア共産党の世論を分断してクレムリンに忠実に仕向け、１９９３年前後にやや独自な動きをした農民党からイワン・ルイプキン（46年生）を中心に引き入れて、両者を体制内で組織化するシナリオが描かれた。

そのような構想はソ連崩壊直後からあり、ゴルバチョフ・ブレーンだったヤコブレフ元政治局員周辺のロシア改革派政治学者集団でも共有されていた。彼らはソ連末期のリベラル的民主化がソ連崩壊後、急速に方向転換し、私的利益追求でオリガルフの走狗となる状況からは距離をおいていた。一説によれば、ヤコブレフはエリツィン政権が長続きしないとみており、その後を模索したとも言われる（政治学者Tからの個人情報）。だが市場移行とＮＡＴＯ東方拡大、国内での93年憲法改正と最高会議解散という状況の変化とともに、独立した政治学者でも、次第に利益と理念の亀裂が拡大していく。転換期の改革のその複雑さを示していた。

なかでも親クレムリン系で穏健国家主義的な立場をとった学者は、88年最初のマルクス主義批判を表した哲学者のツイプコ、ミグラニャンらである。後者は１９４９年生まれ、ＭＧＩＭＯで当時ようやく公認される以前から米国のライト・ミルズら政治社会学に関心を示した若手政治学者であった。欧米の非公開

▼1　https://www.hse.ru/data/2011/03/23/1211181370/Boris_Eltsin_vajnee_politiki_16%2011%20 2010.pdf

文献を読むことのできた若手学者で異論派ではなかったものの、市民社会論などの研究を行なってきた人物であった。

ペレストロイカ以降、ミグラニャンは政治学者として市民社会と民主化、権威主義論で先進的な論客として、一挙に民主化を進めるべきという、当時突然有名になった歴史家アファナシエフらの「急進主義的理論家」からは距離を置き、鄧小平改革をいち早く支持するなどロシアの民主化のためには権威主義的改革を経るべきだという段階的改革を提唱してきた。「鉄の手」論争で民主化よりも強い指導力が必要だという論陣を張り、国家崩壊というカタストロイカに至った末期ペレストロイカとは距離を置いていた。ソ連崩壊後も「すべてのロシアの政治現象や危機」を、欧米の民主化論など「グローバル理論で一気呵成に説明する」論者に反対する立場（81:21）から「国家を維持した改革」を求め（81:36）、エリツィン大統領府周辺の政治学者として論陣を張った。

彼らから見れば、エリツィンとはけっして単純な民主化論者ではなく、むしろ91年8月に8月クーデター派のグラチョフやレーベジなど第一線部隊長を自派に招き入れるなど軍や治安機関の現実を理解できる論客であった。90年代前半のチェチェン危機や93年秋の最高会議解体と砲撃事件もその文脈から理解した。なかでも93年憲法危機を乗り切ったあと大統領会議のミグラニャンらは日本の自由民主党、社会党の55年体制モデルにヒントをえた。とりわけ急進市場派の理論が、しばしば寡頭支配的なオリガルフの「上層・中間的官僚」と癒着し「権威主義的統合」を促していることに注意をはらう論客として注目された（81:10）。

同様な立場の保守主義的歴史家、評論家として、ソ連期のモロトフ首相、外相の孫として有名なニコノフらもあげることができる。スターリン政権のNo.2の孫は「保守主義」政治学者と自称した。彼の唱える現代保守主義とは、20世紀初めのウィッテ、ストルイピンの立場の継承者で、民主的改革を支持しながら

「教条主義と戦い、中道で、妥協」しながら「安定した国家権力」を支持すると自己定義した（88:9）。彼はクラブ93という政治学者クラブの同人、ミグラニャンとニコノフは一時期「改革」名の基金の同人であった。もっとも安保会議のセルゲイ・カラガノフ同様クレムリン系の学者は、欧米やウクライナの学者からは、旧ソ連圏での「ロシア世界」を守る大国主義者として、同僚の民主派学者からは批判されがちであった。

彼らは１９９３年の議会選挙で、与党の急進リベラル派系の「ロシアの選択」が15・51％、同じく中道系のＰＲＥＳＳ党が6・73％なのに対し、左派系野党系のロシア共産党が12・04％、自由民主党が22・92％、と圧倒されたことに危機感を抱き、より有力な首相チェルノムィルジンが表に出る中道右派の中核となり、これに対抗する野党連合を共産党系の農業党を軸に再編成する考えをクレムリンに出した。後者の中心には農業党系のイワン・ルイプキンが擬せられた。ミグラニャン自身はクレムリン系野党の糾合をめざす新聞『我が新聞』の編集長として95年初めから97年まで急進派とオリガルフを牽制する論陣を張った（114:285）。

しかしソ連崩壊以前からの政治経済勢力の分化と細分化、ソ連崩壊後のとくに憲法改正をめぐる93年前後の混乱、国家と市民社会の分断と、とりわけ粗野で「黒い」民営化によるオリガルフの台頭、格差の増大といった過程は90年代半ばのロシアを切り裂いた。ＩＭＦ型改革をめぐる左右の分裂、「改革派」内部での対立、しばしば個人間の不和といった要素を含んでエリツィン自身の急速な人気の低落にいたった。

進行する左右二極化の分裂

再度、二極化と左右の分裂が進行した。ガイダル系の移行期経済研究所のＩ・コロスニツィンの調査では、１９９２年のロシア人の現金収入は91年段階の45～50％にまで一挙に低下し、94年でも３分の２程度であった（110:141）。彼の研究では94年段階での所得比較では、トップ10％とボトム10％の平均賃金の格差は25～26倍に達していた（110:141）。

もっとも潤っていたのは輸出能力ある燃料エネルギー複合体の勤労者であった。なかでも95年6月に公表されたVTsIOMの世論調査では、「1985年以前の生活水準、つまりペレストロイカ以前に戻りたい」と答えた世論の支持者は、93年が45％であったのが、95年にはなんと58％に至っていた。こうなると大統領と首相の責任問題になりうる領域に至った（81:63）。

案の定、クレムリン支持派のなかでは分裂が進行、自己利益をそれぞれが追求するベクトルが拡大した。しかし与党系中道勢力を結集する動きのなかでは、チェルノムィルジン党はガスプロムの資金力もあり一応できたものの、しかし急進リベラル派はヤブロコ（林檎）派のヤブリンスキー、「ロシア、前進！」のボリス・フョードロフ、そしてガイダルの「ロシアの選択」など、自らの旗を降ろしてまで首相党と一体化できなかった。ガイダルはヤブリンスキーを指導者とする民主派の結合を訴えたが、自信家のヤブリンスキーは孤高を好み断った（82:544）。

とくに政府系野党形成は、自民党、共産党など本格的な野党の躍進のなかでルイプキン党の形成は成功しなかった。彼らは7月17日に中道左派ブロック創立の会議を開催したが、軍事産業系のＫＲＯやグラジエフらの中道左派、民族系との提携はできることなく、チェルノムィルジン党に対抗する5％の枠を超えられず、ロビー・グループの集合ではあっても政党やブロック形成には成功しなかった（81:76）。つまりは民営化批判でのロシア共産党のカムバックと飛躍を阻止できなかった。

一つには、ロシアの政党形成が、依然として有名な個人を中心とする結合体でしかなく、それらをつなぐ利益も資金も、そして理念も存在していなかったことがある。95年末の議会選挙に参加した43組織には、個人に由来する政党名（ヤブロコ、映画監督のゴボルーヒン、ルイプキン、共和党ルイセンコ）そのままで参加したことが象徴的である。５％の議会政党要件という枠を作っても、個人を超えた組織制度化の条件は乏しかった。

下院議会選挙で多数派をとれず

１９９５年12月17日に行なわれた下院選挙では、政党の制度化は成功することなく、ばらばらな個別利害の分化とある種のコーポラティスト統合が選挙戦術となった。つまり反体制に流れうる各種利害を、経済社会・専門的利害で統括し、選挙へと組織化していくものである。選挙には政権党の「我が家ロシア」からビール愛好党に至る43政党、政治グループが参戦した。この選挙には、選挙人名簿上は1億４７９万６５０７人が投票用紙を交付されたが、実際には６７８８万４２００票が投じられた。

しかし29日に公表された選挙結果では、４党派が議会に進出する５％の基準を突破した。共産党が22・3％、自民党11・18％、我が家ロシアが10・13％、ヤブロコ派６・89％、となった。とくに政府党「我が家ロシア」は、ガスのにおいがすると冗談があったほど、首相の出身母体であるガスプロムの地方事務所がそのまま与党の各本部となるような安易な選挙集団であった。これに対しロシア版軍産部門のＫＲＯは4・31％以下であった。なかでもチェルノムィルジン党の敗退は、彼の大統領後継者としての資格を奪うのに十分となった。

それでも前者が７００万票、後者が３００万票をとったことは、ロシアでの利益の分化と表出が進んだことをも意味して興味深い。急進的市場改革派にとっては、93年でも15・51％をとっていた「ロシアの選択」派が、95年はその４分の１、２６７万票３・86％しかとれなかった。クレムリン系野党系はもっと悲惨であって、共産党系の農業党を切り崩すためにイワン・ルイプキン党を立てたものの農業党の３・78％に対し、わずか１・１％でしかなく、切り崩しは成功しなかった。結局、自民党こそ95年は半減したが、古典的な二極分化を反映して共産党が躍進、友党の農業党と併せて26％もとった。次の議会もこうして左派的議会となることになった。

こうしてエリツィン体制の政治統合は危機に瀕した。給料や年金は遅配し、国家財政は緊迫していた。不人気なチェチェン戦争は安全保障への信頼を損ねていた。エリツィン自身の人気も96年初めには5％以下となった。こうしてエリツィン陣営内部ではモスクワ市長ルシコフなどから、地方を無視した首相の経済政策、とくにチュバイス民営化への批判があった。チェルノムィルジン自身チュバイスを解任していれば支持は20％になっていたと自己批判した（5:144）。

［第6章］

1996年大統領選挙の危機

1996年大統領選挙を前に、エリツィン体制は政治経済危機に遭った。エリツィン人気は低迷、議会は野党が批判するなか、エリツィン派は大統領選挙を乗り切るためにオリガルフの力を借りるが、これが今度は金権選挙と自己利益の追求という想定外の変化のなかで生じる。エリツィンは病気となり、7月に共産党に辛勝したエリツィン政治は、実態的にはオリガルフの自己利益の草刈り場と化す。

1995年2月に64歳になったエリツィンは初めて深刻な心筋梗塞に見舞われた（151:22）。実際、7月と12月にも襲われたという説もある（82:533）。

エリツィンがこれほどショックを受けたのは、12月の下院議会選挙で、歴史のゴミ箱に捨てられたかにおもわれた共産党系のエリツィン反対派が約4割の票を取って議会内で勢力を急速に回復したからである。他方、与党の首相チェルノムィルジンの組織した「我が家ロシア」は約1割程度しか取れなかった。それと同時に建設的野党を作って一党優位制をめざそうとしたクレムリンの政治計画は完全な失敗におわった。

96年初め、ジュガーノフの躍進はG7やいまやダボス会議など世界的な評判になった。ここでオリガルフ集団が大統領選挙に関与、コルジャコフなどエリツィン政権内の保守派を追い出して、7月の第2回決選投票でエリツィン勝利に貢献したが、これは当然エリツィン権力がオリガルフ色を強く帯びることにもなった。

1……大統領選準備をめぐる葛藤

共産党系官僚層の復権

逆にジュガーノフのロシア共産党は、民営化の批判と同時に、農民党、愛国派など、農業や競争力のない産業など、また年金生活者の利害を取り込んで、カムバックに成功し、下院で主導権を得ていた。

こうして1996年1月に招集された第6議会では、450名の議員の半分をしめる1人区でも共産党が善戦し（58名）、共産党は157名と3分の1を突破、地方での農業党議員などの友党を含めると4割近くになった。これに対し政権党であるチェルノムィルジンら政府系は、各知事を擁したはずなのに1人区でも苦戦、計55名でしかなかった。急進改革派の「ロシアの選択」はわずか9名であった。もっとも共産党系が議席上優位を占めることにたいし、急進改革派、さらに無党派を加えた。こうして第6議会は、議会構成は政権対共産党という対決型になった。こうしてジュガーノフ共産党が96年はじめに躍進し、国際的、国内的評価をえたことはエリツィン陣営を驚かせた。

エリツィンの危機感は、親西欧派外相コズィレフが、コルジャコフによれば「説明もなく」解任され、かわってゴルバチョフの側近だった外相プリマコフが1月9日に誕生したことに表れた（50:318）。90年代前半の若手急進改革派路線から軌道修正をはかった兆候だった（114:285）。

広い意味での共産党系官僚層の復権は当時G7レベルのディッチリー会議でも話題となった。ロシアでも『一般新聞』のコラムニスト、フルマンのような急進民主的専門家までが、エリツィンよりジュガーノフのほうが好ましいと書いた。3月7日の彼のコラムは、エリツィンは「もっとも単純で正常な人間的問題」の試練に耐えないと酷評する一方、ジュガーノフの「秩序立って賢明な」可能性をむしろ評価した(22:135)。

ダボス会議とオリガルフ

世界に著名な政治経済人のフォーラムであるスイスのダボス会議における1996年2月1日の会議でも、ロシア問題がもっぱら焦点となった。共産党のジュガーノフに加えベレゾフスキーらオリガルフも初めて登場した。

ジュガーノフはエリツィン路線の破綻と社会民主主義を訴え、政権可能な共産党をアピールしだした。彼は、ソ連共産党とは権力機関の謂であったが、ロシア共産党は普通の政党だと議会色と正教重視など民族主義をも強調、新しい党をアピールした。5月の経済綱領では社会民主主義色とケインズ主義まで借用、新共産党を印象づけた。国際世論でも共産党が選挙で勝つ可能性も取りざたされた。

これに危機感を抱かせたのが、この場面に居合わせた寡頭金融集団、いわゆるオリガルフ、ロゴバズ社のベレゾフスキーらだった。彼は次のように語っている。

「世界の主要な金融家たちはジュガーノフ周辺を歩き回り、彼の勝利を疑っていなかった。ソロスは私に『ベレゾフスキー、国を出なさい、ジュガーノフが権力に就くことはさけがたい』、この会話が、私の理解にとっての転換点であった。この会話のあと私はチュバイス、グシンスキー、ビノグラドフ、ポターニン、ホドルコフスキーに近寄って、すべてが団結すべきだと語った。私は、我々だけが共産党に対抗するために一致団結できる唯一の力であると理解した」（NG:23/4/96）。

この決断を促した議会構成の問題は96年6月16日に予定されている大統領選挙に及ぼす影響につながった。第一に、エリツィンの対抗馬として名乗りを上げた、共産党ジュガーノフ、自民党ジリノフスキー、ヤブリンスキー、ルツコイ、レーベジなどは、いずれも単独では人気の少ないエリツィンに対抗できなかった。躍進したとはいえ2割の支持の共産党は、これ以上の得票をねらって社会民主主義化すれば、よりスターリン主義的部分の造反を招く。事実、より急進共産系党派が4％を超えていた。他方、政権党を作った首相チェルノムィルジンですら下院議会選挙では1割しか得られず、エリツィン後継という大統領候補から脱落した。

さっそく、経済成長に沸くモスクワでの市長ルシコフは、宿敵チュバイスの民営化がもたらしたひずみをつき、政策批判を行なった。こうしてチュバイスは、もともと関係が必ずしもよくないエリツィンとぶつかり、1月には第一副首相、ＩＭＦとのシェルパ役を解任された（5:90）。かといって大統領候補に議会選挙で4％も得られない急進派「民主的選択」のガイダルを立てても共産党のジュガーノフの楽勝を促すだけのジレンマがあった。ガイダルはなおニジニ・ノブゴロド州知事のネムツォフの出馬を口説いたが断られた。その意味では病気のエリツィン大統領に対抗できる存在はなかった。

大統領選挙への出馬表明

ともかく1996年2月15日にエリツィンはエカテリンブルクで6月大統領選挙出馬を表明した。エリツィン再選のための準備は、96年1月15日に第一副首相で重工業ロビーといえるオレグ・ソスコベッツらが中心となった公式選挙本部が動き出した。

ソスコベッツは当時政権内保守派の新星、カザフスタンのカラガンダ冶金部門出身、最後のソ連冶金大臣であった。ソ連崩壊後はカザフスタン副首相を経て、93年5月からロシア連邦第一副首相に抜擢され、重工業部門での若手有望株であった。コルジャコフ回想でも当時ソスコベッツを中心に国防相グラチョフ、バルスコフ内相ら急進的民営化に反対する非公式集団ができたとある。大統領クラブを拠点とし、当初は対抗するハスブラートフら最高会議派との対立をにらんだ情報交換会がこの集団のはじまりという（51:216）。エリツィンはコルジャコフの友人でもあるソスコベッツをたびたび後継者にあげはじめた（17:352）。

そのコルジャコフはもはや単なる要人警護職員ではなかった。彼の大統領警護隊は、今や固有の分析班を有する強力な組織に変容し、大統領補佐官イリューシンを巻き込んだ大きな勢力となった（82:573）。そして94年以降巨大な組織を張り巡らした。なかでも当時は民営化をめぐってチュバイスとの関係は良好であったが、議会選挙後は関係が悪化した。

状況は混沌としていた。12月議会選挙で敗北した、直言居士でもあるチェルノムィルジン首相が大統領後継レースから外れたことは、エリツィンやソスコベッツとの確執をうかがわせた。この間をぬってコルジャコフは彼を自派に取り込もうとした。こうしたこともあって選挙対策の動きは2月15日のエリツィンの公式表明後も混乱していた。

第1回公式選挙対策会議

3月23日の第1回公式選挙対策会議は白亜館5階の事務所で行なわれ、エリツィンを議長に、次女のターニャやイリューシン大統領府長官、ソスコベッツ第一副首相（分析担当）、また同時選挙となることもあってルシコフ・モスクワ市長らが関与した。この席ではエリツィンの不人気を踏まえ大統領選挙の延期というコルジャコフの提起した選択肢も考えた。支持率は3％から多少は回復したものの、ジュガーノフ共産党との勝負には戦えないと、多くの分析者は選挙の撤退論をとなえた。

この間、共産党は3月16日の最初の下院議会でベロベーシ会議決議の無効を決議した。つまりエリツィンの行なったソ連崩壊は無意味であると宣言した。これに対し、大統領府のイリューシン、サタロフら補佐官グループはエリツィンの直接の指導下で、下院議会の解散と、共産党の解散、そして大統領選挙の延期を命じる大統領令まで準備しはじめた。民主化派がリベラルとかいった単純な構図ではなかったが、補佐官らはこの時のエリツィンの強硬な指示には否定的であった。

この時、クリコフ内相、コルジャコフらが執務室に控えており、強硬なエリツィンと慎重な補佐官たちの態度をみて、大統領選挙2年間延長の提案をクリコフらシロビキ系保守派も取り上げだした（82:565）。

他方、イリューシン、サタロフ補佐官らは、このような大統領令が発令されたらロシアは内戦になりかねないとエリツィンに慎重論を提案した。シロビキ系にも翌朝までに慎重論が広がった。いずれにしても3%支持のエリツィンが、人気の急騰したジュガーノフ共産党と対決して選挙にとるべき手段をめぐって混迷が深まった。多くは選挙の延期で固まりかけた。

コルジャコフはこの段階で一種のクーデターまで考えていた。コルジャコフは1990年代の急進的改革路線にかわる大規模な政治、外交政策まで構想した。こう指摘したのは『エリツィン伝』を書いたミナーエフである。チェルノムィルジンに対して12月議会選挙前から、ショーヒン副首相に責任をかぶせて軌道修正を求める書簡を送っていた（82:575）。

コルジャコフは2月、議会選挙対策で失敗したチェルノムィルジンと密かに会い、大統領選挙中止シナリオを提示、彼を引き込もうとした。ミナーエフはチェルノムィルジンとコルジャコフとの間で取り交わされたクーデターをめぐる議論のやりとりも記録している（82:577）。1991年8月クーデター関係者が恩赦となって以降、クーデターもロシア政界ではタブーではなくなった。

この頃からエリツィンの「家族」という表現が人口に膾炙《かいしゃ》され出した（143:666）。もっともそれまでにもこのエリツィン政治をめぐる混沌とした状況もからまって、エリツィン政治の後期を彩ることになったのは「家族」、とりわけ夫人のナイナ、次女のタチアナ（俗称ターニャ）とその夫ユマシェフの比重が高まりだした。その後は政治の制度化が進まず状況化した結果、テニスコーチのシャミル・タルピシェフ（48年生）だとか、護衛などの権力者との距離がにわかに政治化することにもなった。エリツィン自身はこのことに無自覚であった。ゴルバチョフが政治を何でも夫人と語っていたと公言したこととの対比で、夫人ナイナや次女の関与は一言もさせなかったと本人は断じているがありえなかった（151:25）。

エリツィン一族は万事に「控えめ」であったという説について、かつて側近であったポルトラーニンは一笑に付す（103）。次女タチアナの最初の夫デヤチェンコは建築家であった。96年3月までに個人的にも大統領の健康問題をふくめ彼女以外に情報を扱えるものがなく、このこともあってエリツィンを交えての公式選挙対策会議を手伝うようになった。はやくもチェルノムィルジンなども参加して3月23日に開かれた呉越同舟の選挙対策委員会が開かれた。ソスコベッツや内相クリコフが世論の支持の低さ、共産党は選挙だけでなく「街頭行動」、つまりは内戦の準備もあると警告、大統領選挙の延期論を展開した。

チュバイスとベレゾフスキー

他方、いったん失脚したチュバイスらはエリツィンを別の側面から理解していた。彼によれば、新しいロシアでは共産党への態度も法によって行動しなければならない、として復権をめざした。こうして3月15日にチュバイスが分析グループの責任者となった（151:30）。エリツィンがここで参戦論を展開し、延期派との対立を浮き彫りにしたからである。

チュバイスを支えたのはベレゾフスキーらオリガルフであった。選挙対策の分析グループとして、もともとアメリカ研究の学者からテレビ局NTVのトップになり、事実上同局をエリツィン・キャンペーン機関に変えたイーゴリ・マラシェンコやサタロフ補佐官らを含め独自の選挙への取り組みをチュバイスは本格化させていた。

もっとも事実上の彼らの本当の選挙責任者は、オリガルフのベレゾフスキーであった。ロゴバズ社の接待所には1990年代半ばには副首相クラスや将軍、ジャーナリストなどが蝟集し、エリツィン人事を決める場と化した。チェチェン・マフィアとも近い彼は、チェチェン対策でも頭角を現し、95年に内相となったアナトーリー・クリコフ（46年生）とも仲が良く、ベレゾフスキー傘下に入った旧ソ連の公共放送ORTの主要論調を決めるセルゲイ・ドレンコを操っていたのはこの二人であった(5)。

だが民営化をめぐる対立も複雑であった。ノリリスク・ニッケル問題では冶金部門出であるソスコベッツ第一副首相も民営化論者であったし、エリツィン後継候補にも名前が挙がっていた。こうして旧ソビエト時代の管理者と新興銀行派遣の社長との対立は、全国的な政策対立の象徴ともなったが、政府は選挙のさなかの1996年5月、銀行側集団の主張に軍配を上げ、6月下院も結局、同調した。民営化は継続された。こうして大手民間銀行をコントロールする数名の寡頭集団、いわゆるオリガルフの政治経済的成長は一挙に政治構造を変えていた。国家によって創設された銀行は、いまや政府の政策を変え、大スポンサーとしてエリツィン選挙を支えることで政治介入を始めた。

このようにエリツィン再選のため新興金融集団の台頭が顕著になった。この金融集団には、モスト・グループのグシンスキー、ロゴバズ社のベレゾフスキー、オネクシム銀行ポターニン、メナテプ社のホドルコフスキー、ストリチヌィ銀行のスモレンスキーといった、「債権担保民営化」で急成長した7銀行が集まっていた。もっともチェルノムィルジンやビャヒレフといった政府系エネルギー企業関係者、つまり旧ノメンクラトゥーラはいなかった。ジュガーノフ共産党の台頭に危機感を持ち始めた。

コルジャコフへの「家族」の不信

こうして大統領選挙をめぐって巨大な利益集団が暗闘を繰り広げた。

コルジャコフの大統領選挙への考え方はかなり明確であった。彼はエリツィン陣営が勝利することは疑ってはいなかった。問題は、エリツィン陣営内のどの派が真に勝利するか、であった。コルジャコフはそれが「真の愛国者」なのか、それともチュバイスを中心とする「祖国の裏切り者か」という対立になると、その準備に動き出していた。その際、コルジャコフは、エリツィン自身、シロビキ系法治機関の関与は行なわないことを知っており、そのつもりで反チュバイス系が勝利するシナリオを準備した（82:607）。エリツィンもコルジャコフが選挙対策問題で娘も無視し、歯牙にもかけなかったと認めている（151:38）。

ところがチュバイスや夫人のナイナなど「家族」は、むしろコルジャコフこそ、最終的にはエリツィンを排除し、ソスコベッツを新指導者とするために動いているのではないかと疑った。なかでもナイナ・エリツィナ夫人がハバロフスクに選挙演説で向かったとき、コルジャコフの極秘のクーデター計画なるものを内輪に聞いていたことから、その根幹をなすのは石油利権の民営化の見直しであって、ソスコベッツ第一副首相を中心に石油部門を切り離す計画とみた（151:577）。コルジャコフの行動、とくにチェルノムィルジンとの関係は、憲法上第2位にある首相に対しても、あたかも上司であるかのような表現であった。

「家族」を含めた彼らはこのあと、エリツィンの娘デヤチェンコを擁し、イリューシン補佐官を中心に、ネムツォフ、元アメリカ・カナダ研究所の研究者からNTV理事長としてグシンスキーと組んだI・マラシェンコらからなる、いわば裏選挙対策本部を3月19日までに作り上げはじめた。こちらではなかでもロシア政治に本格的な政治テクノロジー・グループが動員された。

レバダ研究所など世論調査機関、マスコミ対策のグレプ・パブロフスキーの「効果的政治基金」、モロトフ外相の孫ニコノフの「政治基金」、イーゴリ・ブーニンの「政治テクノロジー研」といった政治アナリストや新興のシンクタンクが政治過程にコンサルタントや分析要員としてクレムリンのために活躍した（NG:5/7/96）。ベレゾフスキーは保守的なアカデミー会員ゲンナジー・オシポフ（29年生）らとも組んで、選挙対策に資金を提供した（115）。裏選対の真のリーダーは民営化担当相から辞任していたチュバイスとベレゾフスキー、グシンスキーらのオリガルフとなりだした。

チュバイス自身はエリツィンと衝突したこともあり、当初イリューシン補佐官はメンバーから外すなど慎重であった。だがジュガーノフが中道票を得ることを防ぐために、反共産主義を選挙キャンペーンの正面にかかげた。若者やイメージ選挙など新しい要素が取り込まれた。

ベレゾフスキーによる選挙キャンペーン

こうしたなか4月末にはベレゾフスキーが中心となってオリガルフの「13名の訴え」を『独立新聞』にだし、エリツィン選挙にたいする金融寡頭集団の組織的関与を表面化させた。ここでは、政権と共産党、「社会の分裂」による政情の不安定化を憂え、かわって妥協と秩序を求めた。訴えの内容より、ベレゾフスキーらがオリガルフのまとめ役として政治の表面に出たことが重要であった。

エリツィン選挙戦術の8割はベレゾフスキーがアイデアを出したと、チュバイスは回想している（5:155）。ロシア史上初めての文明的選挙の名目で、米国流の選挙プロが導入され、1000万のエリツィン支持派の日刊新聞『ネダイボグ（とんでもない）』が全戸配布された。この間検察は機能を停止し、見ないふりをした。もっともその「文明的」選挙キャンペーンのすさまじさ、皮肉さ、汚さはかつてのエリツィン側近からみても世界に例を見ないといわれた（102）。実際、そのときソスコベッツ派選対にいた政治学者のミグラニャンが、「国家からへその緒が切れていないビジネス」が「国家的」選択に口を出したと酷評した理由でもある。この国家と企業の関係についての批判はロシアでの民営化の実態を知る者からは正鵠を射ていたが、同時にソスコベッツらの表選対の凋落も顕著であった。

このような金融集団主導の選挙キャンペーンによって、当初数％と不人気であったエリツィンがこのような一定の盛り返しを示した。この数カ月間のエリツィン政権が、たとえ選挙目当てであったとしても、ダイナミックな変化をもたらしたことも事実である。

つまりソ連崩壊批判を意識してのベラルーシとの関係改善による5月のベラルーシとの国家連合、4月の中央アジアなど5国との統合条約、またG7との原子力サミット開催、中ロ共同宣言、中ロ、および中央アジアとの不可侵の宣言、NATO拡大の事実上の容認、といった国際政治での転換を行なった。

また何よりも民主派の不満の種であったチェチェン紛争での転換（5月）、預金保障、大胆な軍事改革、軍産複合体への保障、土地私有化などは、相互に矛盾しているものもあるし、実効性が疑わしいものも含めて新しい転換といえた。財政政策もこの目的に合わせた。給与支払いなど財政支出も大幅に伸び、4月の対GDP比は24・2％と前年度の19・9％から大幅に伸びたが、もちろん選挙対策だった（I:11/7/96）。

こうして独立ロシアでの初めての、しかし民主化をめざそうとした20世紀末のロシアで、逆説的なことだが、この寡頭支配（オリガルフ）が復活したことは1世紀前の政治学者も想像できなかっただろう。

大統領選挙を10名の候補者で争う

前節では1996年大統領選挙を前に、にわか作りの政商的集団をオリガルフと呼んだが、彼らが大きく関与した大統領選挙は、6月16日、10名の候補者で争われた。

エリツィン、ジュガーノフ、レーベジ、ジリノフスキー、ヤブリンスキーの他、独立派のウラジーミル・ブリンツァロフ、マルチン・シャークム、石炭工の英雄アマン・トゥレーエフ、医者のスビャトスラフ・フョードロフ、ユーリー・ブラソフ、そしてソ連の元大統領ゴルバチョフまでもが立候補した(114:237)。トゥレーエフは途中で棄権、ジュガーノフ支持に変わった(61':273)。

第1回選ではエリツィンは2666万5495票を得たが、現職の割にはふるわなかったともいえよう。他方、世論調査でも有力であった共産党議長ジュガーノフ候補も2421万1686票と善戦し、ほぼ互角の闘いとなった。エリツィンの得た35%は、91年6月の大統領選挙でエリツィンが、共産党支持となったルツコイ副大統領(当時「民主主義のためのコムニスト」)と組んで得た58%という得票におよばなかった(114)。

第3位となったレーベジは14・52%であった。この選挙を実質的に動かすことになったベレゾフスキーの切り札は、このレーベジ候補であった。91年8月にクーデター派だったレーベジには、エリツィン派に途中から加担し、クーデター挫折に貢献した。その後モルドワの旧ロシア帝国地域プリドニエストルで第14軍司令官となり、ロシア「愛国」派軍人として有名となったレーベジが大統領候補になったことは、同時にNATOに対する警告ともなった。ソ連崩壊後レーベジはモルドワのロシア人擁護をかかげる民族派の政治的象徴ともなった。96年1月、KROの大会で大統領候補に推挙されていた(61':121)。レーベジの高得票の背景には、スポンサーとなったベレゾフスキーがついていた(I:11/7/96)。中部イワノボ州など共産党の拠点の切り崩しに彼の資金が役立ったといわれる。

ちなみに極右自民党のジリノフスキーは5・70%であった。ヤブリンスキーは7・34%、フョードロフ、シャークムらの第3勢力は各1%以下、それらを架橋する努力はなされず、「第3勢力」としては統一できなかった。ちなみに、旧ソ連大統領ゴルバチョフへの票は38万票と0・51%であった。なかでも民主的反対派のヤブリンスキーは結局法定得票率の枠を越えられず、エリツィン、ジュガーノフ両派の草刈り場となった。

このようなエリツィン陣営内部の足並みの乱れは、地方政治でも波紋を広げた。なかでもサンクトペテルブルク市長選挙では、チュバイス系の現職ソプチャーク市長が敗北、逆にソスコベッツらに近いウラジーミル・ヤコブレフ（44年生）副市長が当選した。このことはプーチンという後継大統領となる人物が、選対責任者として失脚することにもなった。

もっともこの後、プーチンがクレムリンに迎えられたからといって「チュバイス」系とみる分析は間違っているとベレゾフスキー系の『独立新聞』は指摘している（NG:31/7/98）。ちなみにモスクワ市では、現職ルシコフがエリツィン系でありながら民営化批判と民族主義の鼓舞で独自選挙を戦って16日のモスクワ市長選挙でも9割の支持で圧勝した。

2……決選投票をめぐる闘争

こうしてエリツィン、ジュガーノフの上位二者での決選投票となった。このときエリツィンを救ったのは白鳥（レーベジ）だった。エリツィン支持派は、7月3日の決選投票をまえに、14・52％と前評判よりも高い支持をえて第3位に躍進したレーベジ将軍を安保会議書記に任命することで自派に取り込んだのである。6月18日、レーベジはこの提案を受け入れた。ミナーエフも指摘したように、エリツィンは軍人を恐れなかった（82:610）。

決選投票でのカギは、第3勢力、なかでも約15％の票を得たレーベジ将軍が握った。もっともレーベジ自身は思想的人脈的にはむしろクーデター派に近かったこともあり、彼自身は軍規を乱したのでもエリツィン側についたのでもないと主張している。ちなみに95年末の議会選挙ではその因縁のスコーコフと組んで「ロシア人共同体会議」から出馬したが、同派は軍産複合体のイメージが嫌われ、４％台で支持は低然の人物ではなかった。

迷した。こうしてエリツィン、とくに彼を選挙過程にひき入れたベレゾフスキーにとってレーベジとは偶

エリツィン陣営内での分裂

もっともこのレーベジに次期安保会議書記への約束による取り込みは、エリツィン陣営内での「シロビキ」、つまりコルジャコフやソスコベッツ、なによりレーベジの上司でもあったグラチョフ国防相といったシロビキの没落にもつながった。こうして第1回選から決選投票の間にもっと深刻な対立が、チュバイス系とコルジャコフ系との間で生じた。

この直接のきっかけは6月19日夜の選挙対策本部をめぐる表選対と裏選対との激突であった。チュバイス系選対で若者対策に当たっていたPR要員のジャーナリストのセルゲイ・リソフスキーと、チュバイス系の財政責任者アルカージー・エスタフィエフとが50万ドルもの多額の現金を裏の選挙本部から持ち出そうとした疑いで、白亜館入り口でコルジャコフの大統領警護隊に逮捕された▼1。さっそく裏選対系の民間NTVテレビのキセリョフ記者がこの逮捕は、第2回投票を阻止するための選挙妨害を狙った誤認逮捕であり、コルジャコフらが計画したものであると深更に報道、騒ぎになった。たしかにコルジャコフは5月選挙延期論を提起していた（82:604）。

ミナーエフの記述によると事情は次の通りである。さっそくチュバイスは次女ターニャに夜電話した。こうして真夜中の裏選対会議がベレゾフスキーのロゴバズ社で行なわれた。この時の動きについての説明は混乱している。半公式的な同時代史『エリツィン時代』にはこの危機の記述がほとんどない（20:573）。エリツィン自身の『大統領のマラソン』の説明では、若手のネムツォフやグシンスキーがこの対策本部での会議に参加したが、この会議場は深更コルジャコフ警護局長ら特殊部隊に包囲された（151:40）。

より詳しい説明はミナーエフが書いている。この時、コルジャコフはチュバイス排除に動いていた。目的は再選挙の中止ではなかった。勝利は確信していたので、それを「愛国陣営」に有利に展開する目的だったようだと、ミナーエフらは推測する（82:611）。

コルジャコフ派を一斉排除

より深刻な事情ができていた。ミナーエフの著作は残念なことに注がないが、おそらくありうることだった。それによると、コルジャコフ解任の判断を行なったのは、次女ターニャではなく、むしろ夫人のナイナだった。コルジャコフが主導してソスコベッツの擁立に動くとみたのである。この時、ロゴバズ社分析本部には、この他ベレゾフスキーやチュバイスがつめていた。

ミナーエフの説明では主役はナイナ夫人であった。彼女はバルスコフFSB長官に電話し（コルジャコフは電話にでなかった）、彼の粗野な言葉を聞いて事態を理解した。彼女はエリツィンらと遊説にいったハバロフスクで、コルジャコフ自身から、チェルノムィルジン首相を解任し、かわりにソスコベッツ第一副首相をつけるという計画を聞き、コルジャコフの次の計画はエリツィン自身の病気、もしくは死を含めた排除となると理解したという。こうして朝3時に彼女は次女のターニャ、そして大統領と話をし、朝にコルジャコフを呼び出すことになったという（82:610）。午前2時から3時にかけての「家族会議」で排除が決まったとミナーエフは見たが、その後もマスコミで執拗に語られる「家族」の存在は公然の秘密になっ

▼1　ＦＳＢ職員でしかもベレゾフスキーの護衛役アレクサンドル・リトビネンコが１９９６年６月26日の事件に関与した疑いで検察に逮捕されたことを検事総長スクラトフは回想で証言している（126:79）。そのリトビネンコはベレゾフスキーの護衛兼スポークスマンとして英国亡命に同行、やがてロンドンからプーチン体制批判の論陣を張るさなか、何者かに放射性物質で２００６年11月に暗殺されることになる。

た。

こうして翌朝6月20日早く、次女ターニャからこの話を直接聞いたエリツィンは、コルジャコフ、チェルノムィルジン、そしてチュバイスと会見した後に決断し、ソスコベッツ選管委員長がグラチョフ国防相、コルジャコフ警護局長、バルスコフ長官らとともに一斉に解任させた。グラチョフに代わる新国防相にはイーゴリ・ロジオノフ（1936-2014）が、わずか1年だがつくことになった。

もっともエリツィンの公式評伝にこの話が出なかったのは、エリツィンが妻の政治への関与を公式的には好まなかったことがあろう。いずれにしてもこのコルジャコフやバルスコフ、そしてソスコベッツら公式選対の中核部隊の排除と没落はエリツィン政治の大転換を意味した。

決選投票を前にしてエリツィンの取り巻きが一新された。ソ連崩壊の道を支えたエリツィンの老兵たちは追放され、かわってオリガルフ系が中心の政治が始まるかに思われた。民営化のなかで登場した新興金融集団が、はじめて政治的主体となった。そしてエリツィン政治を事実上その後取り仕切ったことは重要である。

事実、彼ら金融集団はマスコミや選挙各派、さらにCIS統合のなかで重要な役割を果たしているカザフ大統領ナザルバエフとも会見するなど、政治的動きを示した。米国人のアイデアでジュガーノフが当選すれば大量射殺、逮捕、飢餓、そして内戦が来ると喧伝された。宣伝紙はチュバイス系論客で埋め尽くされた。最もリベラルな「報道法」をかつて執筆した副首相ポルトラーニンまでがその内容を「情報テロ」と呼ぶほどだった。エリツィン系の良心ともいうべきポルトラーニンも解任されていた。米国はといえば、クリントン大統領は、エリツィンに旧ソビエトの心臓奥深くまで杭を打つ人物を見た。大国が西側の月並みな燃料基地になったと、ポルトラーニンは評した（102:292）。

決選投票に勝利して再選

じつはこの7月3日の第2回選を前にしてエリツィンは6月26日にも再度心臓病で倒れ、選挙は再度危機に瀕した。人気も低下しかかったが、幸い時間もなく第2回決選を迎えることができた。最終的にはエリツィンが再選で勝利した。

2回目の決選投票は、「大統領選挙法」によれば、上位二人で決せられた。結果は、エリツィンが4020万票(53・82%)、これに対しジュガーノフ3011万票(40・31%)であった。エリツィンとジュガーノフとの差が13・5ポイントであるということは、選挙状況としては悪くなかった。

というのもこれ以上差が拡大すると、共産党内のラディカルな部分から、結果の偽造を理由に投票無効の動きがでる可能性があるからである。ちなみに2012年2月の選挙時、メドベージェフ大統領がエリツィンは96年決選で負けたと暗示したが当局は認めなかった(Time,24/02/2012)。差の13ポイントは、ほぼ1回のレーベジ候補の得票数に照応しており、レーベジ巻きこみが奏功した結果ともいえた。それにしてもジュガーノフのこの間の行動も、ダボス会議での社会民主主義発言から、エリツィン権力の容認まで独自でもあった。この時、ポーランドの連帯派知識人アダム・ミフニクはジュガーノフについて、「伝統的共産主義者ではなく、変容する共産主義者」だとコメントした(26:293)。ちなみにモスクワ市長選挙では民営化に厳しいルシコフが9割の支持を得た。

こうして7月3日、祝勝会はベレゾフスキーの招待によりロゴバズ社接待所で行なわれた。病弱のエリツィンとその一族もここに赴いた。コルジャコフが回想録で記録しているこの事実は誰がスポンサーでありどのような選挙戦術で「集合的大統領」が当選したかがよくわかる話であった(52:387)。事実、選挙結果が出た30分後、NTVのグシンスキーはエリツィンと新政権の骨子を論じ、ポターニンの第一副首相、レーベジの安保会議の書記といった体制が組まれた。もっともエリツィンはレーベジの役割を削減する目的で新たに「国防会議」を作り、政治学者のユーリー・バトゥーリンをつけた。

このエリツィン選挙は単純に自由な報道にもとづく民主化の勝利とばかりはいえなかった。マスコミ、とくにまだネット社会でもなく、かといって共産党期の印刷メディアの時代でもなくなったポスト・ソ連選挙へのマスコミの関与の仕方であった。新しい主人はオリガルフ、コルジャコフの支援のもとでベレゾフスキーが49%を握ることになったばかりの公共放送ORT、そしてグシンスキーやイーゴリ・マラシェンコが握るNTVは、もちろんエリツィン選挙勝利のために党派的に動いた。共産党系テレビ・メディアは主として保守的地方に限られていた。

このことを最も雄弁に語るのは、エリツィンのもとで最もリベラルな「報道法」を生みだしたポルトラーニン元情報相兼第一副首相、1993年からロシアの選択派の議員で連邦情報局長の批判である。彼は93年には政府への影響を失っていたが、エリツィンとは距離を置き、彼の政策を批判しだした（103:3）。エリツィン政治のさらなる変質がはじまった。こうしてロシア政治の転換のなかで、民営化企業と国家の関係が従来の枠を越え、むしろ「民間」主導で動きだしたことを象徴した。このことは大統領選挙後の人事、その後のエリツィン政治などでいっそう明確になる。

後戻りできない市場改革の流れ

それにしても16日の選挙結果は、エリツィン大統領と、ジュガーノフ共産党議長との対決へとみごとに収斂した。結局、権力と野党との戦いでは、ロシアは「政権党」が勝利したのである。なかでも急進的市場派・オリガルフ派がその主導権をとりあえず握った。

民営化の不人気でも共産党は限られた支持しか動員できなかった。マスコミでは「社会主義の復活か、改革継続か」と特徴づけたが、これは両派の選挙の宣伝コピーではあっても、現実分析ではなかった。旧体制、つまり指令経済とソ連邦への復帰は、レトリックはともかく、実際は不可能であるから、このことは少なくとも現実主義者でもあるジュガーノフなどにも自明のことであった。

これは政治と社会とを結ぶ政党の問題である。大統領選挙の一つの特徴は、社会的利害を代表し、政治的入力へと変換する政党という装置が、共産党以外はほぼ不在であったことである。エリツィンの系統的な政党嫌いもあって市民社会を横断する政党は未形成であった。ゴルバチョフと共産党との関係を反面教師としたからであった。したがってジリノフスキー自民党やヤブリンスキー連合からゴルバチョフまで、1996年選挙でも政党は、せいぜい個人党か政治家の支持ブロックでしかなかった。議会選挙ごとに首相などに与党の支持ブロックを作らせるが、その主要人事はチェルノムィルジン以外、猫の目のように変わったから一貫性がなかった。

よくノメンクラトゥーラ型民営化といわれるが、ロシアでは、新旧政治エリートの75%、ビジネス・エリートの61%はノメンクラトゥーラ出身であると、社会学者のクリシュタノフスカヤは指摘している（58）。とくにコムソモール・経済部門出身者が目立つ。チェルノムィルジン首相以外では、ワギト・アレクペロフ（50年生）・ルクオイル社長もソ連最後の石油相代行であった。これらの現象は、旧共産党に統合されていた個別利害が、民営化のなかで再編されたからである。

金融・産業集団のような「カースト」、もしくは「クラン」（グラハム）が、その利害をめぐって対立している構図が浮かぶ。このような政治構造がすでに定着しはじめていることが、エリツィン、共産党、民主派といったイデオロギー的区別を二次的なものとした。新しいエリートにとって選挙は、このような仕組みの制度化と正統化とを進める装置となった。そして共産党もその一部として統合されてきた。共産党、ジュガーノフ候補のシンクタンクにも多くの銀行企業が加わっている。このような集団の寡占的利害構造と民主主義とが両立するのか、あたらしい課題が浮上しだした。

こうして改革の政治学は、次第に独自色をもつ銀行・新興産業集団、旧ノメンクラトゥーラ、地域集団などが織りなす枠に収斂した。エリツィン再選のドラマは、同時に誰が次の政治指導者となるかの問題を伴っている。なかでも顕著な世代間対立をさして、ある評論家はこのような分裂を、ツルゲーネフの小説にちなんで「父と子」の対立とよんだが、このような政治社会の二極分化は、経済政策の帰結でもある。

旧ソ連の経済は、単純化して、軍需・機械、農業、そしてエネルギーの相互に独立した3大部門があったが、燃料エネルギー部門だけが国際化と市場改革のなかで生産と輸出能力を維持し、残りは生産低減に悩む。改革で潤ったか、少なくとも維持してきた流通・燃料・非鉄金属などがある北部・大都市は改革派寄り、農村や競争力のない工業のロシア南部、ボルガ地域・極東などは共産党の牙城となっている。ウラルなど軍需・機械工業でも地域主義が発達している。

それにしても、エリツィン改革というか、ソ連崩壊後によるマイナス効果も顕著である。戦時でもないのに、平均寿命は男性で80年代末の65歳から57歳まで、毎年平均1歳ずつ低下した。医療、衛生状態、食糧事情も悪化してきた。皮肉にも生産低下で環境状況だけは多少良くなったが。たしかに大都市モスクワなどの改革はめざましい。それだけに地方に行くと、モスクワは毛嫌いされる。こうして、新しい論点、大統領選挙と地方という問題が出た。

地域利害の分化と統合

こうした各レベルでの利害分化と統合をめぐる危機のなか、1996年3月までに本格化するエリツィンの地方戦略が組まれた。

その骨子は、精力的な遊説による地方エリートとの接触、その結果としての24カ所の地方訪問、そして地方・共和国との権限分割をうながす条約の締結であった。エリツィンは、共産党、農業党が強い「赤い」南部とエネルギー生産が顕著な北緯55度以上の「白い」北部の中間地帯、つまりボルガ、カフカス、極東などを選挙時精力的に回ったのは偶然ではなかった。

このなかで重要な権限分割条約は、当初タタールスタンなどの連邦離脱を防ぎ、共和国を取り込む制度であったが、やがて州・地方にも波及したのは、この選挙による地域取り込みと利益誘導を意識したものであった。

96年選挙では、2共和国〈コミ共和国(3月20日)、チュワシ共和国(5月27日)〉、3地方〈クラスノダール地方(1月30日)、ハバロフスク地方(4月24日)、アルタイ地方(11月29日)〉、そしてペルミ州(5月31日)、ロストフ(6月11日)、サンクトペテルブルク(6月13日)、ニジニ・ノブゴロド(6月8日)、レニングラード州(6月13日)など12州がモスクワと権限分割条約を結んだ(36:111)。もっともその直接的な選挙での結果は、たとえばハカシヤ共和国では、経済自由ゾーンが認められたもののその結果エリツィン支持は1回選で30%であった。

なかでも問題の一つの焦点はタタールスタン共和国であった。たとえば95年末の下院選挙で政府党が珍しく成功したタタールスタンの例では、圧倒的29%であった(全国10%)。しかし96年の大統領選ではここでも1回目には共産党がほとんど勝ちそうになった。シャイミエフ大統領府が意図的に投票を誘導・偽造したかはともかく、両者とも38%と拮抗した成果となった。6月18日朝の選管結果によると、ジュガーノフ票は40・6%、これに対しエリツィン票は37・2%と公表されていた。もっとも確定結果は、ジュガーノフは38・10%、エリツィンは38・40%と逆転している。このためタタールスタン共産党はエリツィン票が6万票ほど水増しされていると訴訟をおこしたほどだ。ちなみに第2回投票では、エリツィンが63・97%、ジュガーノフが30・01%となった。

しかし選挙キャンペーンの割には低いエリツィンへの支持は、地方エリートの側でもほとんど予想できなかった。関係する地方では、指導者の側で、あまりに低い投票結果に逆に驚いたといわれる。たとえばバシコルトスタン共和国の例では、石油関係者からの働きかけがあったにもかかわらず、エリツィン35%対ジュガーノフ43%となった。

このため選挙直後の18日の地元新聞社説は「各自がどの道を行くべきか、自己の選択について真剣に考える時間はまだある」と書いた。21日にはエリツィン、ラフモノフ会見が行なわれた。もっとも全国紙はこの会見を載せなかったが、エリツィンから直接第2回投票への支持要請がなされた。翌日首相は、建設関係会議でエリツィン支持を要請した。結果は、エリツィンが17%のプラス、他方ジュガーノフは0・1%増のみであった。

もっとも共産党が強かったチュバシでは、地元紙が「我々は一共和国で社会主義をつくるのか」「エリツィンのためにではなく、文明のために投票を」と訴えたほど危機感が強かった。そうした地元権力区の意向にもかかわらず決選ではエリツィン支持は10%増のみであって、ジュガーノフも56%から62%へ伸びた。結局、改革派のフョードロフ大統領も辞任する。

エリツィン支持に傾いた共和国・地方

こうした例が示しているように、第2回選でエリツィンに得票させるということで、エリツィン選挙本部と、地方ボスとの利害は結果的に一致した。おそらく中央では三つの方策が採られた。

第一は、エゴロフ大統領府長官のお膝下でのカフカスなど南部戦略、第二は、これとも部分的に重なるが、共和国戦略、つまり少数民族地域での、しばしば特権供与と、補助金カットをセットにした協議方式である。また行政圧力も加えられ、ジュガーノフの地元ブリャンスクでは、知事が交代した。しかし双方ともあまり変わらなかった。勝敗を決する一つのサラトフには、エリツィン本部からフィラトフが訪問、その結果28％が44％となった。しかしジュガーノフも決選で50％とっている。

第三は、地方幹部、とくに共和国では「あめとむち」を使った戦術が取られた。共和国首脳は、中間・末端での行政幹部を動員し、これをはかった。カルミキヤの例では、財政8割が中央に依存していることもあり、イリュムジノフ大統領はエリツィン体制全面協力であった。しかしここではロストフ近隣の豊かなロシア人は、ジュガーノフ支持であった。他方、貧しいカルミィクだがエリツィン支持であった。

なかでも、10共和国・地方で、ジュガーノフ共産党の優位からエリツィン優位へと変わった。トゥーラ、カルーガ、ユダヤ人自治州、トゥベリ、コストロマ、ロストフ、ダゲスタン共和国、バシコルトスタン共和国、ハカシヤ共和国、ウスチ・オルダなどである。なかでも、タタールスタンは再びエリツィンの拠点となった。もっともクラスノダール、スタブローポリといった南部ではふるわず、エゴロフ大統領府長官は責任をとって辞任した。

そのなかでもエリツィン支持率が高いのは、主として、大都市、エネルギー生産地域、そして中南部の共和国からなる。つまり、7割以上がエリツィン支持は、モスクワ市、サンクトペテルブルク市、ムルマンスク、ヤマロ・ネネツ、ハンキ・マント、タイミール、チュコトカ、ペルミ、コミ、およびスベルドロフスクである。また6割以上はモスクワ州、カムチャトカ、コリャーキ、タタールスタン、レニングラード州、ボログダ、ヤロスラベリ、カレリア、アルハンゲリスク、コミ共和国、ネネツ、サハ共和国、マガダン、エベンキ共和国、カルムイキヤ共和国、カバルダ・バルカル共和国、イングーシ共和国、チェチェン共和国、トゥワ共和国である。

しかし相変わらず2回目の決選でもジュガーノフがエリツィンに勝利した箇所もある。なかでもジュガーノフが6割以上とったところは、アディゲイ、チュバシの両共和国、タンボフ、オリョール、55％以上は、スモレンスク、ブリャンスク、ボロネジ、リペツク、ベルゴロド、ペンザ、ウリヤノフスク、アルタイ、アルタイ共和国である。いずれもいわゆる共産党・農業党の優勢な「赤いベルト」、多くは農業地域であることが注目できた。

第Ⅲ部

ポスト・エリツィン

後継者の模索

［扉の写真］

上は、初代ロシア大統領エリツィン（右）と後継者プーチン。プーチンが憲法改正によって独自のロシア像をうちたてたのは 2020 年であった。

下は、NTV テレビの政治風刺番組「クークリ」の人形劇より。左は、1996 年 4 月、モスクワ原子力サミットで、G7 首脳を迎えるエリツィンとコルジャコフ警護隊長、プリマコフ外相ら。右は、プーチン。

［第7章］

〝寡頭支配の鉄則〟？

大統領選挙でのエリツィン大統領の勝利とその直後の病気、そしてオリガルフの政治的進出や内部対立が90年代後半の政治過程をいかに支配したかを検討する。とりわけエリツィンに選挙で貸しを作ったオリガルフはその利益の回収にかかり、これが97年のいわゆる銀行間戦争であった。90年代末にかけて、ロシアは各派オリガルフの対立激化に見舞われた。

1996年大統領選挙結果は、むしろエリツィン体制の黄昏を象徴した。大統領府は権力党の創設とロシアの理念を次の課題として挙げたが、現実にはエリツィンの直後の病でそれどころでなかった。この前後に倒れた大統領は96年秋から97年1月には手術と入院を繰り返し、後継者問題が浮上した。

旧ソ連共産党の民族保守的部分を引き継いだジュガーノフ共産党は、民営化批判で一定の人気を保持したが、これに対峙する政府はこれまたチェルノムィルジンの「我が家ロシア」、農業党など旧共産党のガスや、農業、軍産各部門が利益表出させた党であって人気はなかった。もちろんチュバイスやガイダルなど急進的市場改革派が生みだしたオリガルフも金融、情報、報道などの利権をめぐって「階級的一体性はない」（プーチン）といわれるようだった。ベレゾフスキーと弟分のホドルコフスキーやアブラモビッチ、さらにルシコフ市長系のグシンスキーなどが水面下で争いを繰り広げた。

98年3月に、エリツィンは政治的比重を増したチェルノムィルジン首相らの突然の解任とそして若手テクノクラート、セルゲイ・キリエンコの任命（23日）を行なった。そのキリエンコ内閣もアジア金融危機で8月にあっけなく失脚、政治の空白を拡大した。

このなかでクリントン政権が打ち出したNATO東方拡大は、これに批判的な愛国派、共産党とならんで、旧シロビキ系情報部門出身者（プリマコフ、ステパーシン、プーチン）の台頭をめぐる政治過程に絡むこととなった。98年9月に発足したプリマコフ政権は議会多数派に根拠を置く新しいタイプの内閣だったが、エリツィンが再度99年5月に解任、ステパーシンの短い内閣をへて、当時無名の東独のKGB職員だったプーチンの政権に後継を託すことになる。

エリツィンへの投資と利益の回収

エリツィンは回想録でベレゾフスキーとグシンスキーをとくにさして、「1996年春、頼みもしないのにエリツィンのもとにやって来て、自己のビジネスのために数億ドルを使った末に、すぐに（利益を）返してほしい」といったと指摘している（151：103）。それはオリガルフの政治へのいわば先行投資であった。こういうかたちでチュバイスとベレゾフスキーがエリツィン大統領の再選に貢献した。

そうなると次の課題はそのスポンサーたちへの報償と官職の配分である。こうして96年7月半ば、オリガルフ13名の代表格のチュバイスは、「自分なくして幹部の決定ができない」との理由で大統領府長官に任命された。ベレゾフスキーは自ら担いだレーベジを安保会議事務局長に押しこむ。チェルノムィルジン首相は留任となったが、国家主義的銀行家のポターニンは経済担当の第一副首相となった。グシンスキーはＮＴＶテレビの許認可を得、スモレンスキーは農業銀行をえてＳＢＳアグロ銀行となった。このような選挙後のオリガルフによる猟官活動をさしてヤブリンスキーは、イデオロギーのない個人的貪欲に基づく「コーポラティスト的、オリガルフ的、所有権独占に基づく半犯罪的関係」とまで特徴付けたのには根拠がなくもなかった（149:253）。

はやくも9月にはエリツィンがふたたび心臓病で倒れ、その手術の延期が25日に報じられると、さっそく後継をめぐる対立が表面化した。気の早いベレゾフスキー系の『独立新聞・シナリオ』は、さっそくエリツィン後の大統領候補者として、首相チェルノムィルジン、レーベジ将軍、ジュガーノフ共産党議長、それにルシコフ・モスクワ市長、をめぐる評論家の座談会を開催した（NG:17/10/96）。

実際、エリツィンの手術は11月5日であったが、95年議会選挙の敗北で後継レースには脱落したかに見えた首相チェルノムィルジンは、手術に際して大統領令１３７８を指示された。そこでは万が一の時の核のボタンの管理など強力官庁の指揮権を委ねられた。同じく大統領選挙への貢献で安全保障会議書記となっていたレーベジ将軍はチェチェン問題での勇み足で解任されることになったが、同書記次長となったベレゾフスキーとの摩擦を呼びおこした。

最高権力者の病気は１９９7年1月にも再発、エリツィンの間欠的な思いつき指導、チェルノムィルジン首相の比重の増大と、オリガルフの内部対立もあいまって、制度と利害の分裂が後期エリツィン体制の構造的体質となり、後継者をめぐるエリート各派の対立へと発展していった。

1……レーベジ失脚

最初の犠牲者となったのは、ソ連共産党エリートとは無関係だったレーベジ将軍だった。選挙の休戦期間中力を蓄えたチェチェン武装勢力の急進派は8月に急襲し、ロシア兵士が死んだ。チェチェン紛争の複雑さがわからぬまま同地から撤兵したことは軍などのエリートの怒りをこえて「笑い」(5:269)を誘っただけだった。

レーベジはロシアが撤兵し、チェチェン独立を5年間棚上げするというハサビュルト協定を8月に独断で決めたからである。安全保障会議書記次長になったベレゾフスキーは「レーベジが戦争の中心を破壊した」と絶賛したが、世論は反対であった(K:12/11/96)。こうしてレーベジは10月17日に解任され、かわって農業党出身のルイプキンが5代目の安全保障会議書記になった。

もっともレーベジを支えたベレゾフスキーの物心での支援もあって人気は根強く、1997年初めもエリツィンの27%にたいし、レーベジは58%と倍以上であった(NG:16/1/97)。98年5月にはクラスノヤルスク地方知事となり人気を維持する。ルイプキンはチェチェンでの平和的解決方針の継承を述べたが、この時チェチェン各派とつながりの深いベレゾフスキーが次長のままであった。早速チェチェンのテロリスト指導者サルマン・ラドゥーエフはベレゾフスキーを「尊敬すべき男」と称えたが、それはベレゾフスキーが誘拐に金を払ったからだった(46:260)。

もっとも政治利権目当てのオリガルフに一体性はなかった。97年3月にチュバイスは大統領府長官を解任され、かわりに再度第一副首相兼財務相となるものの、チュバイスらによる民営化の著作への9万ドルと高額な印税をめぐってはベレゾフスキーやグシンスキーのNTVから批判され、11月には解任された。

首相との関係悪化も災いした（151:111）。このこともあり「民主的選択」では、またガイダルが指導者となった（5）。彼らもエリツィン陣営との決別を考えていたが、このグループは最終的にベレゾフスキーによって98年にエリツィン権力中枢から外されることになる。

他方、オリガルフとチェルノムィルジン首相との対立は、エリツィンの病とともに激しくなった。96年の論功行賞で第一副首相となっていたオネクシム銀行総裁とノリリスク・ニッケルのポターニンは、あまりに自己の企業利益を擁護したとして97年3月に第一副首相から外れた。それは首相との確執に加え、全ロシア国立テレビ局のニコライ・スワニッゼによる、ノリリスク・ニッケルの民営化に対する議会からの批判もあった。チュバイスとの三角関係もあった（NG:25/3/97）。もっともチェルノムィルジンもまた大統領への野望を半年後にあらわにした（NG:29/7/97）。

2……国家とオリガルフ（寡頭支配）

１９９０年代後半から急速に人口に膾炙しはじめたオリガルフという言葉の定義は、もとはといえばプラトンなど古代ギリシアの政治哲学での比較政治体制論に求められるが、貴族制に対比できる腐敗した少数者、つまり寡頭支配の謂である。これをロシア政治との関連で議論するという知的営みは、これまた20世紀初め西欧で始められた。

なかでも19世紀末リベラル派のロシア人政治学者モイセイ・オストロゴルスキー（1854-1919）は、１９０５年以後は立憲民主党の政治家となるが、19世紀末に滞在した英国、とくに工業都市バーミンガムで自由党系のジョゼフ・チェンバレンの大衆選挙を分析、その背後に組織（コーカス）としての近代政党が役割を演じはじめていることを発見、これを分析した名著『民主主義と政党』を著した。この著作は、同時代の政治学者ガエターノ・モスカ（1858-1941）や、ロベルト・ミヘルス、マックス・ウェーバーなどの考察を促し、20世紀における政党組織論の嚆矢となった。

権力を掌握しはじめたオリガルフ

国民代表という個人主義的原理に立つ民主主義制度と巨大化しはじめた20世紀政党組織とは共存できるのか。彼らがみたものはリベラル・イデオロギーの建前の背後で、職業としての政治家、つまり専門人の組織としての党組織、そのなかでの執行権力をにぎりはじめたオリガルフの存在であった。

そうでなくとも20世紀は組織化と大衆化が新しい特徴となった。世界大戦がこれに軍事化と民主化との奇妙な課題を突きつけた。こうして寡頭支配（オリガルフ）の鉄則とまでいえるかはともかく、西欧民主主義の建前と現実の職業的政治との乖離を剔抉したオストロゴルスキーやミヘルスの著作はその後ソ連共産党、とくにスターリン時代のイデオローグが西欧民主主義批判の目的で利用した。[1]ミヘルスがドイツ社会民主党のなかにも発見した組織内での官僚支配が児戯に見えるほど、世界最大の党官僚機構を作り上げたのは、レーニン、とくにスターリンであった。しかし民主化をめざそうとした20世紀末のロシアで、逆説的なことだが、この寡頭支配（オリガルフ）が復活したことは1世紀前の政治学者も想像できなかっただろう。１９９６年大統領選挙を前に台頭した政商的集団をオリガルフと呼んだが、民営化で腐敗したこの寡頭金融支配という現象がこの頃から世界的にも注目されだした。そして96年後半以降は露骨な形で政治に関与、否いくつかのオリガルフはそのための政党作りをめざしただけでなく、後継問題をめぐって、あるいは露骨な私的利害の極大化に利用しはじめた。

米国の著名なロシア専門家トーマス・グラハムはすでに95年までに、もう少し広い意味でオリガルフを理解し、そのなかでも4集団を区別した。①首相チェルノムィルジンのガスプロムやルクオイルのような、旧共産党系のエネルギー企業管理者が所有者となったもの、②モスクワ市長ルシコフの周辺の集団、③政治的には96年半ばに一掃されることになるコルジャコフ、ソスコベッツらの金属、アルミ、軍需産業、安全保障関係者、そして④チュバイス、ベレゾフスキーらマクロ経済と民営化、情報に基礎を置き、96年エリツィン選挙で活躍することになる集団、と分類した（NG:23/11/95）。

金融情報オリガルフの台頭

もっともこの最後の集団のみをさしてオリガルフという例もある。ちなみに１９９０年代前半を「ノメンクラトゥーラ民営化」と特徴付けたブルチンらの予想を超えて、とりわけ96年選挙を通じて台頭したのはこの第４集団だが、彼らの出自をノメンクラトゥーラに遡ることはできない。むしろその局外部分から台頭したことが彼らの新奇の特徴であった。金融情報オリガルフというべきかもしれないが、『ワシントン・ポスト』のデービッド・ホフマンの１９９０年代オリガルフに関するジャーナリスチックな分析では、スモレンスキー、ルシコフ、チュバイス、ホドルコフスキー、そしてグシンスキーを例示して、彼らの政治経済面での活動を点描した（38）。

この時期『ファイナンシャル・タイムズ』のモスクワ支局長だったジョン・ロイドは、自紙が彼らの台

▼1　１９２０年代末、スターリン主義的な法学者パシュカニスはミヘルスの本を、「ブルジョワ民主主義」の欺瞞であるという批判的序文を付して、共産主義アカデミー出版社から出版した。しかしさすがに大衆化する「党」内の指導者、幹部、大衆の乖離を原初的に分析した同書は、スターリン政治体制内の政治過程そのものを照らしだすものであって、１９９７年まで公式にはロシアで出版できなかったが、同年著名な比較政治学者Ａ・メドシェフスキーの序文付きで出版された（97）（日本政治学会年報１９９６年の拙文『「政治の死滅」から政治学の再生へ――ポスト・ソ連の政治学』も参照）。

頭をあおるかのような民営化推進を宣伝したことをやや自己批判的に見ながらオリガルフとロシア政治の関連の関係を省察した冊子を書いた（73）。これによると当時の西側の支配的な理念は、たとえ泥棒に国有資産を渡したとしても、国家の手に残すよりいいという考えであった。そしてその結果生みだしたいわば怪獣がオリガルフとなり、ロシア人の間で改革の理念そのものを壊すこととなった（73:18）。自らの労働よりは権力の指名で膨大な国家資産を我が物としたからである。

ちなみに下斗米は、ソ連末期からロシアに移行するに際してのエリツィン時代の変化を「士農鉱商」モデルとして1999年に提起した（『ロシア世界』）が、「士」とは①軍と重工業・軍需産業コンプレクス集団。②零落したソ連時代からの農工コンプレクスであって、ソ連崩壊後はルイプキン、ストロエフなどの農業党の基礎となった。③燃料エネルギー・コンプレクスなど、貴金属、ニッケル、アルミ、石油・ガスなどの輸出で多くのしばしば法外なレント・シークを生みだした。そして④商業サービス金融部門であって、グラハムのいうチュバイス＝ベレゾフスキー集団と重なる（下斗米 1999）。このうち③と④の集団が市場化とグローバル化で勝者となり、他方かつての超エリート集団だった軍産部門や、ゴルバチョフらを生みだした農工コンプレクス、農業党は没落した。

逆に、商業、金融、通信、流通、メディアなどは「民営化」の過程で90年代後半のオリガルフという集団に機会を提供した。ポストソ連の「起業家」たちは、エネルギーのレント・シークの利益を求めて、ノメンクラトゥーラ民営化の、しばしば党員管理者から「企業家」となった父親世代と争うか、あるいは共存した。90年代半ばから末にいたる政治過程の本質でもあった。旧拙著では90年代前半のブルチンのノメンクラトゥーラ民営化に当たるものを「ノメンクラトゥーラの平和」と表現し、激変する利害関心の変化のなかでの各利害コンプレクスの関係変化を点描したが、それが96年を境に新興金融集団との競合による「エリート循環」と利害対立の激化をもたらしたと説いた（下斗米 1999）。

G7と新オリガルフ

なかでもオーストラリアの研究者ステフェン・フォーテスキューはオリガルフをG7と新オリガルフとの二つに分けた。彼のいうG7、ギャング7とはソ連崩壊後あらわれ、1996年大統領選挙にいわば半分おしかけで参加し、そのとき「7名の銀行家」と称された人たちを主として指している。ソ連末期に研究所や闇経済から身を起こし、相対的に若く（ベレゾフスキーは崩壊時45歳、フリードマンは27歳）、多くはモスクワ育ちで、95年の債権担保オークションで株式を安価に入手、96年7月のエリツィン選挙勝利で政権に関与した。当初の闇経済では箒や中古車、コンピューター（ベレゾフスキー）から、聖書販売（スモレンスキー）にいた。もっともホドルコフスキーはコムソモールの地区活動家でゴルバチョフとも知己であるなど、ほかのノメンクラトゥーラ出身者に近接する。その意味ではソ連の国際関係の名門、外務省付属のMGIMO出身のポターニンやビノグラドフはノメンクラトゥーラ出身者といえるかもしれない。

フォーテスキューが「あたらしいオリガルフ」と呼ぶカテゴリーの人びと、北部製鉄のアレクセイ・モルダショフ（65年生）やウラジーミル・リーシン（56年生）、アルミ業界のオレグ・デリパスカ（68年生）は、世代的には若いものの、むしろ伝統的には「赤い企業長」に似てくるともいえる。リーシンは製鉄業ではソスコベッツ副首相のもとで働いていた（21:39）。この点をさしてソ連ノメンクラトゥーラからロシアの権力とビジネスへの移行にもかかわらず、ノメンクラトゥーラの継続を位置づけるものもある。

それでもモスクワのエリツィン体制下のエリートを見ると、それほど単純な連続性を特徴づけることは難しい。1998年、著名な社会学者タチアナ・ザスラフスカヤは90年代の「改革」が悲観的な結果になったと指摘した。経済領域では「巨大な半国家企業が経済の管制高地を独占」し、中小企業などの効率ある市場民主主義経済は現れなかったとみた（65:5）。

93年憲法も執行機関が、立法や司法機関を押さえ、マスコミ統制を強化した。腐敗も構造化した。国家とビジネスの関係を分析したA・ズーディンも、94年以降はビジネスの立場が強化したままで癒着が進行し（「全権」銀行、ORTの株式会社化、95年の債権担保民営化）、96年大統領選挙後は、主要ビジネス・エリートが大統領府のような執行機関構造の管制高地を占めだし、97年からは国家との乖離に向かっている、と特徴付けた（65:117）。いまや国家とビジネスの関係は、ロシア国家の弱さも手伝って「パトロン―クライアント」、両者の共存関係になっているという。とりわけオリガルフの組織した「情報帝国」がいまや「利益党」を凌ぐ政治力を発揮しているとみた（65:129）。

出自や社会類型によるオリガルフ分類

2000年に入って社会学者のL・ベリャエバは、オリガルフには出自や社会類型から見て4つの層が分類でき、①自己の才覚と権力の腐敗に乗じた「成り上がり」、②ペレストロイカ以来の政策をうまく利用した協同組合派、③ソ連期の企業長からの「強い経営者」、そして④石油など燃料（Syr'e: シリョ）関連産業から台頭した「シリョビキ」、の4類型である。

このうち第4類型と紛らわしいのが、21世紀の強力官庁（Sila）から出てきて再国有化エネルギー産業に入り込むことになる「シロビキ」であるが、これは2003年のユーコス事件以降の展開で有名になったけれども、概念的には別である（67:249）。彼女も利益の分化が政府や「闇経済」などの制度の熔解や変容と絡み合いながら進行していることを指摘した。2001年までにロシアの富の85%は実に8持ち株会社によって保有されていたといわれる（91:181）。その中核こそこのオリガルフである。

もちろんこのようにオリガルフといってもいろんな類型があり、ベリャエバが示唆するベレゾフスキーのような第1類型の「成り上がり」だけではない。しばしば1990年代のオリガルフや政治家のチャンピオンたちを調べると、ブルチンのいうノメンクラトゥーラ民営化の嫡出子であることもめずらしくはない。スターリン官僚の孫であったり、粛清された古参革命家の一族だったりすることもある。それだけではない、90年代民営化の関係者には、国際関係者、エルミタージュ・キャピタル社のビル・ブラウダーのようなアメリカ共産党指導者の孫だとか、あるいはイスラエルや米国政府周辺にコミンテルン関係者の一族だとか、この関係者がいる例もまれではなかった。

3……政権の危機

このようなオリガルフの跋扈《ばっこ》も手伝って、エリツィン時代後半は経済民営化の余波としての経済金融危機が深刻化した時期だった。ただでもひ弱なロシアの体制は脅かされた。なかでもエリツィンの市場経済への急速な移行は、とりわけ第2期には本人の病気と周辺の新興財閥の利権争い、いわゆる銀行間戦争が生じるなど混乱のきわみにあった。

1996年7月、オリガルフに論功行賞で官職を分配したことは、その公私混同と権力の腐敗を深刻化させた。エリツィン自身96年後半から入院と手術を繰り返し、チェルノムィルジン首相の比重を高めた。なによりもエリツィンは猫の目のように変わる人事転換を行なった。96年7月後に第一副首相であったポターニンは97年3月に第一副首相職を辞し、代わってチュバイスとネムツォフが第一副首相に任命された。前者は財務相兼務、後者は燃料エネルギー担当であった。

オリガルフ間で対立が激化

１９９７年、チュバイスら「97年チーム」は「自然独占」企業というソ連型の「現実経済」の構造改革、とくに石炭やガス、鉄道などの改革に取り組もうとした。７つの政府の重点政策が示され、なかでも経済の民営化に重点がさかれた。チュバイスやネムツォフら政府は、オリガルフとの闘争という角度からこの企画を進めた。

結論から言えばこれは失敗に終わった。というのもオリガルフ相互の巨大通信会社民営化をめぐる利権争い、いわゆる銀行間戦争に巻きこまれた。97年半ばに起きたこの民営化をめぐる紛争では、ポターニンのオネクシム銀行系と、ベレゾフスキーやグシンスキーのモスト銀行ら６有力銀行とがロシアの電話通信会社スビャージインベスト社の民営化をめぐって対立した。

95年春の債権担保オークションには共産党を権力につかせないためという政治目的があったが、97年の民営化ではそうでなく、利己主義的なオリガルフの思惑と目的は分かれた。それでも政府側は94年に創設された同社の株式を市場価格で売ろうと考えたが、計画はいくどか変更された。96年11月にはＮＴＶのオーナーでもあるグシンスキーのモスト銀行とアベンのアリファ銀行に売却しようとしたことはさすがに、大統領選挙での彼らの貢献への見返りと思われ、政府は断念した（46:271）。

翌年７月25日のあらたな株式オークションをめぐって、ポターニンの「国家主義的」民間銀行は米国の投資家ジョージ・ソロス（30年生）と組んで活動した（OG:21/8/97）。ところがベレゾフスキーらは大統領選挙のための資金提供を同社のオークションで取り戻すという理解だった。この立場をロシア政府が拒否したことで、敗北したオリガルフ側は所有するメディアでの情報戦に出て、チュバイスやアルフレッド・コフらの印税という収賄を宣伝、彼ら有力閣僚を辞任に追い込んだ（108:63）。

ベレゾフスキーは「チュバイスとポターニン」に反対する銀行家連合をつくった。その競争の激しさにエリツィンも、常軌を逸し体制の安定を損ねたと表現した（151:106）。この間の対立の激しさは契約殺人の増大が物語る。チュバイスの友人のサンクトペテルブルク副市長がオークション３週後に射殺されるなどの事件が起きた（46:273）。検事総長によれば、95年55件であった契約殺人数は97年には１１０件と倍加し、98年前半だけで２００を超えた（126:17）。

そうでなくともG７まで巻きこんだ１９９６年大統領選挙でのエリツィンの勝利とオリガルフの政権中枢への進出は、国際経済面でも大きなチャンスと映った。国際投資家のソロスがベレゾフスキーと組んだ企画のなかで「ガスプロム」社まで入手しようと狙うものもあった（5:194）。実際、97年６月にベレゾフスキーは彼をガスプロム社の理事長とすることを首相に説得したが、ネムツォフ副首相に反対された（46:290）。政府の若手改革派ネムツォフ、チュバイスらは公正な競争を主張し、さすがにこれらのやり方に反対であった。

ベレゾフスキーやグシンスキーといったオリガルフはロシアの国富を安く入手することは失敗したが、このことで彼らは自己のメディアを通じて政府内のチュバイス、コフ、そしてネムツォフら若手改革派の失脚を促すキャンペーンを始めた。ロシア民営化に関する著作（16）の出版をめぐる印税の醜聞により国家資産委員会議長で副首相のコフは辞任に追い込まれた（K:14/8/97）。チュバイスも賄賂に等しい印税をうけたと辞任を申し入れ、11月14日に第一副首相をとかれた。実力者のクリコフ内相がこうしてチュバイス・チームを政府から追放したかたちになった（82:660）。

ベレゾフスキーの失敗

オリガルフはお互いだけでなく、若手改革派とも関係は疎になりだした（82:206）。明らかにやり過ぎたベレゾフスキーもまた返り血を浴び、11月５日に安全保障会議を辞した。ちなみにエリツィンは、ベレゾフスキーが嫌いだったが、このオークションをめぐるオリガルフ相互の「自殺的な対立」を仲介しようと9月15日クレムリンでの円卓会議に、ポターニン（モスト銀行）、スモレンスキー（ＳＶＳアグロ）、ホドルコフスキー（メナテプ）、フリードマン（アリファ銀行）、ビノグラドフ（インコム銀行）を呼んだ（151:107, 21:104）。ネムツォフも副首相にはとどまったが、いちばん魅力的な燃料エネルギー相を辞した。

こうしたなか97年末にはアジア経済危機が新興経済を強打しだした。石油価格は35％低下し、財政を圧迫した。政府は1月デノミを断行した。この間95年議会選挙での「我が家ロシア」の敗北で後継レースから脱落したかに思われた首相は再燃したエリツィンの病状もあって、次第に政治的重みを増していた。オリガルフ各派の相互対立も手伝って5年の首相職で安定支配を強めた。グシンスキー系の週刊誌『イトギ』は97年の年末、チュバイスの失脚に伴って首相が大統領の陰から抜け出したと評価した（It:8/12/97）。米ロ経済関係でもゴア副大統領とチェルノムィルジンとの交渉回路を通じた。大統領の病気も手伝って首相は大統領代行職を得ていた。このころ「権力党」なる表現がつかわれたが首相やモスクワ市長、それにチュバイス民営化に批判的なクリコフ内相らが執行機関を握っているといわれた。

じつは96年大統領選挙直後から大統領府のブレーンは政権与党を作る予定であった（20:778）。しかし選挙後に政党を作るという無理に加え、オリガルフ間の対立で政党形成は失敗に終わったため、むき出しの執行権力が党派性を帯びるという皮肉な展開となった。寡頭支配の鉄則どころか、寡頭支配の内部対立、プーチンのいう「オリガルフの階級的一体性の欠如」をさらけ出した。

もっともロシアで著名で豊かな人

１９９８～99年においては誰がロシアの富と権力を支配するかは、一種の情報戦の対象ともなった。この98年8月の経済危機で、スモレンスキーのようにオリガルフが破産し、淘汰されたこともあるが、なかでも有名なのは98年6月5日の『コメルサント』紙に載った「もっともロシアで著名で豊かな人」のリストである。ボリス・フョードロフ国税長官の作成した１０００人のリストのなかからなぜか２３８名の「著名で豊かな」人のリストが流出した。フョードロフは90年代最初の急進改革派の流れをくむ財務相、副首相経験者でその後キリエンコ政府では国税担当であったが、このリストはアリファ銀行のアベンなど、官職や現職と人名が記載されていた（K:5/6/98）。

これに対し99年10月9日の『ロシア新聞』には、検察当局から首相に宛てた１６２名の人名だけのリストが掲載されていた。ここでは第1位がベレゾフスキー（ＯＲＴ）、以下、アブラモビッチ（シブネフチ）、アクショネンコ鉄道相、パタルカツィシビリ（ロゴバズ社）、クラスネンケルといったベレゾフスキーに近い「オリガルフ」系の名前がでた。

ちなみに『プリマコフ・リスト』とマスコミが指摘したこのリストには12位にエリツィン（大統領）、13位はデヤチェンコ（次女）、14位バレリー・オクーロフ（アエロフロート、長女エレーナの夫）、16位ユマシェフ（大統領府長官）、といったいわゆる家族関係者が含まれていた（RG:9/10/99）。ロシア政府機関が出所といわれたこのリストが、いわば富と権力との相関を意図的な目的を持ってにおわす、分極化したエリート間のいわば情報戦のようなものだと関係者は指摘した（143:914）。このような名簿作成は、言うまでもなく租税当局や検察など公権力に集まるデータを基準に作成されたとしても、それを一部だけ切り取って、各派は報道を通じて政争に利用した。

ロシア政治学会の指導的学者ウイリアム・スミルノフ（41年生）は98年、ロシアの民主主義の現段階について、国家管理が社会との対話を制度化できなかったことがその弱さの原因だと指摘した。官僚組織は、派閥、地域、金融・政治などのエリートの利害に傾き、法の基準に従ってないからだ。良きツァーリを求めるのではなく、手続きと制度を整備すべきだとしたが、なかなかその道は先の話になりそうであった

(LG:4/1/98)。

もっとも5年に及んだチェルノムィルジン首相とエリツィンの関係も正常とは言いがたかった。オレンブルクのコサック、直言居士で世界最大のガス企業ガスプロムという利権企業のオーナーが首相を5年務めた。その存在だけでもエリツィンを脅かした。エリツィンは98年3月23日に突如大統領令で首相解任の挙に出た。もっとも自身の解任の説明、つまり経済の独占や経済成長がなかったといった理由はあきらかに不透明であった(151:118)。

［第8章］

プリマコフの挑戦

１９９０年代末にはエリツィン政治は、実権の喪失と民営化の行き詰まりもあり、98年3月、長年の首相チェルノムィルジン解任を図るが、後任の若手キリエンコの路線はアジア金融危機で破綻する。そのとき救世主となったのが、外相だったプリマコフの議会重視路線で、9月首相職で危機は解決したかに思われ、後任説も強まる。エリツィン後継をめぐる争いが、旧共産党、リベラル、シロビキと呼ばれる強力官庁出身者を巻きこんで展開される。

1……プリマコフ外相

１９９０年代後半、エリツィン政治に対する新しい挑戦となったのはエフゲニー・マクシモビッチ・プリマコフ（1929-2015）であった。キエフで生まれ、53年科学アカデミー東洋学研究所を卒業し、72年には教授号を授与された。彼が卒業した東洋学研究所は江戸時代にすでに日本研究を始めるなど帝政時代から、中近東をも含むひろい対象をあつかった。

その間、プリマコフは『プラウダ』紙の中東特派員、その後はソ連東洋学の第一人者として活躍、70～77年にはIMEMO（世界経済国際関係研究所）副所長、77年からは東洋学研究所所長として、ソ連の第三世界など東洋学研究を促進、国際関係論でも理論的な仕事をした。また79年アフガニスタン戦争に否定的な見解を示して注目された。その弟子筋のイラクのサダム・フセインとの関係もあった。なかでも85年にはヤコブレフの後を継いでIMEMO所長としてペレストロイカの理論的支柱となり、ゴルバチョフの新思考外交に理論的基礎を提供したが、湾岸戦争での仲介活動は米国政府を警戒もさせた。8月クーデター時にゴルバチョフが大統領別荘に幽囚されたとき、最側近グループとして新連邦条約の仕上げのため同地にあった。

対外諜報庁長官への登用

ソ連崩壊時の10月22日に万能のKGBは3分割された。対外諜報庁（SVR）長官としてプリマコフをエリツィンが任命した理由を「ゴルバチョフの政治局員でありながら私にいやなことをしなかった数少ない人物」と語っている（107:106）。エリツィン自身が同庁に直接赴いて任命した。

もっとも米国のCIAと比較してもソ連崩壊後のSVRは、財政的にも人員的にも見劣りがした。KGBも事実上民営化され、なかには旧職員にもペンコフスキーやゴルジエフスキーなど西側に逃亡したものも、あるいはボブコフ（グシンスキー派）やリトビネンコ（ベレゾフスキー派）のように特定のオリガルフの警護になったものもいた（107:120）。早速、プリマコフは核不拡散問題で活動内容を世論にも公開、潜在的核保有国としてイスラエル、インド、パキスタンをあげるなどで警告した（107:139）。また米国CIAなどかつての敵の機関との連絡・協力も進めた。

だが93年に成立した民主党クリントン政権がウクライナ系ポーランド出身の戦略家ズビグニュー・ブレジンスキーの提言でNATO東方拡大をすすめたことは米ロ関係に暗雲をなげた。翌年にはカトリック系労組連帯出身のレシェク・ワウェンサ大統領ら東欧首脳が訪米、クリントン新政権と最高レベルで東欧加盟の議論が出はじめたからである。この問題ではエリツィン自身の過失もあった。93年8月ポーランドを訪問した時、ワウェンサがアルコールを勧めた席上エリツィンはポーランドのメンバー拡大に異議がないと会見でいいかけ、推進派はこの発言を論拠とした（133:96）。

もっとも2010年頃までロシア国内にもNATO加盟論も存在し、当初はロシアとNATOの協力に原則反対というわけでもなかった（88:679）。だが東方拡大の跳躍台となったのはユーゴスラビア崩壊にともなうボスニア紛争であった。米欧関係だけでなくイスラム問題も関わるユーゴスラビア危機で欧州は域内の安全保障に無力であった。エジプトの正教系である国連のブトロス・ガリ事務総長や明石特使も権限がなかった。このあいだをついて1995年のデイトン合意で米国が紛争調停を進めたことがNATOの関与の増加を示した。

プリマコフらが見る90年代半ばの世界は冷戦終焉後、日欧の比重が下がることで唯一の超大国米国の比重が上がったと分析した。米国がNATO拡大を推し進めた理由でもあった。ワルシャワ条約機構解体後東欧はロシアとの関係が弱体化、ロシアの旧ソ連のCIS諸国との関係もまた弱まっていた（107:209）。彼らは同時にこれまで米国とのつながりが少なかった中国やインドが国際社会で台頭していくとみた。これがプリマコフの有名な印中ロ構想の基礎である。ロシアは、米欧中日印、中東、アジア太平洋、ラテン・アメリカ、アフリカといった多極化していく世界で「全方位」外交をめざすべきだというのである（106:213）。

若手改革派のコズィレフ外相の「大西洋主義」外交の没落には米国政府との関係がうまくできなかっ

たこともある。クリントン大統領、彼の英国留学仲間のブレーン、ロシア専門家ストローブ・タルボット（46年生）国務副長官とロシア側との関係がうまくいかなかった。コズィレフからクリントンは「絶対的シニカル、現実主義、そして小物」、タルボットは「陳腐で利口でない」「自信過剰」と酷評された（5:271）。

外相就任への要請

下院選挙で若手改革派の不人気が明らかとなった1996年1月5日、エリツィンが直接電話し外相就任をプリマコフに要請した（107:201）。プリマコフは12日記者会見で抱負を述べたが、政治学者は、この人事が以前の親米外交の失敗に対するエリツィンの新しい志向の表れ、旧ソビエト空間の再統合へむけた試みと評価した。

プリマコフにとって最大の課題とは、もちろんNATO東方拡大であった。93年末に対外諜報庁の報告書をエリツィンに提出していた。この問題に対するロシア側の前提とは、冷戦終焉とドイツ統一時のゴルバチョフ、ブッシュ、ミッテラン、コールら東西の最高首脳が合意した、双方の軍事同盟不拡大という公約に反するというものである。しかし現実に一方の陣営がなくなり、NATOでの動きが出た以上、現実的対応でなければ意味がない。プリマコフ報告の骨子は、(1)ソ連とは違ってロシアは東中欧にもはや立場を強制できない、(2)しかし彼らの加入のタイミングや規模には、とくにロシアの関与が不可欠であり、(3)その条件下でロシアとNATOの相互関係ができる、というものであった（107:228）。

しかし外相としての活動は、相手の動きとならんで国内政治や世論にも影響される。NATO東方拡大はロシア民族主義を鼓舞しだした。そこでの正教会の役割も大きくなった。大統領はロシア正教会を別格に置く「良心の自由と宗教組織」法を、「アメリカ議会とローマ法王の抗議をおしきって」通過させた（RG:16/9/97）。同時に「ロシア的理念」や「ロシア世界」キャンペーンを張りだした。こうした潮流の台頭もプリマコフが抜擢された理由であった。

当時のNATO事務総長は元反戦派のスペイン人ハビエル・ソラナ（42年生）であったが、東欧がNATOの正式メンバーとなったら核兵器をも導入するという5月の表明はエリツィン、プリマコフにとってNATOとのパートナーシップ協議が容易でないことを示した。ロシアもまたソ連崩壊後は核兵器行使を主張しだしたからでもある。それでもこの時はまだNATO拡大はポーランド、ハンガリー、そしてチェコに限られていた。それ以上の拡大についての話は1999年以降となり、未定でもあった。それでも1年のソラナとの交渉を経て、97年5月にエリツィン大統領はパリでNATOとの合意文書にこぎ着けた。

旧ソ連諸国との関係強化の問題もこの頃から活発になった。ウクライナやベラルーシとの国家関係の再興もその表れだった（81:123）。議会の共産党や大国主義派が、ソ連崩壊を促した1991年12月のベロベーシ協定は無効であると96年に決議して以降、エリツィン政権もまたこの問題に向き合うことを余儀なくされた。

ウクライナのロシア人問題

旧ソ連圏の統合への動きは不可欠となった。ロシア領であったクリミア半島を1954年にフルシチョフが当時のロシア最高会議を無視してウクライナに帰属処理したまま、91年12月にベロベーシ協定でウクライナとの国境画定をしなかったことは、ウクライナに残した1100万人のロシア人問題とも重なって、エリツィン政権の失政、いな裏切りであるという民族主義世論を無視できなくなっていた。

この論点を自己の政治的資源としてうまく立ち回ったのは、オリガルフとしても名を出しはじめたルシコフ・モスクワ市長であった。96年のエリツィン大統領選挙とアベック闘争でモスクワ市長再選を狙ったルシコフはクリミアや黒海艦隊での民族主義的傾向を強めていた。S・バブーリンのような民族派政治家や96年議会でCIS問題委員長となるコンスタンチン・ザトゥリン（58年生）などのような学者出身議員もこの問題を大きく取り上げていた。

議会で96年12月に証言した市長は黒海艦隊の拠点だったセバストーポリ市と軍港の地位をめぐる論争で彼らは、フルシチョフがクリミア州をウクライナ領に入れた1954年決定には、クレムリン直轄のこれら都市と軍港の帰属問題は触れていないと、この地がロシア領であることを改めて論じた。エリツィンは、ルシコフはセバストーポリ港をモスクワ市の一部にするつもりかと皮肉った（151:188）。

とりわけ94年にウクライナが非核国家となったことと引き換えにウクライナへの米国の財政支援が強まり、事実上の同市と港管理はウクライナだと94年に新大統領となったクチマも強調したことがある。ロシア人が多数の同地をせめて連邦制の自治共和国として扱うべきだというロシアの要請をウクライナは受け入れなかった。ロシアにも政治学者ツイプコのように91年に崩壊したソ連を、議会の一片の決議で取りもどすことはできないという良識派もあった（NG:19/12/96）。いずれにしても愛国派や共産党に対抗するにも、エリツィンはNATO拡大とクリミア問題を無視できなくなった。

最大の課題はCISとウクライナ

事実、プリマコフ外交の最大の課題は、CIS諸国との相互関係、ウクライナとの関係であった。具体的には両国が1997年に決着するが、黒海艦隊と軍港セバストーポリの共同管理をどう運営するかが争点であった。ここでも米国との関係が迫りはじめた。「ウクライナ抜きではロシアは帝国ではない」といったのはウクライナ生まれの戦略家、ブレジンスキーであった。

もっともこの点で幸いであったのは、94年のウクライナ大統領選挙で当選したクチマが、イデオロギー的な民族主義者となった初代クラフチュークを破ってユジマシ（南部機械）という東部軍産複合体のトップからその後首相となった現実主義者であったことであった。ウクライナは西部の民族派圏と東部のロシア語圏に分かれ、産業的にも西部・中部の農業と東部の軍産部門に分かれていた。じつはクチマは国語となったウクライナ語をしゃべれなかった（51:310）。そのぶんプラグマチックなプリマコフ外相との対話が可能となった。

このころからエリツィン政権のスポンサーとなったベレゾフスキーが、旧ソ連圏全体のロシア語放送ORTのトップとなったこともあり、石油利益と放送利益を通じて介入しはじめた。ベレゾフスキーはウクライナのクチマ、そしてベラルーシのルカシェンコ両大統領との結びつきを強めた。モスクワでは人気がない彼だが、ソ連崩壊後の周辺国家に支持者を作りつつあった。97年チェチェン問題の失敗もあって安保会議を降りたベレゾフスキーが、エリツィン抜きにクチマの推薦で98年CIS担当執行書記になったのもこの文脈である。彼が事実上所有する『独立新聞』はベラルーシとの同盟条約案をすっぱ抜いた（NG:29/3/97）。またウクライナとの接近を推し進めた（NG:13/2/97）。

こうしてNATO東方拡大がウクライナやベラルーシとの接近と連邦化を促したことも否めない（88:789）。ベレゾフスキーは98年に東方拡大を進めた米国のタルボット国務副長官が恐れたCIS統合論者として、ルカシェンコをクレムリンの主人、あたらしい連邦国家の主人にしようと画策していた（133:365）。もちろん権威主義的なルカシェンコのベラルーシとの連邦国家には民主化派を中心に反対派も多かった。しかし98年12月にはルカシェンコが訪ロ、合意した。ウクライナ問題も12月には、後任となったイーゴリ・イワノフ（45年生）外相の動きもあってロシア議会でも批准された（107:395）。

2……キリエンコ首相

そうでなくともこの間、ロシアは徴税制度が未発達であったこともあって国家財政はつねに赤字、短期国債（ＧＫＯ）を乱発しては補填したが、利子率はうなぎ登りに上がった。こうしたなかエリツィンは１９９８年3月23日に思いついたかのように突然人事異動を断行、チェルノムィルジンをはじめ、第一副首相チュバイス、そして強力な内相アナトーリー・クリコフなどの閣僚を解任した。

かわって35歳の若手エネルギー専門家でネムツォフ系のセルゲイ・キリエンコ（62年生）を起用した。チュバイスはこの人事はオリガルフが仕掛けたものではないと声明したが、この解任劇はエリツィン大統領の首相に対する「嫉妬」が主たる理由であったともいわれる（107:9）。あるいはガイダル的改革の断行が目的とも示唆された（82:678）。もっともそれはあまりに個人的動機によりすぎており、それよりも5年間の彼の首相任期中に、国有資産のオリガルフ系への「民営化」が一巡した、ということもいえるかもしれない。オリガルフにとっても首相の賞味期限が過ぎた。事実、エリツィンはキリエンコに、前内閣の過誤とは「あまりに政治に入り込んだ」からといったが、今度はネムツォフ系だったキリエンコはあまりに政治を知らなさすぎた（85:365）。

ちなみにこの空白期にＦＳＢ長官として、それまで知られなかったプーチンが登用されたことが分析者の目を引いた。96年までソプチャーク市長の選対責任者であったが、選挙敗北後クレムリンが引き抜いたのは経済畑のクドリンとプーチンであった。そのプーチンがわずか2年後には長官になったことについてあるジャーナリストは、醜聞を避けどのような主人にも１００％忠誠を誓う彼の性格を挙げた（NG:31/7/98）。

突然登場したセルゲイ・キリエンコを世間はネムツォフとの関係もあって「若手改革派」と見る向きもあったが、キリエンコはじつはオリガルフ系とは無関係であり、エリツィンもみとめたように「どのような政治、金融グループともまったく関係がなく」、またモスクワの相争う権力集団とも遠い地方出で、ボルガの名門企業「赤いソルモボ」の若手党員出身の企業家であった(151:122)。

首相代行、そして一月後かろうじて議会の承認を経た首相職は案の定うまくいかなかった。経済が依存する石油価格は依然としてバレル13ドルと低く、何より財政難が進行した。短期国債での外資依存は3割近くになり、危機は深化、こうして国家財政は破綻し、1998年8月17日にはデフォルトを起こしルーブリは減価した。かくしてキリエンコ内閣は23日、通貨ルーブリの大暴落もあって、ネムツォフ第一副首相とともに総辞職した。

3……超重量級首相の誕生

だが、この時エリツィンが首相にかわりに推したのは、「重量級」のチェルノムィルジン首相代行で、さすがにこの朝令暮改人事には世論が反発、わずか20日しか持たなかった。共産党は連立政権を求めた。野心的なルシコフ市長も反対した。なによりもこれは政府危機、つまり政府への信頼の欠如が原因であった。

だがこの危機の本質を、エリツィンやクレムリンは理解していなかった。議会は反発、空転しだした。これはたんなる経済危機であるだけでなく、政府危機、政治危機、そして憲法危機ともなった。というのも大統領が議会を解散する権限は憲法上3度首相人事を議会が拒んだら発生するが、再び一桁まで低下したエリツィンにはその力が残されていなかった。

しかし危機は好機でもある。この危機のなかで急遽登壇したのがプリマコフ首相の短いが、その後の政治史に記憶された、議会に支えられた「強い首相」という統治であった（98年9月〜99年5月）。議会内の改革派的反対派ヤブリンスキーの提案といわれる。

この人事はクレムリンや反共産党のエリツィンの意図もあって妥協策として提起された。最後には大統領府でもプリマコフの友人のシェフチェンコがエリツィンを説得した。プリマコフは8月クーデターの時も、ゴルバチョフ側近としてエリツィンとも近く、非難声明を出していた。

9月11日、こうしてプリマコフは議会のヤブリンスキーら非政府系右派と共産党といった左派の両翼から支持され315票という多数派の支持で首相となった。反対したのはわずか63票のみだった。またプリマコフは内閣組織に際し政党の直接関与を防ぐべく、共産党系で最後のゴスプラン議長のユーリー・マスリュコフ（1937-2010）を第一副首相とし、他方「ヤブロコ」との関係強化に努めるなど議会全体の信頼醸成に傾注した。若手改革派のチャンピオンだったショーヒンは辞任した。こうして1992年以来初めて議会の多数派に支持を持つ政府が形成された。

議会多数派支持の「超重量級」首相

議会多数派の支持による「超重量級」の首相が生まれたことは、ソ連崩壊後はじめてであった。最後の計画経済の砦、ゴスプラン議長でもあった第一副首相マスリュコフは、初めて政府が大統領府の付属物でなくなったと形容した（143:612）。

もっともアファナシエフなど民主派系にはあまりに共産党エリートに傾いているという批判もあった。議会では、ヤブロコ、政治的にはこれと反対の共産党、農業党などが与党となり、チェルノムィルジンの「我が家ロシア」は忠実な反対派となった。こうして「民衆信頼」政府を旗印に、2カ月以内に状況を安定化させることに成功した。

この政治状況に評論家のニコノフは「プリマコフ現象」と評価し、今大統領選挙があればプリマコフが選ばれるとまで評した（88:842）。プリマコフは副大統領となったともいわれた。また彼はエリツィン抜きで外交を仕切りはじめた。翌99年1月31日になってプリマコフは恒例となったスイスのダボス会議に参加、民営化はロシアに否定的影響をもたらしたが、それを見直すつもりはないと表明した。他方、エリツィン大統領への支持はわずか４％と地に落ちた。

世論ではエリツィン辞任論がうずまき、他方でルシコフ市長の人気もあがった。98年2月にできたロシア政治学会第1回大会での政治学者の予測ではルシコフが次期大統領予測第1位となり、以下チェルノムィルジン、エリツィンは3位以下に落ちた。憲法改正を行なっても大統領権限を制限すべきだという説も多かった（NGS:2/98）。

プリマコフは各派の意見を聞き、なにより信頼醸成に動いた。水面下では、チュバイス民営化に批判的なルシコフ市長とプリマコフ首相との関係強化が目立っていた。ベレゾフスキー系のORTでも、首相とも近い国際政治学者出のセルゲイ・ブラゴボーリン（39年生）理事長が、反モスクワ市長キャンペーンを同放送が行なうことに抗議する事件まで起きた（I:28/2/97）。モスクワ市はクレムリンのお膝元である。

ルシコフ、プリマコフ、そして旧共産党系実務派の連携は、エリツィンとその「家族」だけでなく、ベレゾフスキーらオリガルフにとっても打撃となりはじめた。この間ストライキに入っていた鉱山労働者はストを解き、政府の信頼度をあげた。こうしてプリマコフの国内、国際面での認知度は上がり、自由市場主義の『ロンドン・エコノミスト』誌をも驚かせた。11月末、「ロシアを動かしているのはもはやエリツィンではない」と同誌は指摘、もし選挙があれば大統領になるのはプリマコフだと論じた。99年初めからオリガルフ最大の実力者ベレゾフスキーとプリマコフ首相との確執を伝える報道も増えだした。

行き詰まるエリツィン体制

しかしあくまでエリツィンは大統領である。そうでなくともエリツィン体制は政治的行き詰まりに直面した。問題を列挙すれば、⑴エリツィンの統治能力、人気のなさ。人口の8割以上が大統領にマイナス評価を下し、年末には支持率はわずか1％となった。⑵クレムリン政権の頂点から末端にいたる腐敗、等である。大統領弾劾の声も議会から上がりはじめた。

なかでも権力をめぐる醜聞は国際問題と化し、さすがのスクラトフ検事総長もチュバイスなどオリガルフ、とくに「家族」周辺の摘発を始めた。ニューヨーク銀行での資金洗浄醜聞やスイスのマベテックス社のクレムリン改装をめぐる政権周辺の腐敗がスイス検察当局などを動かすなど国際問題化した。スクラトフは、なかでもORTがベレゾフスキーの手に落ちるきっかけとなった1995年3月1日の初代ORT理事長ウラジスラフ・リスチェフが自宅で殺害された事件を彼の仕業とみた（I:1/3/97）。

エリツィン系もスクラトフの汚職追及の背景には議会、メナテプ社やグシンスキーのNTVなどルシコフ支持派があるとみた。もっとも捜査はスクラトフにとっても醜聞映像なるものがベレゾフスキー系のORTで放映されるなどといった報復も受け、99年3月に解任をめぐる紛争に追いこまれた（126）。

NATO東方拡大問題もユーゴ危機のコソボ紛争へと拡大、ロシアと米国の関係を悪化させた。懸念したプリマコフ外相や彼の後を継いだイーゴリ・イワノフ外相は、ウクライナやベラルーシとの統合を急いだ。このようなロシアの安全保障と外交での微妙な変針は、安保会議が97年12月に出した「ロシア安全保障の概念」に反映された。

1998年3月には国防次官でアメリカ・カナダ研究所の研究者アンドレイ・ココーシン（45年生）が新書記となって国防会議との統合がはじまった。彼は同年秋のNATO東方拡大にかんする国際会議で、この問題にはロシアのすべてのエリートが反対していると西側の慎重さを求めた。ロシアの安全保障概念とは、「内外の脅威から個人、社会、国家の生命にかかわる重大な利害を擁護する」と見た。概念の認識とはプリマコフ流の「多極化した世界」である。もっともロシアは経済力が弱まったこともあって、「多極世界でのロシアの役割、その政治・経済・軍事役割を減らそうとする」国があるとも指摘された。

プリマコフ外交は、このような傾向に歯止めを打ったとして国内では歓迎された。世界政治を「力によって一方的に解決するような国際関係の構造を作る試み」に抗するとは超大国米国への掣肘をさした。ロシアは、「独立国家の存亡の危機には、核を含めあらゆる手段を講じる」といって、ソ連時代には認めなかった核行使戦略を採用した。チェチェンについて明言はないが「内政問題解決に軍事力行使は許されない」としている。

ベレゾフスキーとCIS

こうしたなかベレゾフスキーもまた別の理由からCIS関係に関与しだした。安保会議書記次長から1997年に解任されたものの、今度は旧ソ連のエリートとの連携を深め、98年4月のCIS首脳会議を前に、そしてエリツィンや大統領府も知ることなくクチマ大統領やルカシェンコ大統領などを歴訪した。その結果、首脳会議の席で彼をCIS執行書記に推挙したのはウクライナのクチマ大統領だった。各大統領が彼を次々に推薦したことにエリツィンは驚いたという(151:197)。エリツィンは首脳会議で「我が国の政治エリートの彼との関係をご存じでしょう」とエリツィンはベレゾフスキー人事に反対し、また首相も大統領府長官も反対だった。

だがベレゾフスキーのほうが上手だった。会議はベレゾフスキーを執行書記にし、共同体再強化に、エリツィンの意向をも無視して動き出した。ちなみにこの頃ソ連邦が社会的公正さを体現した国家だったかという世論調査に、25歳以下は3割の支持だったが、56歳以上は7割もが肯定した（89:21）。労働者と高齢者にソ連期はよかったという懐古派が出てきた証拠だった。

こうしてベレゾフスキーはCIS統合の旗を振り、ウクライナやベラルーシとの統合をすすめだした。11月末のCIS首脳会談を前に『独立新聞』に「CIS――崩壊から統合へ」をベレゾフスキーは執筆し、「ソ連崩壊を嘆かない者は心がない、ソ連創設をはかる者は頭がない」というウクライナ出自の言葉を引きながら、統合への「第二の息吹」が来たと主張した（NG:13/11/98）。執行書記なる役職の居心地の悪さを認めながらも、CISはより広い権限を持つべきだ、その書記とは大統領の意思の案内人だとも規定した。ベレゾフスキーがソ連復活を図りだしたとみる論者もあった。12月米国のタルボット国務副長官が彼と会ってNATOのジョージアとの関係を論じたとき、ベレゾフスキーは米国の介入を激しく非難した（133:365）。ベレゾフスキーは1年後エリツィンにより解任されたがその間「最強の執行書記」といわれた。

このころから辞任を意識したエリツィンがにわかにCIS統合派の意見を採り入れたのはベレゾフスキーの計画でもあった。彼はベラルーシの独裁者ルカシェンコとの関係も良かったが、背景にスラブネフチの石油利権や旧ソ連圏をカバーするテレビ利権もあった（5）。97年から始まった両国の国家連合は、政治軍事面を重視するロシア側の意向と経済協力を重視するという食い違いもあった。事実ベレゾフスキーはミンスクを3度訪問し、ベレゾフスキーをCISの救済者とみるルカシェンコとの関係は強化されていた。どうやらベレゾフスキーの統合計画にはその初代大統領としてクレムリンのトップにルカシェンコを担ぐという秘められた意図もあったようである。これにはルカシェンコの権威主義的やり方を批判する民主派政治学者D・フルマンらの『一般新聞』紙上での批判もあった（OG:5/3/98）。

ベラルーシとの国家連邦条約調印

もっともこの問題はポスト・エリツィンをにらんだ権力をめぐる問題であって、案の定この考えに反対したのはプリマコフだった。こうしてベレゾフスキーは結局1年で執行書記を辞任する。こうしたなか１９９９年12月8日にロシアとベラルーシとは国家連邦条約調印を行なった。この調印日は91年12月のソ連崩壊を決定したベロベーシ合意の日であったことは先述した。もっともこの国家連邦なるものはベレゾフスキーの主導性が強かったこともあり２０００年1月に発効したものの、その後プーチン政権は名存実亡とした。

ウクライナとの関係はもっと複雑で重要であった。ＮＡＴＯ東方拡大がウクライナ政治での西側寄りのベクトルを高めだした。それでもプリマコフが外相時代の97年5月31日に作られた友好・協力・パートナー条約は難産のすえ99年に発効したが、ソ連崩壊後にもめた黒海艦隊の分割では18～19％がウクライナとなり、残りはロシアが毎年1億ドルの有償でセバストーポリ湾の4分の3を賃貸するという共同管理での妥協がプリマコフの努力でできた（88:801）。ロシアがもはや同盟国ではないウクライナの領土保全を認め、代わりに黒海艦隊をロシアが２０１７年まで保有することになった。ガスプロム社はウクライナへのガス代金を安く提供した。双方とも実利をえる方式ができたかにおもわれた。しかし両国では反対論の世論が批准を遅らせていた。１９９９年にはウクライナの大統領選挙、そして２０００年にはロシアでも大統領選挙があった。ロシアでは強硬派はモスクワ市長ルシコフらであり、またウクライナでは西寄りの民族主義派がこの「21世紀に向けた」（イーゴリ・イワノフ外相）妥協を難しくしていた（NG:31/1/99）。

西側も当時親ロシア的と言われたウクライナのクチマ大統領に圧力を加え続けた。11月までにゴア副大統領はサマーズ財務次官とともに、ロシアとの関係があまりにプリマコフ政府寄りだという共和党の攻撃もあって、「ロシアには健全な市場経済の基礎がない」、プリマコフ内閣は新しい経済路線を選ぶべきだ、という厳しい覚書を送ってきた（108:130）。以前の西側からの金融支援も滞った（143:614）。

4……「家族」をめぐる確執

プリマコフ首相になって以来、それまでロシア政府、白亜館のあたかも「主人」であったベレゾフスキーの影が薄まったと政治学者は伝えだした。その矢先の11月、ベレゾフスキーから、襲撃事件なる公開状がFSB長官（プーチン）宛てに出された。

元FSB職員で彼の護衛のアレクサンドル・リトビネンコ（1962-2006）という人物が記者会見をしたが、FSBの組織犯罪活動対策部がチェチェン方面で有効に活動したことに、チェチェン系との関係が深かったベレゾフスキーが脅威を感じ、同部が解散させられたとコルジャコフも証言している（51:520）。おりしも民主ロシアの議員ガリナ・スタロボイトバが11月20日暗殺され、内外情勢の不安定性を示しだした。

議会ではベレゾフスキーをCIS執行書記から解任せよという声が出た。その折エリツィンは大統領府長官ユマシェフを解任、国境警備出身のニコライ・ボルジュージャに象徴的に替えた。もっとも彼はクレムリン捜査にあたるスクラトフ検事総長を解任せよという大統領と「家族」の要請に答えられず3月19日には解任され、アレクサンドル・ボローシン（56年生）という家族系長官に代わった。同月末プーチンFSB長官は安全保障書記兼務となった。FSBを統制下に収めたいプリマコフとプーチンとの関係はあまり良くなく、首相はプーチンの辞任を望んでいたという（82:700）。

1998年末にプーチンは、米国スパイだとプリマコフが批判したリベラル反対派のヤブリンスキーをかばってユマシェフ長官に辞任すら示唆した（7:140）。94年から始まった大統領教書演説は、若手改革派が進出した97年からネット配信になったが99年3月30日のエリツィン演説では、「市場移行へのハイブリッド（混成物）」という言い方で複雑さを暗示したが、プリマコフ政府の成果については一言もしゃべらなかった。

プリマコフとルシコフの野心

エリツィンとオリガルフの影響力が陰りだしたこの間、実際98年秋までに首相の人気上昇と並んで、ルシコフ・モスクワ市長周辺にも支持勢力の結集の動きが出てきた。そうでなくとも「一都資本主義」とか、「モスクワの奇跡」などといわれたが、実際当時ロシアの優良銀行20のうち19はモスクワにあった。彼は１９９０年代はじめにオリガルフを生みだした民営化批判のため、米国ハーバード大学のシンポジウムに乗り込んで、ロシア世論では７割が民営化は誤りだったと批判、民営化を先導したサマーズ、サックス教授たち「ハーバードは我々に有害だった」と述べた（146:133）。

そうでなくともプリマコフ政権の登場でロシア政治に地殻変動が起きていた。第一に、大統領候補ではなくなったものの依然として重量級だったチェルノムィルジンの権威の再失墜である。このことは議会内与党だった「我が家ロシア」の終わり、あるいは「自殺」（イワネンコ議員）をも意味していた。第二に、96年大統領選挙で権力を握ったオリガルフが相互に分裂、97年の石油や通信会社の民営化の醜聞として再燃した。とくにベレゾフスキーやチュバイス周辺の醜聞が反感をかった。三番目に、そのとき失墜したシロビキや愛国系の政治的空白を埋める必要があった。こうした政治的空白を埋め、モスクワという市場化の成功地域の巨大な利権を押さえ、しかもクリミア問題などで「愛国」をうったえだしたモスクワ市長の人気が上がった。地方都市の疲弊をよそにモスクワのみの繁栄である。モスクワは政府歳入の３分の１を払った（RG:9/1/98）。モスクワでは「ロシアは頭ではわからない、ルシコフは信じるしかない」といった戯れ歌がはやった（NG:07/10/98）。

実際、エリツィン政治の終焉が間近いと見はじめた一部政治学者たちはルシコフ・モスクワ市長を中心とする「祖国」派を作り、「我が家ロシア」に代わる政党運動をめざすようになった。その政治綱領の執筆陣には安全保障会議のココーシン、外交担当補佐官だったヤストレジェムスキー、政治学者のツィプコ、ニコノフといった、それまでエリツィン・ブレーンだった人物が含まれた（NG:28/12/98）。99年5月、運動体としての「全ロシア」もつくった。ルシコフはプリマコフを大統領候補に担ぐ目的で議長とし、「次」を狙おうとした（108:59）。事実、99年半ば以降、解任されたプリマコフを大統領候補とし、クレムリンからやや距離を置くルシコフ・モスクワ市長と政治ブロック「祖国・全ロシア」（ＯＶＲ）が作られた。この動きに連邦主義を掲げたタタールスタン大統領のシャイミエフなど地方勢力もまた合流しはじめた。

イデオロギーの呪縛から解かれたロシア政治では、プラトンの哲人王のようなギリシアの哲学の伝統が蘇りだした。なかでも彼の政治哲学にいう「寡頭支配＝オリガルフ」とはもともと貴族制の堕落形態であったが、これが現代ロシアに復活した。プリマコフとともに首相職をねらう市長ルシコフらの野心を高めた。大統領エリツィンと「家族」に対抗する彼らの綱領とは、首相が憲法上の権能を発揮できる政府を議会とともにつくること、そして大統領は外交と安全保障に限るというものであった。あまりに多くの権限を大統領に与えてきた１９９３年憲法体制への反動、修正の動きである。彼らは思想的には「新社会主義」を掲げ、中道左派といえた。

問題は、ロシアの政治状況が転換点にさしかかったことである。『独立新聞』のトレチャコフ編集長は98年末にエリツィン時代はすでに終わったと断言した（インタビュー98年12月9日）。92年から98年のロシア改革を取りしきったリーダーシップは今や形式的にしか存在しない。制度的にも、議会との協調で危機を乗り切ったプリマコフ首相や政府と比較して、いまやエリツィン大統領とその大統領府の比重の低下は顕著となった。

同時に改革のシナリオをめぐって、米国のゴア副大統領がチェルノムィルジンを通じて押しつけたIMF型改革こそモスクワでの危機の根幹と見なされだした。98年12月、政治学者のニコノフは筆者のインタビューで98年政変の意義を端的に「アメリカ型改革」の時代の終わりといった（インタビュー98年12月5日）。現にルシコフはこの点を次期大統領キャンペーンへの結集軸に据えだした。じつはプリマコフ政権発足後の1月にエリツィンはプリマコフを後継者とするための戦略対話を呼びかけた。プリマコフはこの対話要請を内閣内のマスリュコフ副首相など共産党系左派を除去し、右派登用のシグナルと受け取った。自分には大統領への野心はない、と答えたという。

大統領や家族周辺をめぐる汚職捜査

プリマコフ内閣のもとでスクラトフ検事総長が、大統領や家族周辺の腐敗やスイスのマベテックス社によるクレムリン改装をめぐる汚職、とくにパーベル・ボロジン（46年生）大統領府総務部長の醜聞が問題化した。1月の検事局記念日に首相は経済犯罪に厳しくあたる検事総長を激励した。アエロフロートの「家族」利権やシブネフチ民営化のアブラモビッチも対象となった。またスクラトフはスイスの検察当局と協力してクレムリン改装醜聞の捜査に着手した。

しかしこの頃からベレゾフスキーが事実上所有する公共放送ORTはドレンコ記者を先頭にプリマコフが最高権力を狙っているというキャンペーンに乗り出す。こうしたなか2月2日、スクラトフは突然辞表を提出したが、ベレゾフスキーや「家族」とプリマコフ首相との関係が激化した兆しだった。その後も醜聞映像なるものがクレムリン系TVで放映されるなど報復も受け、辞任を申し出た。もっともベレゾフスキーも3月4日に突如、理由はわからないがCIS執行書記職をエリツィンらに解任された。議会は15日、大統領弾劾を議論しはじめるなど政局は流動化しはじめた。

ちなみにプーチンはＦＳＢ長官として１９９９年3月12日（プリマコフ回想は18日朝というが）に、エリツィンがスクラトフの解任を言い渡すときに居合わせた4人の一人、プリマコフ首相とともにクレムリンで、醜聞テープが本物であると証言したとスクラトフは証言する（126）。プリマコフ自身は即時解任よりも議会の承認まで妥協し、その間スイスの事件を捜査する考えだった（108:185）。当時の議会は首相派が優勢だった。

スクラトフもこの時、モスクワ市長を応援していたグシンスキー系民間ＮＴＶに登場して不正を糾弾するなど、検事総長をめぐってオリガルフ同士のさや当ても顕著になった。ルシコフ・モスクワ市長も解任には反対であった。

ちなみにスクラトフ解任はボルジュジャ書記とベレゾフスキーとが関与したとみた。同時にプーチンは当時スクラトフに同情的でもあったと本人は書いている（126:64）。もっとも解任は、議会でのルシコフら祖国派の抵抗で1年ほど長引き、この間ウラジーミル・ウスチノフ（53年生）が代行となった。大物大統領副長官で法制局長（ＧＰＵ）のルスラン・オレホフも解任反対だったため4月末に解任された（143:755）。

このことは大統領府長官になったベレゾフスキー系と目されたボローシンとプリマコフとの公然たる対立に発展、このあおりを受けてプリマコフは5月12日に首相を解任された。後任は代行として内相だったセルゲイ・ステパーシンとなった。もっともプリマコフもルシコフ市長と提携して次の大統領をめざしはじめ、エリツィン自身の引退後の身の保障まで口にしたという（7:128）。

5……コソボ紛争

プリマコフ解任を促した対外要因はコソボ問題であった。１９９９年3月までに米ロ間の新しい火種になった。

そうでなくともコソボはセルビア正教と民族にとっての14世紀の戦争以来の聖地でもある。他方、NATOが支持しだしたコソボ解放軍は麻薬や人身売買の半犯罪組織であることはそれまでインターポールも認知してきたことであった。新ユーゴのなかのアルバニア人が多数派となった地域をセルビア側から引き離す作戦をNATOが押しすすめたからであった。スラブ研究所のウラジーミル・ボルコフ所長はNATOの目的とはロシアの孤立化であると批判した（NG:23/12/98）。

ベオグラードをNATOが空爆

だが米国側の認識は違っていた。民族主義者のミロシェビッチ大統領が大規模な攻勢をアルバニア系にかけているという（107:146）。コソボの独立を認めないと米国との戦争を覚悟しなければならない。こうして新ユーゴスラビアの首都ベオグラードをNATOが空爆に踏み切った時は、NATO拡大の合意であったはずのロシアとの協議は機能しなかった。

98年にミロシェビッチ政権打倒を掲げたポール・ウォルフォビッツ（43年生）、ジョン・ボルトン（48年生）ら米国のネオコン系勢力が推進していた。翌年にはネオコンの哲学者ロバート・ケーガンもコソボでのNATOの空爆を支持した。ちなみに夫人は、後にウクライナ紛争をすすめたNATO大使のビクトリア・ヌーランドであった。

こうしたこともあり3月23日、プリマコフ首相は訪米への途にあった。ゴアらと電話会議でベオグラード空爆通告をうけたプリマコフはゴアにワシントン行きの専用機を大西洋上でUターンすることを通告、エリツィンの合意を得て訪米をキャンセルした。エリツィンもクリントンに電話、プリマコフと同一の立場を示した。ソ連崩壊後はじめての反米ポーズを示した。

セルビアは当時、ロシアで最も人気ある国となった（156:17）。NATO爆撃反対という立場には同じ正教系の国家という宗教的紐帯も機能した。

他方、米国は対ロ政策を探りあぐねていた。事実、クリントン政権の高官タルボット、サマーズらアメリカ政府はロシア政府への厳しい姿勢を保持したが、ネオコンなど共和党右派からの批判が生じていた。ヨーロッパ、とくに伝統的にエリツィン政権と親しかったコール政権は、たぶんにロシア情勢も関連して10月27日に倒れ、後継の社会民主党ゲアハルト・シュレーダー首相はモスクワ訪問をポスト・エリツィンもにらみながら行なうに至った。

ロシアの混乱をめぐり99年2月に結成50年を迎えたNATOも東方拡大への歩を緩めなければならなくなった。8月には冷戦の闘士だった老歴史家ケナンがNATO拡大とコソボ爆撃を批判した（NY Review of Books:12/8/99）。同紙ではFTのモスクワ支局長であったジョン・ロイドが、同紙が犯した民営化翼賛を自己批判、経済学者スティグリッツなど民営化批判の立場に移行したことを告白した。その民営化の結果、ロシアの富の不均衡はトップ10％が富の4割を持つ一方、下から4割は2割、3000万〜4000万人が貧困ライン以下で暮らしていた（同紙：同日付）。

イスラム世界での反ロシア活動

もっともコソボ問題の先鋭化はアルバニア系を支持するイスラム世界での反ロシア主義をもかき立て、これがチェチェンでのイスラム聖戦派の跳梁につながった。コソボ問題とは、ロシアからすればイスラム勢力と正教系勢力との歴史的対立という中東の宗教政治的亀裂を、ヨーロッパに持ち込んだに等しかった。1999年6月プリュシチナ空港にロシア軍空挺部隊が突如降り立ったことは、セルゲーエフ国防相やプーチンFSB長官を無視してエリツィンが参謀本部に直接派遣を命じたからという（143:803）。

そしてそれはロシア国内にも跳ね返った。チェチェン危機が再燃、聖戦（ジハード）を掲げるイスラム聖戦主義者の北カフカスへの関与を招いた。97年1月27日投票のチェチェン大統領選挙では、ロシア連邦、とくにベレゾフスキーが支援したアスラン・マスハドフが勝利した。大統領は2月12日、就任宣誓を行ない、「イスラムの強化」を課題に挙げた。ソ連軍人だったマスハドフは94年3月にドゥダエフ軍の参謀長に就任していた。この年の5月12日、エリツィン、マスハドフ両大統領は、武力不行使をうたった「平和と相互関係に関する条約」に調印。調印後エリツィンは、「過去4世紀の『チェチェン戦争』を終結」と宣言した。

独立派の大統領マスハドフは98年10月、サウジアラビアがチェチェンでの米国の立場を強化していると声明した。イスラム急進派を送り込んでいるということである（143:617）。7月、むしろ親米派の拠点といえるカーネギー・モスクワの紀要でイスラム専門家のアレクセイ・マラシェンコ（51年生）はコソボ紛争がチェチェン急進派をたきつけていると論じた（Brifing:Vyp.7）。

この分析を裏付けるかのように、独立運動の主導権を握った聖戦派は隣の共和国ダゲスタンに8月初めなだれ込んで、カリフ制をめざすイスラム国の樹立へと動き出した。穏健派のマスハドフを攻撃するバサエフなど対ロ強硬派は99年8月10日ダゲスタンを急襲、そこで「イスラム国家」創設と対ロシア・ジハード（聖戦）を宣言するかたちで武力不行使合意を破った（S:12/8/99）。バサエフは、マスハドフ大統領によればベレゾフスキーからも資金援助を受けていた（46:301）。

プーチンのチェチェン包囲作戦

１９９９年9月23日、プーチン・ロシア首相は、テロリスト撲滅のためとして、チェチェン包囲作戦を命じた。２００１年後半までにチェチェンは完全包囲された。

イスラム聖戦勢力を恐れる世論の多くは、プーチンの強硬作戦を支持した。もっとも当時マスコミ界は4派（クレムリン派、ルシコフ市長派、共産党系、プリマコフ派）に分裂しており、情報戦に明け暮れた。それでもプーチンを2000年のロシア大統領選挙で勝利に導く最大要因になった。けれどもチェチェンの紛争自体は泥沼化することになった。エリツィンが大統領として犯した最大の過誤というべきであった。

こうしてプリマコフ内閣は1年持たなかった。8カ月の政権の運命を最終的に決めた問題は、石油会社の民営化か、それとも単一の強力な国営石油会社を作るべきかの論争であった。プリマコフ首相、ウラジーミル・ブルガク（41年生）副首相らの考えは、政府が株式を保有したスラブネフチ社やロスネフチ社などいくつかの石油会社を漸次統合して国家所有する単一石油会社ユクシを作る構想であった。そこには国営のトランスネフチ社、石油パイプライン会社も合流するはずであった（108:66）。プリマコフの回想『8カ月と少し』では彼の政府を辞任に追いやったのは石油ビジネスに関心を持ったオリガルフとぶつかったからだと書いた。だが人名までは書いていない。

それはもちろんシブネフチ社を握るベレゾフスキーとユーコス社を握るホドルコフスキーらオリガルフであった（安達）。アリファ銀行のアベンによると、2003年にプーチン大統領と激突することになったユーコス事件の起源はこの1998年にさかのぼる（5:64）。98年前半、ロシア最大にして世界第3位の民間石油創設をめざし、ベレゾフスキーはホドルコフスキーにユクシ構想の必要性を説得した。その目的とは単なる経済的利益追求だけではなく、ジュニア・パートナーとともにロシアを支配すること、であった。ロシアでは石油とは政治である。二人で協力すれば富と権力を支配できるとも話した（5:16）。

もっともシブネフチ社のもう一人のオーナー、ロマン・アブラモビッチ（66年生）は石油企業にしか関心はなく、企画は挫折した。『一般新聞』は3月11日に「過去の英雄」という論文を掲載、そこでベレゾフスキーの興亡を論じた。96年の大統領選挙で突如現れ、巨万の富を我が物とし、そしてあたかもエリツィンの家族のように振る舞うという現象を解明しながら、この人物はもはや必要とされないと論じた(22:260)。

この巨大化するオリガルフとの戦いでは首相側が後退する一因となった。もっともこれはプリマコフ個人にとっては敗北ではなかった。むしろ人気のない大統領と腐敗した政商に解任されたことで政治的支持はプリマコフに戻ってきた。彼の大統領への闘争が始まったかにみえた。

この間、米国のクリントン政権は、エリツィンこそ90年代末のロシア問題であるという肝心のことがわかっていなかった。ＩＭＦとロシアの関係は破綻していたし、チュバイス民営化の当事者ベレゾフスキーまでが反米的発言を繰り返した。コソボでの米ロ協調もプリマコフの3月の訪米拒否で破綻した。アメリカきってのロシア専門家グラハムがエリツィンこそが問題であるといったのは99年5月であった(WP:1/5/99)。

［第9章］

プーチン・フー？——後継者として急浮上

99年末にエリツィン体制を襲った危機は、重畳的な性格を帯びた。こうしたなか、プリマコフが首相解任後、エリツィン体制への修正を柱に立候補の構えを見せ、一部オリガルフがこれに乗る。これを阻止し、しかも先行するプリマコフを落とすために出てきたのが未知のＫＧＢ東独官僚プーチンだった。彼の路線は国家主義、保守主義、経済の一部国家化であった。

１９９９年7月末、リベラル硬派の『一般新聞』にのったエレーナ・ディークン（1958-2020）という女性ジャーナリストの「家族の解剖と生理学」という論文がクレムリンで話題となった。尾っぽが犬を支配するかのように、「家族」が大統領を意のままにしている。

といっても彼らの支配は法的ではない、むしろ法的統治の弱さからこういう状況がうまれた（143:666）。こう指摘して99年4月に大統領府長官についたばかりのボローシンをエリツィンの次女タチアナ、娘婿ユマシェフとならんで「家族」の一員として叙した。

だがこの論文の面白さはこの「家族」の周辺に、「第二梯団の親戚」がいるとの指摘であった。それはオリガルフのベレゾフスキー、オクーロフ、アブラモビッチらである。そしてその最後の新参者としてFSB長官プーチンの名前が入った。論文は「家族」が、権威主義的だが機能的にはひ弱な指導者の付属物、崩壊する国家の現象であると的確に指摘していた。プーチンがまだ首相代行になる前のこの論文は、「家族」というエリツィン支配集団のなかに入ってきた新人を浮かび上がらせたことの慧眼さでも歴史にのこるものとなった。

98年夏の金融危機からプリマコフ内閣発足、そして99年5月の解任は、エリツィン時代そのものが終わっていたことを如実に示していた。解任時のプリマコフ支持率は67％、これに対しエリツィンはわずか2％であった（143:809）。むしろ強力な権限を持ちながらIMF流の経済民営化の挫折と腐敗、とりわけ石油などの利権をあさるオリガルフの跋扈といった事態は、エリツィンそのものが問題であるという米国を含めた内外専門家、そして世論の示すところだった。

5月のプリマコフ首相の解任は、米国の進めるNATO拡大、コソボ戦略に対する抵抗がきわめて大きかったことを示した。新大統領府長官ボローシンは「共和国は税金を払わない、チェチェンでは戦争だ、賃金や年金の負債は増大、大統領の人気は4％に低下、共産党は強く、プリマコフとルシコフも同様、国家は崩壊の危機」とロシアの病を指摘した（7:489）。

なかでもNATO拡大に抵抗でき、そしてオリガルフとプリマコフにも対応できる後継者を探すことを強いられた。この模索のなかから現れたのがプーチンというまだ無名の元KGB職員だった。

1……ステパーシン内閣

エリツィンが4月27日に首相代行に推挙したのは、戦後ソ連軍統治下だった旅順で海軍の将校の息子として生まれたセルゲイ・ステパーシン（52年生）であった。内務省軍で教育を受けたシロビキ系だが、プリマコフの後の対外防諜庁長官となった彼はその後法相、内相も経験する。

もっとも下院議長セレズニョフは当初エリツィンからニコライ・アクショネンコ（1949-2005）鉄道相を候補に打診されており、議会ではステパーシンも本命後継ではないと見た。そのアクショネンコと首相の関係も良くなかった。家族のユマシェフはプーチンを即座に指名するという意見であった（82:722）。いずれにしてもエリツィンにとって首相職は使い捨てであった（143:787）。

事実、ステパーシンも「政府は移行期のテクノクラート政権」と位置づけたが、エリツィンも彼の出したヤブロコ系副首相ザドルノフを含む閣僚名簿を採用せず、彼を忠実なカシヤノフに替えた（各紙:17/5/99）。結局、エリツィンがステパーシンを首相と決めたものの、ザドルノフが就任直後に辞任したことはベレゾフスキー系の圧力とみられた。

じつはステパーシンは、エリツィンが意中のプーチンへの移行期の臨時的性格の政権であったとみるのは政治学者オレグ・モロゾフである（86:131）。彼によれば、スクラトフ解任をめぐる１９９９年3～4月に、プーチンが後継者とひそかに決めていたという（86:148）。ステパーシンに長期展望は期待されなかった。それでもエリツィンは独自路線を諦めなかった。7月には司法省の反対をよそに共産党の禁止とレーニン廟の撤去を突然言い出した（I:6/7/99）。１９９９年5月から8月までの３カ月間の首相を務めたものの、「家族」が後継を決めるまでのピンチヒッターだった。

当時のロシアの政治闘争では、５派が影響を競っているという分析が『独立新聞』にでた。①エリツィン集団、②左派的反対集団、③ルシコフ市長派、④地方勢力、⑤民主的反対派（NG:15/5/99）。ここでは軍は中立と見られた。

エリツィン大統領への弾劾問題や、また非常事態宣言の可能性もあるなか、チェチェン問題の処理でもステパーシンはやや柔軟で、イスラム急進主義との戦争を行なう意思がないとみられた（85）。もっともチュバイスは、ステパーシンをプーチンへの代替として取っておくという考えをもっていた。ステパーシンは、プリマコフ＝ルシコフ派との和解をエリツィンに勧めたことも解任の一因だったと大統領府長官は回想する（5）。

ステパーシンは離任後、ルシコフ系に近いヤブロコ派の議員となったが、その後はプーチン支持だった。会計検査院長、日ロ経済評議会会長としての仕事も担った。

2……プーチン首相への道

こうして１９９９年8月3日、エリツィンはＦＳＢ長官だったプーチンを招いて首相になるかの意思確認も本人に聞くことなく、ステパーシンを解任しプーチンに後任を託した（90）。チェチェンの武装勢力がイスラム的神政国家樹立を叫んでダゲスタン共和国に侵攻したその日、ステパーシン首相は辞任した。このことをエリツィン大統領は伝えると同時に、12月19日に下院選挙を実施すること、そして新首相代行にウラジーミル・プーチンを当てることを表明した。

無名のプーチンを首相に抜擢

安全保障担当書記でＦＳＢ長官とはいえ、ほとんど無名の人物の登場に世界が「プーチンとは誰か《フー》」という質問を投げたのも当然であった。しかしプリマコフらに対抗できることに加え、後継者への条件としては、①チェチェンでのイスラム急進主義、②議会選挙で勝利を組織できる候補、そして③エリツィン後継への布石、という三つの課題が重要であった。首相が同時に選挙対策の最高責任者であるということは、それまでもサラトワ州のアヤツコフ知事とかネムツォフ第一副首相といった名前が挙がったこともあるが、後継者含みということである。

他方、プリマコフ＝ルシコフ陣営は選挙ブロック「祖国・全ロシア」を立ち上げたが、そこでは大統領権限を外交安全保障に絞り、真の政府の執行権力を首相に与える憲法改革案を柱に据える予定だった。ルシコフを98年末まで大統領候補№1とみていたインサイダーの政治学者ニコノフは年末、プリマコフを突如高く評価、この二人の選挙への統合を論じた（88:842）。これにつねに地域連邦主義の代表、タタールスタン大統領のシャイミエフが、エリツィンの説得を無視して関与しだした（143:809）。

5月12日に解任されたプリマコフは、ルシコフ市長とともに6月9日に枠組みが公示された12月下院議会選挙にむけ邁進しだした（RG:1/7/99）。8月中に選挙ブロックを立ち上げた。これにはラプシン党首ら農業党系も秋波を送りだした。新旧のエリートがエリツィン政治の終焉を感じていた。プリマコフは8月、新政府は議会多数派によるべきだ、政治は中道をめざすべきだと、1990年代の民主派と共産・愛国派との二極分化した政治を批判した（NG:19/8/99）。

こうなると後継者となる条件は、クレムリンとエリツィン指導部に対するプリマコフ＝ルシコフ連合の脅威に対抗できる人物であること、何より後継者の条件として外でのＮＡＴＯ東方拡大、内でのチェチェンの脅威に対抗できるということが条件だった。

この日は首相候補としてプーチンの議会での承認を16日に求めるともいった。この日最初に賛辞をおくったのは、風見鶏の政治家タタールスタンのシャイミエフ大統領だったのは驚くにあたらない。ロシア政治でもっとも微妙さがわかる人物、また2000万イスラム共和国票を左右する人物としてクレムリンが切り崩し対象にした人物だった（143:859）。それでもプーチンへの1週間後の議会での投票結果は233対55票と高くなかったことは、エリツィンの権威低下をものがたった。当時、ニューヨーク銀行での醜聞がクレムリン改装での汚職と絡んでいるという国際報道が出だした。

チェチェン作戦は戦争ではなく反テロ

首相プーチンはコザックを首相府長官に、また後任のFSB長官にKGB同期のパトルシェフをつけたが、基本的にはステパーシン政府の骨格を維持した。もっとも就任早々に軍と軍産複合体への支持を表明した。同時にチェチェン作戦は戦争ではなく、反テロ作戦であることを表明した。この作戦は一応上手くいったが、しかしテロリストのバサエフが、包囲網をかいくぐってチェチェンに逃げ帰ったことは複雑さを示した。

この前後、急進市場経済派もキリエンコ、ネムツォフ、ハカマダらが「右派勢力同盟」を立ち上げた。解任されたステパーシン首相はヤブリンスキー系のヤブロコ候補となった。その他チェルノムィルジンは中道系の「我が家ロシア」を固めようとした。

なかでもリベラル派のジャーナリスト、フルマンはFSB本部でプーチン大統領をめざす党の立ち上げがはかられたと伝え、軍、内務省、KGB＝FSBらの職員が関与していると伝えた（22:316）。彼はプーチンの登場を「新アンドロポフの誕生」とみたが、彼らが9月末までに作った「統一」派は、音頭をとった非常事態相のセルゲイ・ショイグ（55年生）や賛同した39名の知事をはじめ、レスリングのカレーリン、それに映画監督ミハルコフといった名前も挙がった（NG:28/9/99）。しかしスポンサーのベレゾフスキーやアブラモビッチらのオリガルフもまた不逮捕特権をもとめ、カラチャエボ・チェルケス共和国や極東のチュコトカで議員選挙に出馬した（143:903）。

テレビ局を握るオリガルフが自派をあからさまな形で応援しだした。ベレゾフスキー配下のORTはプーチン党に、グシンスキーらのNTVはプリマコフ党やヤブリンスキーに、そしてモスクワのテレビ局はルシコフ候補に、それぞれ肩入れしだした。なかでも当時人気の高かったNTVの人形劇クークリはエリツィンと家族への政治風刺で人気をとった。英国で80年代にはやった政治風刺のやき直しだった。その頃同社のI・マラシェンコ理事長はユマシェフ前長官とは友人だったが、「おまえたちはもう負けた、したがって情報戦が続く」といった（82:719）。

チェチェン情勢とクレムリンの醜聞など各派が入り乱れ、ベレゾフスキー派のドレンコ記者などテレビキャスターを使っての情報戦を繰り広げた。この状況に、ペレストロイカの旗手だったが、ベレゾフスキーの影響がました『独立新聞』のトレチャコフ編集長は、テレビ局はいまや「疑似政党」となったと評した。もっともグラスノスチ以来の彼の『独立新聞』もベレゾフスキーの党派に系列化した。テレビでは、イスラムのテロの拡散を伝え、またプリマコフ系に近かった検事総長スクラトフの醜聞事件が伝えられた。

8月12日のグシンスキー系の『今日』紙は、第4権力はバリケードで待っているという論文を掲載したが、テレビ局の系列でも、クレムリン（VGTRK、ORT）、ルシコフ（TVツェントル、TV6）、グシンスキー（NTV）、ベレゾフスキー（ORT、TV6）と系列化されていることをつたえた（S:12/8/99）。新聞の系列だと11派に分化していた。これを表現の自由とみるべきか、露骨な資本系列の結果かは問題だった。

第2次チェチェン戦争の始まり

状況を変えたのは第2次チェチェン戦争の始まりであった。この間、サウジアラビアに支援された国際的なイスラム急進主義ワッハーブ派はハサビュルトを「イスラム国」の首都にしようと、国際的チェチェン支援を強めた。他方、同大統領マスハドフは、ロシア軍撤退と2001年までの主権凍結というレーベジ将軍との1996年協定の遵守を求め、さもなければチェチェンの動員を図ると威嚇した。紛争のエスカレートが人びとを驚かせた。1995年同様、毎日テレビ画面はこの紛争シーンに覆われた。9月末にはプーチンは対テロだけでなく、地上戦の動員を示唆した。エリツィンはプーチンにはじめて、各強力官庁の調整すべてを任せた。プーチンは「力」を解決の手段と考えた。

議会への選挙戦はこうしてチェチェン戦争キャンペーンと合流しはじめた。オリガルフの経済的苦境もあって96年の金権選挙はもはや使えなかった。こうしてチェチェン各派、テレビ局を握る情報系オリガルフ各派の争いともなった。9月半ばには、議会の最高幹部クラスからエリツィンの辞任を求める声が出はじめ、チェチェン紛争はこうして各派が選挙目当てでぶつかる構図になった。

またコソボ紛争は、ロシアが軍事改革に成功しなかったことを示していた。そのころから参謀本部はエリツィンと文民指導部へ独自の対応をした。ロシア時代になって顕著となりはじめた軍の政治化である。共産党の指導下でしか動かなかったソ連時代とは異なって、軍は組織防衛と予算獲得という観点から選挙に独自に参加した（1995年議会選挙）。とくに99年の議会選挙に軍が独自に参加しなかったのは軍が非政治化したのではなく、軍自体が安全保障担当書記から首相に指名されたプーチンの与党化したからとみるべきだろう(1)。背景にあったのはチェチェン紛争を欧米政権がロシア批判に使ったとみたことだった。冷戦終焉10年にして、イスタンブールの全欧安保会議は、ロシアがチェチェンでの武力行使をさして冷戦に戻ったと批判しはじめたとアメリカ・カナダ研究所のロゴフ所長は非難した（NG:17/11/99)。

事実、プーチンを大統領にするだけの「統一」党創設のアイデアは1996年のエリツィン選対関係者やプーチン周辺の意見と言われる。もっとも大統領府はやや手を引いていた。「統一」党の指導者となったのは非常事態相のブリャート・モンゴル系トゥワ人のショイグであって、10月末「プーチン党」創設を宣言した。ちなみにトゥワは1944年にソ連に編入されたが、ショイグは本来名前だったのが当局が誤って彼の姓だと理解した。彼は国内の危機対応組織のトップとして人気を博した。また選挙対策の直接責任者となったのはまだ無名の若手リベラル法律家、ドミトリー・メドベージェフ（65年生）であった。

同時に10月末までにプーチン支持党「統一」の強化にもかかわらず、クレムリンにはまだ確信はなかった。一部ではエリツィンによる非常事態の話も取り沙汰される始末だった（143:937）。それでもエリツィンが11月半ばまでにプーチン選挙の勝利がロシアの保障だと後継者として確信しているという噂も流れた（143:496）。この頃プーチンはチェチェンの武闘派の一人カディロフと会い、彼らの抱き込みを図った。チェチェンでは民族的結合は弱く、ソ連末期、同共産党のエリートによる「エスニック民族主義」も1991年8月クーデターで失敗した。同共和国に150程度あるテイプという氏族的構成からしてこの戦術は分断には有効であった。

3……議会選挙で与党勝利

下院選挙で政権与党「統一」が勝利

予行演習といわれた1999年12月19日の下院選挙で、政権与党「統一」派が勝利した。チェチェンでの強硬姿勢、そしてクレムリンやこれを支持するベレゾフスキーら金融集団の力の勝利であった。「統一」派は同じ政権与党といっても、エリツィン系勢力が総動員され支持率は23・32％となった。

この組織は9月末、政府を支持する知事たちを結集、11月に登録された。もっともほとんど綱領的な一致はなかった。クレムリンは行政、金融、経済のあらゆる回路をつうじてタテ、ヨコ（地方知事）への統制を利かせたが、96年とは異なって資金は乏しかった。ただ新政府、プーチン支持の党を強調した。より大きな政治目的は、中道派、なかでも地方知事などを背景として出てきたプリマコフ元首相、ルシコフ市長らの「祖国・全ロシア」、そして背後にあるグシンスキーのNTV派を政治的に解体することであった。

彼らは反腐敗と現実的経済政策をかかげ、政権党の一部も流れ込んできた。実際、OVRは99年なかばまでは共産党に迫る世論の支持を誇示していた。だが選挙の過程で、ルシコフ市長系はクレムリンの攻勢のなかで内部分裂となり、またシャイミエフ大統領などは、選挙中に方向転換、選挙後はいち早くプーチン支持を訴えた。それでもOVRは13・33％で生き残った。選挙後ブロックは3分解し、農業党、全ロシアはプーチン支援へ向かった。祖国派も分裂気味で、プリマコフ＝ルシコフ指導層にも分岐がみられた。事実2月はじめに大統領候補プリマコフは大統領選挙から離脱した。

もう一つの問題は、共産党で、第3回議会選挙結果は低落傾向を示していた。24・29％と第1党になったものの、他の左派は後退したからである。共産党の経済綱領もまた穏健化し、執筆者で元若手改革派から愛国派となったグラジェフの現実主義が反映されていた。急進改革派の右派勢力同盟は、8・52％となった。サマラ州知事など地方勢力、チュバイス系の統一電力の資金力に加え、チェチェン戦争を支持、愛国票を得た。

他方、この点で割を食ったのは、当初有利とみられたヤブロコ派で5・9％であった（40:135)。都市の若手改革派はヤブロコの反戦的表明よりも愛国派となった右派同盟に逃げたとみられる。もっともこれら改革派だが、その後政権との距離は開いている。政府系民族派の自民党もまた、票を喰うとみられた統一派の急成長にもかかわらず、一定の地歩を確保した。オリガルフは影響下のマスコミを動員した。また腐敗摘発からの不逮捕特権を求め、立候補した。この結果、ベレゾフスキーやアブラモビッチらオリガルフが、不逮捕特権を持つ議員となった。他方、法定得票率5％を割った政治党派は、女性党、年金党、急進的共産党系が目立った。

親クレムリン系と反クレムリン系が拮抗

新議会は前回と比較して、親クレムリン系と反クレムリン系が拮抗する形となった。党派分布は、6会派、3議員集団となった。共産党は93名、これにたいし与党系統一81名、とほぼ相打ちとなる。中規模ではOVR系46名、右派勢力同盟CPC32名、そしてヤブロコ31名、と自民党17名とが拮抗するわけである。

重要な変化は、プーチン政権の反米「愛国主義」的なスタンスによって、共産党が野党から準与党に変わったことであろう。大方の予想を裏切って前の共産党系下院議長だったが独自色のあったゲンナジー・セレズニョフ（47年生）の続投をプーチンが支持し、共産党から引き剝がすことに成功した。共産党には、親プーチンの潮流があったことも看過できない。党機関を握るクプツォフらも、この傾向がある。委員会ポストも与党と共産党が共有する一方、OVRだけでなく、右派勢力同盟もはじき出された。

この選挙直後、ロシア政治学者の間では90年代から次世紀の政党形成を巡って論争が生じた。一部の政治学者（A・クリクら）は政党や潮流がひ弱でオリガルフなどの操作もあり将来がないとみた。他方の研究者（K・ホロドコフスキーら）は選挙ごとに党派や潮流が固定的な票をえており可能性が増している、と評価した（67:183）。その判定は、新しい大統領の志向にもよるところが大きかった。

プーチンを大統領後継者に

こうして議会が整った以上、いよいよ後継問題が残った。後継者をプーチンにするという決定は、エリツィン一人で決めたという本人の回想は本当だろう。夫人や家族にも漏らさなかった。

エリツィンにとって後継者プーチンは、ＦＳＢ、ソプチャーク市長府、大統領府での行政経験が認められた。また市場経済へのコミットは疑いなかった。エリツィンの回想では最初にこの件でプーチンと会ったのは１９９９年12月14日朝、下院議会選挙の５日前である。プーチンは最初エリツィンの要請を断った。しかし完全な拒否でもなかった、と最後の『大統領のマラソン』では書いている（151）。もっとも８月の首相代行にプーチンが推挙された段階で後継含みであったという観測もなくはない。

12月28日夜、エリツィンはプーチンの回答を待つまでもなく、大統領府長官ボローシンと前長官のユマシェフに31日をもって引退することを伝え準備を促した。31日正午の大統領の新年演説で、新大統領の後継候補を披瀝したいという意味である。29日朝９時、プーチンは決意したような印象でエリツィンの前に出た（151:13）。

31日朝９時半にプーチンのほか、儀典長、報道官が来て放映のための録画が始まった。夕方５時クリントン大統領が別れの電話をよこした。エリツィンは辞任演説で、明るい未来に一挙にはいけなかったことを国民にわび、大統領代行としてウラジーミル・プーチンに後事を託したと伝えた。「ロシアを大事にせよ」、と。他方、代行プーチンはエリツィンと家族の無答責の保障に直ちに署名した。

新大統領選挙は３月26日に決まった。

［終章］
プーチン時代の始まり

エリツィンの後継者であるプーチン統治の初期段階に現れた「継承」と「断絶」を扱う。一部はプリマコフ政治の影響（議会の尊重、政党政治、エネルギー部門の国家統制、オリガルフとの政経分離、保守主義）が新しい特徴となった。中央と地方関係を大幅に集権化したが、エリツィン政治の負の側面も見ていた。同時に、プーチン政治内部でも、最大の宿痾となったNATO拡大とウクライナ問題の持続といった新しい矛盾が生じはじめた。

2000年に入って早々、プーチン候補は「千年紀の狭間のロシア」という論文をネットで公開した。そこで、ロシアのGDPが半減し米国の10分の1、中国の5分の1、一人あたりの国民所得もG7の5分の1、と語ったことはさすがにショックを与えた。国家の垂直的統制を強化し、「操作可能な民主主義」をめざさなければならないといった。

それから20年、ロシアでは市場経済への移行や民主化への期待が後退する一方、アフガン敗戦に見られるパクス・アメリカーナの終焉、中国の超大国としての台頭と並ぶ大国ロシアの復活について世界的関心が集まる。プーチン体制とは旧ソ連的なものへの回帰であり、世界は新冷戦への逆戻りなのか。とくに2014年のウクライナ危機をきっかけにロシア論が再び高まりだした。

民主化と市場経済への移行、国際協調

プーチン政治とはエリツィン体制が1996年前後に当面した危機への一つの回答であったというのが筆者の解釈である。

大統領制導入など民主化と市場経済への移行、そして国際社会との協調という目的から見れば、90年代のボリス・エリツィンの統治はロシア人には期待外れであった。世論での支持率は数％に下がった。市場導入に伴う混乱、格差の増大と並んで民営化の腐敗、とくにオリガルフ（寡頭支配）という新興エリートにエネルギーや金融、情報の国家資産を大安売りしたことへの反発があった。

だがボリス・ベレゾフスキーなど「7人の銀行家」とも呼ばれたオリガルフは、1996年の大統領選挙でエリツィン再選をはかり、金権選挙とメディア操作で辛勝、政権の実権を握ったものの、その後は自己利益の最大化をめざして派閥対立、利権争い、果ては契約殺人と腐敗などがめまぐるしい人事異動をもたらした。テレビや新聞などはにわかにオリガルフの系列化し、良心的ジャーナリストも暗殺の脅威がました。

チェルノムィルジン首相の統治は98年3月に突然に終わり、かわったキリエンコ首相は、今度はアジア経済危機の大波に破綻し、8月17日通貨の大幅なデフォルトを起こした。このこともあって、急遽登板したプリマコフ首相の議会多数派と結びついた統治は、8カ月と短かったとはいえ、ロシアの政治と経済に安定をもたらした。そのプリマコフを政治的に押し上げたのは米国民主党政権が進めたNATO東方拡大でもあった。

エリツィンにこの難題を飲ませようとした国際社会、とくに冷戦後唯一の超大国となった米国、とりわけ民主党ビル・クリントン政権の過誤でもあった。ドイツ統一後の同盟不拡大の東西合意を反故にし、G・ケナンなどのソ連専門家の反対をよそに96年以降NATO東方拡大を本格化させた。ポーランド系など東欧移民票ほしさという米国内政、96年大統領再選への目的もあった。この結果、ユーゴ紛争、とくにコソボへのNATO介入などが米ロ関係を緊張させた。

このことはロシアでの親欧米潮流を没落させ、かわってゴルバチョフ側近だったプリマコフが外相、そして98年には首相となりインド・中国を重視するユーラシア主義の源流になった。この間、96年7月、エリツィンは大統領教書「安全保障」で、対日平和条約締結による関係改善も指摘した（DV:7/96/p.32）。クリントンは翌年のデンバー・サミットでエリツィンを招待（G8）、またウクライナ関係や橋本政権との日ロ関係改善への仲介も図る。これが97年11月1日のクラスノヤルスク会談の背景となった（NG:30/10/97）。だが、その後経済危機に陥ったエリツィン政権に対日改善を進める余力はなかった。

こうしたなか95年以降エリツィンは事実上の病人であって、「家族」と呼ばれた側近は後継者探しに動きだした。プリマコフ封じもあって、情報関係、シロビキと呼ばれた安全保障機関出身者が有利となった。東独でNATO対策の情報将校だったウラジーミル・プーチンはドイツ統一を前に帰国して恩師のサンクトペテルブルク市長アナトーリー・ソプチャーク（1937-2000）の国際担当副市長となったが、96年市長再選敗退後、クレムリン大統領府入りし、やがてFSB長官として台頭、99年8月には首相代行となり、年末に後継指名を受けた。

国家の復権、市場経済の維持、保守主義

プーチンの政治綱領とは国家の復権と市場経済の維持、そして保守主義といえる。エリツィン時代末期

に極限に達していた、ソ連末期以来の崩壊現象、テロなどでの民族問題、市場経済の制度の未熟さと格差拡大、人口減少。これをプーチンは国家の垂直的統合強化とロシアの保守主義へとかじを切った。3月大統領選挙では、共産党やプリマコフ＝ルシコフ連合に対して、ショイグ非常事態相やドミトリー・メドベージェフはプーチン党「統一」を拠点に善戦した。チェチェン紛争の激化という安全保障の危機に「シロビキ」と呼ばれた強力官庁出身のプーチンは人気が高まった。

ロシアで保守主義とは復活した正教会との関係も無視できない。こうして2000年5月、53％の得票率で2代目大統領になったプーチンは、チェチェン紛争などの民族問題と格差拡大、オリガルフの横暴に飽きた民衆の心理をつかんだ。力が安定をもたらすという方程式ができはじめた。

もっともこの段階でプーチンはエリツィン末期の大統領府、政府、そして議会などの構成を大きくは変えなかった。「家族」系のボローシン大統領府長官は留任である。なお彼の元にはKGBのセーチンとリベラル派のドミトリー・メドベージェフという副長官を置いた。またカシヤノフ首相は家族系だった。

プーチン政権を支えるエリート集団は、エリツィン政権下で台頭した金融グループと、プーチン大統領の恩師、ソプチャーク市長や同窓生、サンクトペテルブルク出のいわゆる「強力官庁」出身の官僚たちがある種の均衡を保持している。後者を構成する集団は、ペテルブルク人脈ともいわれる、プーチンの同窓生や、セルゲイ・イワノフ（53年生）国防相、パトルシェフ対外防諜局長官など防諜チームと、ドミトリー・メドベージェフやクドリン副首相らソプチャーク市長側近のリベラルなどさまざまな人物があった。

彼が最初にやったことは、オリガルフ対策であった。２０００年8月の原潜クルスクの事故にさいし、オリガルフのなかで親プリマコフ系として反プーチン色をあらわにしたメディア・モスト社のグシンスキーは逮捕され、やがてそのテレビ局はガスプロム系の傘下にはいった。オリガルフが言論の自由の後ろ盾になった90年代末の状況は一転した。90年代の議会攻撃など不人気なエリツィンを擁護し続けたことで

「リベラル」なイメージを持たれたNTVは、別の主人の到来でその代価を払うことになった。ある知識人は、同社を支えた勢力について、かつてのボリシェビキ系知識人に例えた。白軍への赤色テロを支持しているうちに、テロは自らにかかってきたのである（22:95）。

同様なことは最大のオリガルフとしてキングメーカーを自称したベレゾフスキーもクルスク原潜事故の報道をとがめられてロンドンに出国した。こうして情報系オリガルフは元情報将校の権力と衝突し、ロンドンに半亡命状態となった。モスクワでも評判の著作『クレムリンのゴッドファーザー』のなかで、著者クレブニコフは、ベレゾフスキーのもっとも破壊的な遺産を、彼が国家をハイジャックしたことと特徴づけている（46）。

こうしたなかベレゾフスキーはこの12月、あたかも19世紀の評論家アレクサンドル・ゲルツェン（1812-1870）を気取って、「ロンドンからの手紙」を新聞に掲載、そこで、チュバイス（統一エネルギーシステム）、ボローシン大統領府長官、カシヤノフ首相ら、エリツィン一族に近いとされる人物に、政権から離脱して、新たな反対派集団を形成することを呼びかけたもののむなしかった。それまでクチマやルカシェンコととともにCIS統合の旗を振っていたベレゾフスキーは、今度はその暴露とカラー革命派に転向した。しかしプーチンは2001年8月、彼らを招待し残りのオリガルフを資本家として政治から分離することを呼びかけた。

「反テロ」問題では米国と共闘

この間プーチンは、米国での9・11同時多発テロ事件もあり、イスラム急進主義に対抗する「反テロ」問題で共和党ブッシュ・ジュニア政権と共闘し、米ロ関係をリセットした。原子力潜水艦クルスクの事故やチェチェン紛争激化もあって通常戦力重視派クワシニン総参謀長と、核ミサイル重視派のセルゲーエフ国防相とが対立していた。２００１年の変化を通じて明らかになったことは、通常戦略重視派が勝利したことである。コストのかかる冷戦期の対米対等といった戦略よりもチェチェンのゲリラに勝てない通常兵力のレベルアップが参謀本部には問題だった。こうして国防相は初めて文官でプーチンの同僚だったKGB職員セルゲイ・イワノフに代わったのがこの4月であった。

この間ライバルだったプリマコフ＝ルシコフ派と組んで統一ロシア党を作り、日本の自民党などを参考に一党優位制の政治システムを構築、安定議会制度をめざした。このことはリベラル派からはソ連共産党のような統治党の復活かという批判もあった（22:349）。それでも、エリツィン時代の議会や政党軽視に対する一定の修正とはなった。政党規制などもプーチンの権威主義への傾斜として一部では懸念されたが政党法を制定することで、１８０以上のミニ政党を本格的に統合し、安定した政党システムにしようというプーチンの試みは、プリマコフらの「祖国」とショイグらの「統一」派の合同（「統一ロシア」）によって一つの転機を迎えた。中道派の両者はプーチン大統領の選挙をめぐる確執以外は大きな政策的な違いはなかったからである。こうして、一方では右派勢力同盟ＳＰＳやヤブロコの右派、他方で左派の共産党といった布置のなかで、プーチンは強力な中道勢力の足がかりを得たことになる。経済政策で右派がこの政党と同一歩調をとる以上、プーチンは共産党など左派を容易に封じ込めるようになった。

オリガルフの政界進出との対決

プーチン政権初期の最大の試練となったのは石油利権を握ったオリガルフの政界進出との対決であった。なかでもユーコス社のホドルコフスキー自身は、２０００年の大統領選挙ではプーチン選挙にはやや距離をおいたが、９月11日テロの後の石油価格高騰もあって次第に石油税問題などエネルギー政策に関与しだした。議会内のロビー活動で共産党とヤブロコを通じて多数派形成をめざし、同時に04年末の議会選挙後に首相をめざす計画は、欧米政権やビジネス界に国際的にもPRし、将来の政治進出への布石と思われた。だが最大の輸出産品である石油をめぐる国家とオリガルフとの03年の争いで、プーチンはロスネフチ社のボグダンチコフら、1998年にエネルギーの国家統制を主張した企業家と連携、民営化をはかり将来の政権をめざすユーコス社のミハイル・ホドルコフスキーとの戦いにプーチンの旧友イーゴリ・セーチン(60年生)やセルゲイ・プガチョフ、そしてシロビキ系の力を借りて勝利した。ホドルコフスキーは逮捕され、プーチン政権の政治犯と言われた。

エネルギーなど価格変動の激しい、しかも高騰する資源を国家の戦略的な資産として統制下におき、完全な民営化を許さないという発想は、ホドルコフスキーらの完全民営化で対中パイプラインまで構想した考えと反対であったが、政権はノルウェーやサウジアラビア、インドネシアの国家統制モデルを利用した。

エネルギー価格の高騰による財政収入の急拡大もあって経済は安定化し、プーチンの人気は高まった。2000年からの8年は国民生活を改善でき、成功した大統領だった(レムチューク『独立新聞』編集長)。次の試練は憲法上の任期問題だったが、若手民主化派でガス企業から副首相となったドミトリー・メドベージェフを技術的大統領とし、自分は実力派首相となる双頭支配(タンデム)を案出して切り抜ける。この双頭支配のモデルは、90年代末の議会に支持された強い首相というプリマコフ政権であった。

NATO拡大とジョージアで欧米と対立

こうして回復したロシアにとっての対外的試練は、旧ソ連圏まできたNATO拡大問題であって、ウクライナ、とくにジョージアをめぐって欧米とロシアとの支配権争いが激化した。

2008年大統領となったメドベージェフは親米系ジョージアとザカフカスの「未承認国家」をめぐる争いに限定的軍事力を行使した。なかでも2011年、リビアをめぐって国連制裁に賛成したメドベージェフを3月に訪ロしたジョー・バイデン米副大統領が支持を公言、プーチン3選に反対したことが発覚し、プーチンは大統領復帰をめざし、結果的にはプーチンⅡともいわれる2012年選挙での大統領復活に拍車をかけた。

メドベージェフはその後首相としてプーチンに忠実であったが、2014年はウクライナのNATO加盟をめぐり米ロの綱引きが本格化した。ロシアから見ればクリミアは1954年までロシア領、東部ウクライナの軍産地帯もロシア人が多く、黒海艦隊はロシアとウクライナとの共同管理だった。しかしウクライナ出身の米国民主党戦略家ブレジンスキーやネオコン系が「民主化革命」を掲げ、西ウクライナのカトリック系勢力に関与し、同国の分裂に拍車をかけた。

NATO東方拡大は、リーマンショック後の中国の急成長も相まってロシア外交の東方シフトを進めた結果になった。2012年秋のAPECウラジオストク会議を契機に、プーチン政権は北極圏のLNG開発やシベリアの石油・ガス資源をパイプラインで中国やアジア市場に移送しだした。地球温暖化ともあいまって北極海は新たな交通路の可能性ができ、その入り口となるウラジオストクの比重を高めた。2015年からは東アジア首脳が集まる東方経済フォーラムが開催された。

中ロ関係の密接化が促進

また米中関係の悪化に伴って、中国はロシア、シベリア・極東のエネルギーだけでなく農業などにも強い関心を示し、結果としてNATO東方拡大の動きが中ロ関係の密接化を促している。ロシア人の意識のなかでもゴルバチョフからエリツィン期に全盛だったヨーロッパ・キリスト教文明への志向といった意識は低下、東西バランス論を経て、むしろ東方志向を強めているという皮肉も見逃せない。

もっともロシアでの政治意識では権力と所有関係とはつながっており、したがって権力の本格的移行は政治思潮の変容や所有関係の変動を伴うことは、ソ連末期からの経験が物語っている。現在の中年以上のロシア人たちは、ソ連崩壊前後の激動の30～35年ほどの大変動を体験した世代であり、むしろ保守的心情が宗教や、対外関係の変化とも相まって権力への依存を強めている。その意味ではプーチン的保守主義の古層は、とくに「大祖国戦争」期以来の愛国主義ともつながって根深いものがある。

もちろん大都市を中心にアレクセイ・ナワリヌィ（76年生）などの反対派運動が再燃、とくに２０１８年以降は年金問題やＧ７の制裁とも相まって再選されたプーチン人気の低下がめだった。２０２０年１月プーチンは、それまでの相棒だったメドベージェフ首相を解任、後任にミシュスチンをつけると同時に、１９９３年エリツィン憲法のとくに後半を改正し、より保守色の強いものに変えた。この時生じたコロナウイルス危機によって、世界政治はグローバル化し、またリモート化した。２０２１年には発足した米バイデン政権との間で6月首脳会談が行われ、さらに8月のアフガニスタンからの撤退が米国の退潮を印象づけた。地球温暖化や中国、インドの台頭など世界は新たな再編成の時代を迎えるなか、手練れの国際政治のプレーヤー・ロシアが主導的な政治的位置の一つを占めるだろうことは間違いない。

あとがき

終わってから気がつく、ということがある。

デタント期の1975年、初めてのモスクワ留学で、お上りさんよろしく『モスクワ芸術座』でゴーリキーのお芝居を見ての帰り、隣の古本屋にいったら20世紀初め、つまり作家のゴーリキー時代の社会民主主義や各派のマルクス主義文献がひっそり積まれてあった。そのなかには合法マルクス主義の貴重な雑誌まであった。あわてて乏しい奨学金で買ったことを思い出す。

そのモスクワ芸術座のパトロンが、レーニンにも献金していた大商人といわれた古儀式派出のサッバ・モロゾフであり、彼らこそ1905年の「革命」から17年の二月革命までのロシア政治経済を動かした勢力、ロシア資本主義の発達を正当化したのがこの勢力であったことは、そのときどころかソ連崩壊後もしばらく気づかなかった。

その頃のイデオロギー的な偏見もあってか、レーニン流の「革命的マルクス主義」こそ歴史の正道だと広く信じられた。もっともその頃の指導者がレオニード・イリイッチ・ブレジネフだからといってウラジーミル・イリイッチ・レーニンの正統な流れだという解釈はさすがの日本でももちろんなかった。むしろトロツキーの『裏切られた革命』こそ、今日を解く鍵だという解釈も有力になりはじめたが、密かな宗教リバイバルなど留学中の経験に照らして違和感もあった。

留学中、ある知識人と話していて、モスクワこそレニングラードだという言説を聞いた。たしかになぜレーニン廟があるモスクワがレニングラードではないのか。そのような懐疑は70年代のロシア人たちのなかでの教会復興といった保守化傾向とも相まって日本でのパラダイムへの懐疑を強めた。そこにポーランドでのカトリック系労組の連帯運動が生じたのは80年代初め、その挫折後しばらくしてソ連でペレストロイカが生じた。1930年代のスターリン時代の危機を論じた研究を続けながら、85年5月に短期のモスクワ留学でペレストロイカの揺籃期を現地で体験したのが大きな契機となった。

それでも1988年までのゴルバチョフのペレストロイカは、民主化、市民社会、多元主義と現代政治学を学んだものにはわかりやすかった。だがその後、ロシアを含む共和国の主権、独立、そしてソ連邦の崩壊のような嵐の展開となった。ペレストロイカ直前の英国の学会で同僚とスターリン政治を全体主義論や各種の現代政治のシェーマとの関連で議論していたとき、ビザンチンとの関係はと問われたことの違和感がよみがえる。また日露戦争後初めてソビエトを生みだしたイワノボ州でのネップ期ソ連の労働紛争を90年の英国での世界学会で発表したとき、同地の正教異端派との関連を質問されたことが、このような視角からの研究を四半世紀前に始める契機となった（下斗米2017）。

実際、89年頃エリツィンが登場しだすころからわかりにくさが増した。ソ連とは異なるロシアとは何か。その頃当時のロシアの政治学者にはじめて聞いたのがメリニコフ＝ペチェルスキーの著作を読めという示唆だった。ロシア正教古儀式派。キーテジの都。アバクーム。ラスコリニク。もちろん知識として知ってはいたが、よくわからない世界である。それでもエリツィンからプーチンへという流れをフォローして大学や学会のルーチンを済ませた21世紀になって勉強しはじめたところで、これらの仕事を読み直す必要を痛感した。２００８年モスクワの古儀式派の司祭派の拠点ロゴジスコエ墓地の近くに部屋を借りて勉強し直した。そうするとモスクワは別の相貌をもって現れだした。第三インターナショナル（コミンテルン）ではなく『第三のローマ』。そしてトレチャコフ美術館の体現するロシア（133）。

十月革命が生みだしたといわれる最大のA・ブロークの詩「12」の革命兵士はなぜキリストの使徒の数なのか、その詩になぜ古儀式派でかくIisusというキリストの表現がでるのか。なぜソ連邦はロシアに代わったのか。なぜロシアとウクライナはその後も対立がやまないのか。なぜレーニン廟が１９２４年赤の広場にたったのか。その撤去問題がプーチン政治を二分するのか。エリツィンとはだれなのか。ロシアの少し古い歴史まで遡らないと解けない謎が残った。ようやくたどり着いた結論が本書の観点である。

激動の20世紀を生きてきたロシア人の心性の根っこにあるのは、必ずしも自覚しているとは限らないが古い信仰を信じる正教徒なのだ。彼らの密かな国家観が期せずして、１９２２年のソビエト国家のソユーズという連邦条約に埋め込まれていた。それがペレストロイカの民主化と宗教解禁で主権ロシアとして甦った。碩学ジェームズ・ビリントンの『聖像画《イコン》と手斧――ロシア文化史試論』に、ラスコリニキのなかでも極端な鞭身派の創始者とスターリン時代の赤色教授学院出イデオローグ（ミハイル）とがおなじスースロフというのはけっして偶然ではないという指摘がある。また冷戦の闘士グロムイコが回想録で古儀式派の末裔であることを書き込んだのかが、理解できないと、崩壊後のロシアが理解できない。

彼の前任者のモロトフも、孫のニコノフは認めていないが、じつは古儀式派の系譜からスターリン党官僚となった。ロシア革命１００年にあえて古儀式派を公認したプーチンは、２０２１年7月になってロシアとウクライナとは同じ民族だという論文を公表したが、ロシアとウクライナとのあざなえる縄のような意識の転変のなかでこの問題を考える必要がありそうだ。政治の世界は新しく見えるようでいてどこでも古い岩盤がある。

世界を揺るがした20世紀初めのロシア革命も、ドイツ系ユダヤ人のカール・ラデック（1885-1939）やハーバード大出身ジャーナリストのジョン・リード（1887-1920）が相当西側の世論に合わせて脚色したドラマであって、実態はもっと泥臭い現象であったように思われる。こう考えるとソ連崩壊も、またきわめてアルカイックな土着的ロシアの再生であったことになる。

本書の出版にあたってはエスエフ・プレスの赤羽高樹氏、作品社の内田眞人氏にお世話になった。そして一九八五年五月、何もないモスクワに乳のみ児をかかえて滞在した折、ペレストロイカに夢中になりはじめた研究者を支えてくれた妻玲子と家族に感謝したい。持参した紙オムツが切れて捜したら当時のモスクワには闇市場が存在した。ただしそれは当時は外貨で買えるネスカフェ一瓶と物々交換だった。ちなみに二〇年後モスクワを再訪した彼女らがみたのは東京の高級スーパー並みの世界だった。

関連政治家略評

ボリス・エリツィン（1931-2007）ウラル出身のソ連政治家から初代ロシア大統領としてソ連崩壊を促進。若手改革派を使って1992年から市場改革を行なうものの、オリガルフの台頭を促し、民営化は国民の批判をあびる。また最高会議を93年秋に解体、憲法改正を行なうが、オリガルフ（新興寡頭支配層）の情報・金融力で96年7月に再選されたものの、98年金融危機でエリツィン改革は終わり、ウラジーミル・プーチン首相を後継指名し、99年末に辞任。

エゴール・ガイダル（1956-2009）ロシアの若手経済学者として市場改革を推進。91年11月に副首相としてショック療法を行なうが、1994年初め解任。10月「ロシアの民主的選択」党首。99年、右派勢力同盟。

レオニード・クラフチューク（1934-）ウクライナ共産党官僚から、1991年同最高会議議長、12月に初代同大統領、エリツィンらとソ連崩壊をベロベーシ会議で決める。94年大統領選でレオニード・クチマ首相と争って落選。

ミハイル・ゴルバチョフ（1931-）

スタブローポリ州の農民の子として生まれ、モスクワ大学法学部卒。地元の農業担当書記をへて1978年からソ連共産党の党書記、84年にチェルネンコ書記長の元で第二書記、85年3月から後継書記長。87年から政治改革を推進、88年の第19回党協議会で党の民主化、また新思考外交で軍縮や東欧市民革命を推進、東西冷戦を終わらせる。90年3月ソ連の大統領になるが、同年末にエリツィン率いるロシア共和国の挑戦を受け、91年8月に新連邦条約締結を前にクーデターで実権を失い、共産党中央を解散、12月末にソ連崩壊。

ゲンナジー・ジュガーノフ（1944-）

ペレストロイカ末期から改革批判派。その後ロシア共産党の党首として1996年大統領選では現職エリツィンの対抗馬だった。プーチン政権では体制内野党。

ウラジーミル・ジリノフスキー（1946-）

中東研究者からソ連末期に自由民主党を立ち上げ党首。しばしば奇矯な言説で知られるが、基本的政策はクレムリンに同調する。

セルゲイ・ショイグ（1955-）

ブリャート・モンゴル系トゥワ人のロシア非常事態相。1999年にプーチン支持の統一党指導者。その後モスクワ州知事をへて、2012年末から国防相。

アナトーリー・ソプチャーク（1937-2000）　政治家、法学者。レニングラード大法学部卒業後、同大法学部長から、野党系のソ連最高会議議員。1991年サンクトペテルブルク市長。プーチン、

ドミトリー・メドベージェフの恩師で、アレクセイ・クドリンらとともに支援を受けた96年市長選で敗北。

ビクトル・チェルノムィルジン（1938-2010）　オレンブルク州のコサック出のガス専門家。ソ連共産党重工業部から、1985年ソ連石油ガス相。89年ガスプロム社理事長。92年5月ロシア副首相、12月から首相として98年3月まで務める。2001年から09年までウクライナ大使。

アナトーリー・チュバイス（1955-）　ロシアの市場改革派の経済学者。1991年からIMF（国際通貨基金）との連携で民営化を促進。92年から副首相。96年7月から大統領府長官。翌年、副首相。99年には右派連合指導者。

ルスラン・ハスブラートフ（1942-）　チェチェン系の経済学者。1990年にロシア最高会議第一副議長を経て、翌年6月から同議長。8月クーデターでエリツィン大統領と協同するが、92年からは次第に対立、93年10月最高会議事件で逮捕。

ウラジーミル・ウラジーミロビッチ・プーチン（1952-）　ロシア政治家、大統領。レニングラード（サンクトペテルブルク）に生まれ、レニングラード大学法学部をへて1976年、KGB（国家保安委員会）将校。東独ドレスデン駐在。90年帰国後、サンクトペテルブルク副市長をへて96年からロシア大統領府勤務。99年8月から首相。年末大統領代行をへて2000年から大統領。04年に再選。08年から12

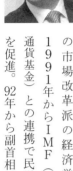

年まで首相。同年5月、大統領に復帰。18年から4期目。

エフゲニー・マクシモビッチ・プリマコフ（1929-2015）　ソ連からロシアにかけての政治家。政治学者、ジャーナリスト。中東専門家として東洋学研究所長から党政治局員。ソ連崩壊後は対外諜報庁長官から96年よりロシア外相。98年首相。大統領候補にも擬せられる。商工会議所会頭。

ボリス・ベレゾフスキー（1946-2013）　オリガルフ。数学者から自動車販売のロゴバズ社を足掛かりに政商として公共放送ＯＲＴとシブネフチを格安で入手。１９９６年エリツィン大統領再選に貢献。安全保障担当次長、ＣＩＳ（独立国家共同体）執行書記として、プーチン政権のキングメーカーとなろうとするが退けられ、英国で反プーチン運動中に死去。

ミハイル・ホドルコフスキー（1963-）　オリガルフ。党の青年組織コムソモールの若手として「メナテプ」グループから石油企業ユーコス社を育てる。同社を基礎に政界進出をはかろうと海外との提携を推進するが、２００３年にプーチン政権と対立。10月に逮捕、政治犯となり13年恩赦。

ユーリー・ルシコフ（1936-2019）　１９８０年代後半、エリツィン・モスクワ党第一書記のもとで副市長として台頭。92年からモスクワ市長として富と権力を握り、また民族派として名をあげ、99年後半はプリマコフと組んで、一時はエリツィンやプーチンのライバルでもあった。２０１０年失脚。

アレクサンドル・ルツコイ（1947-）

ソ連軍人としてアフガニスタン戦争に関与。1990年ロシア共産党改革派として、91年6月エリツィンの副大統領候補となり、8月クーデターを阻止。その後、急進改革派批判でエリツィンから離れ、ハスブラートフと政治行動を共にし、93年10月最高会議事件で逮捕。96年クルスク州知事。

アレクサンドル・レーベジ（1950-2002）

ロシア軍人、政治家。1991年8月クーデター時に動員されながら、エリツィン陣営を支持。その後モルドワに派遣される。96年大統領候補となるが、決選投票でエリツィンを支持。7月から10月まで安全保障会議書記、チェチェン紛争を終わらせる。その後クラスノヤルスク州知事時に事故死。

ロシア主要政治人事

	大統領	首相	大統領府長官	安全保障会議書記	外相
1991	エリツィン	シラーエフ〜エリツィン	ペトロフ	——	コズィレフ
1992	エリツィン	ガイダル〜チェルノムィルジン	ペトロフ	スコーコフ	コズィレフ
1993	エリツィン	チェルノムィルジン	フィラトフ	シャポシニコフ	コズィレフ
1994〜	エリツィン	チェルノムィルジン	フィラトフ	ロボフ	コズィレフ
1996	エリツィン	チェルノムィルジン	チュバイス	レーベジ	プリマコフ
1997	エリツィン	チェルノムィルジン	チュバイス	ルイプキン	プリマコフ
1998	エリツィン	チェルノムィルジン〜キリエンコ〜チェルノムィルジン〜プリマコフ	ユマシェフ〜ボルジュージャ	ココーシン、ボルジュージャ	プリマコフ
1999	エリツィン	プリマコフ〜ステパーシン〜プーチン	ボルジュージャ〜ボローシン	プーチン	I・イワノフ

2000	プーチン	カシヤノフ	ボローシン	S・イワノフ	I・イワノフ
2001〜	プーチン	カシヤノフ	ボローシン	ルシャイロ	I・イワノフ
2003	プーチン	カシヤノフ	ボローシン	ルシャイロ	I・イワノフ
2004〜	プーチン	カシヤノフ〜アリステンコ〜フラトコフ	メドベージェフ	I・イワノフ	ラブロフ
2006	プーチン	フラトコフ	ソビャーニン	I・イワノフ	ラブロフ
2007	プーチン	フラトコフ〜ズプコフ	ソビャーニン	I・イワノフ	ラブロフ
2008	メドベージェフ	ズブコフ〜プーチン	ソビャーニン、ナルイシキン	パトルシェフ	ラブロフ
2009〜	メドベージェフ	プーチン	ナルイシキン	パトルシェフ	ラブロフ
2011	メドベージェフ	プーチン	S・イワノフ	パトルシェフ	ラブロフ
2012〜	プーチン	プーチン〜ズブコフ〜メドベージェフ	S・イワノフ	パトルシェフ	ラブロフ
2017〜	プーチン	メドベージェフ	バイノ	パトルシェフ	ラブロフ
2020〜	プーチン	ミシュスチン	バイノ	パトルシェフ	ラブロフ

関連政治年表

1953	3月、スターリン・ソビエト連邦（ソ連）首相・共産党書記死去（5日）
1956	2月、フルシチョフ党第一書記のスターリン批判（25日）
1964	10月、フルシチョフ失脚（14日）、後任ブレジネフ
1982	11月、ブレジネフ党書記長死去（10日）、後任アンドロポフ
1984	2月、アンドロポフ死去（9日）、後任チェルネンコ
1985	3月、ゴルバチョフ党書記長就任（11日）　11月、米ソ首脳会談（19日、ジュネーブ）
1986	2月、第27回党大会（25日）　4月、チェルノブイリ核事故（26日）
1987	1月、中央委政治改革（27日）　10月、エリツィン事件
1988	6月、第19回党協議会（28日）、党官僚支配の終焉
1989	11月、ベルリンの壁崩壊（9日）　12月、マルタ米ロ首脳会談
1990	6月、ロシア連邦主権宣言（12日）　7月、第28回党大会
1991	6月、ロシア大統領選挙でエリツィン勝利（12日） 8月、クーデター（19日）、エリツィンら抵抗し失敗 9月、バルト三国独立（5日）

1991	12月、ウクライナ独立国民投票（1日）、ベロベーシ会談（8日） 12月、アルマアタ11首脳会談（21日）、ソ連崩壊（25日）
1992	1月、ガイダル副首相の価格自由化（2日） 12月、チェルノムィルジン首相就任（14日）
1993	9月、ロシア憲法改正提案の大統領令1400（21日） 10月、最高会議砲撃 12月、議会選挙で自由民主党躍進、憲法採択（12日）
1994	12月、チェチェン紛争（11日）
1995	3月、担保債権民営化交渉（31日） 12月、下院選挙で与党敗北
1996	1月、プリマコフ外相就任 7月、エリツィン大統領再選（2日） 9月、チェチェン和解
1997	7月、スビャージインベスト民営化（25日）と銀行間戦争
1998	3月、キリエンコ首相就任 8月、デフォルト（17日） 9月、プリマコフ首相就任（11日）
1999	5月、プリマコフ解任、ステパーシン首相就任 8月、プーチン首相代行就任（16日） 12月、エリツィン辞意（31日）、プーチン大統領代行就任
2000	3月、大統領選挙でプーチン当選 5月、大統領に就任（7日） 8月、クルスク原潜事故（12日） ベレゾフスキーらオリガルフ失脚
2001	7月、オリガルフとの社会契約（1日）
2003	10月、ユーコス社のホドルコフスキー逮捕（25日）
2004	3月、プーチン大統領再選（14日） 8月、ベスラン事件（31日）
2006	7月、サンクトペテルブルクG8サミット（15日）

2007	2月、プーチン対米批判（10日、ミュンヘン）
2008	5月、メドベージェフ大統領（7日） 8月、ジョージア（グルジア）事件
2012	5月、プーチン大統領復帰（7日）
2014	2月、ウクライナでマイダン革命（22日） 3月、クリミア併合（18日） G8からロシア追放
2015	9月、プーチン、シリア攻撃の国連演説（30日）
2018	5月、プーチン大統領四期目へ
2019	12月、プーチン、憲法改正（36年まで続投可能に）を提起（19日）
2020	1月、メドベージェフ解任（15日）、ミシュスチン首相就任 7月、国民投票で改憲成立
2021	9月、下院選挙で与党圧勝（19日） 12月、ソ連崩壊、ロシア連邦成立、30周年

2001
155　S. Zen'kovskii *Russkoe straoobryadchestvo*, Tserkov', M., 1995
156　M. Zygar *All the Kremlin's Men: Inside the Court of Vladimir Putin,* Public Affairs, 2016

和文文献

安達祐子『現代ロシア経済』名古屋大学出版会、2016年
石郷岡健『ソ連崩壊1991』書苑新社、1998年
小林昭菜『シベリア抑留』岩波書店、2018年
下斗米伸夫『ゴルバチョフの時代』岩波書店（岩波新書）、1988年
――――『独立国家共同体への道』時事通信社、1992年
――――『ロシア現代政治』東京大学出版会、1997年
――――『ロシア世界』筑摩書房、1999年
――――『ロシアとソ連　歴史に消された者たち〈古儀式派が変えた超大国の歴史〉河出書房新社、2013年
――――『宗教・地政学から読むロシア「第三のローマ」をめざすプーチン』日本経済新聞出版、2016年
――――『神と革命　ロシア革命の知られざる真実』筑摩書房、2017年
――――『新危機の20年』朝日新聞出版（朝日選書）、2020年
中澤孝之『ベロヴェーシの森の陰謀　ソ連解体二十世紀最後のクーデター』潮出版社、1999年
溝口修平『ロシア憲法体制の成立』北海道大学出版会、2016年
皆川修吾『ロシア連邦議会』渓水社、2002年
森下敏男『現代ロシア憲法体制の展開』信山社、2001年

邦訳文献

ソロモン・ヴォルコフ『20世紀ロシア文化全史』（今村朗訳）河出書房新社、2019年
ボリス・エリツィン『告白』（小笠原豊樹訳）草思社、1990年
エゴール・ガイダル『ロシアの選択』（中澤孝之訳）ジャパンタイムズ、1998年
エレーヌ・カレール=ダンコース（谷口侑訳）『未完のロシア』藤原書店、2008年
ナタリア・ゲヴォルクヤン他（高橋則明訳）『プーチン、自らを語る』扶桑社、2000年
ミハイル・ゴルバチョフ（福田素子訳）『世界を震撼させた三日間』徳間書店、1991年
――――『ゴルバチョフ回想録』（工藤精一郎・鈴木康雄訳）上下巻、新潮社、1996年
――――（副島英樹訳）『ミハイル・ゴルバチョフ　変わりゆく世界の中で』朝日新聞出版、2020年
アレクサンドル・ソルジェニーツィン『廃墟のなかのロシア』（井桁貞義他訳）草思社、2000年

vlast, M., 1991
128 *Soiuz mozhno bylo sokhraniti,* Belaya kniga, M., 2007
129 M. Solomentsev *Zachistka v politburo, kak gorubachev ubiral "vragov perestroiki,"* Aristorus, 2011
130 A. Solzhenitsyn *Rossia v obvale,* Russkii Put', Moskva, 1998（邦題『廃墟のなかのロシア』）
131 *Sovremennaya politichaskaya istoria Rossii,* t.1-2, Rau-Korporatsii, M., 1999
132 Lekh Sukhanov *Tri goda s Yeltsinym, zapiska perbogo pomoshchnika,* Riga, Vaga, 1992
133 Strobe Talbot *The Russian Hand, A Memoir of the presidential diplomacy,* Random House, 2002
134 Vera Tolz *Russia,* Hodder, 2001
135 A. V. Torkunov (red.) *Desyat let vneshnei politiki Rossii.*, Rosspen, 2003
136 Daniel Treisman *The Return, Russia's Journey from Gorbachev to Medvedev,* Free Press, 2011
137 Tikus Sovetolog *Ikh borba za vlast,* NG., M., 1996
138 A. Tsipko *Pochemu ya ne 'demokrat,'* M., 2005
139 V. Varennikov *Delo GKChP.* Aristorus, 2010
140 *Vneshnyaya politika Rossi, Sbornik dokumentov 1990-1992,* MO, 1996
141 Solomon Volkov *The Magical Chorus,* Alfred Knopf, 2008（邦題『20世紀ロシア文化全史』）
142 Yu. Voronin *Svintsom po Rossii,* Paleya, M., 1995
143 V. Vorontsov *V koridorakh bezvlastiya, premiery Yeltsina,* Akademicheskii proekt, 2006
144 V. I. Vorotnikov *A bilo Eto tak.,* Moskva, 1995
145 *Khronika absurda, Otdelenie Rossii ot SSSR*, M., 2012
146 Jannie R. Wedel *Collision and Collusion, The strange case of Western Aid to Eastern Europe 1989-1998,* St. Martin Press, N.Y., 1998
147 Gennadii Yanaev *GKChP protiv Gorbacheva, poslednii boi SSSR*, Alistorus, 2010
148 Grigorii Yavlinski *500 plan,* 1989
149 Grigorii Yavlinski *Periferiinyi Kapitalism.,* Epitsntr, M., 2003
150 Boris Yeltsin *The Struggle for Russia*, RandomHouse, 1994
151 Boris Yeltsin *Presidentskii marafon*, Act, M., 2000
152 *Yeltsin-Khasburatov: Edinstvo, kompromiss, borba,* Terra, M., 1994
153 Iliya Zemtsov *Chernenko: the last Bolshevik,* Routledge, 2019
154 Nikolai Zen'kovich *Boris Yeltsin: Raznie zhizni,* t.1-2, Olma,

dnei, Sovershenno sekretno,1993
99 R. Pikhoya *Moskva, Kreml' i Vlast,* 2007
100 *Pochemu SSSR ne oprazdnoval svoevo 70-letiya,* Terra, 1992
101 Vladimir Polevanov *Tekhnologiya velikogo obmana,*M.,1995
102 Mikhail Poltoranin *Vlast v trotilovom ekuvivalente. Polnaya verusiya,* Alistorus, M., 2017
103 Mikhail Poltoranin *Koktel Poltranina, Tainy Eltsinskogo zakupilsya,* Algoritm, M., 2013
104 Oleg Poptsov *Khronika vremeni "Tsarya Borisa,"* Sovershenno sekretno, 1995
105 *Putch. Khronika trevozhnyi dnei,* Progress, M., 1991
106 Yuri Prokofiev *Do i posle zapreta TPSS, Pervii sekretar' MGK KPSS vospominaet,* Algoritm, M., 2005
107 Evgenii Primakov *Gody v Bolshoi politike*, M, 1999
108 E. Primakov *Vosem' mesyatsev plyus.*, Mysli, 2001
109 E. Primakov *The Unknown Primakov, Memoirs,* AIRO-XX1, 2016
110 *Pyati let reform, Sbornik statiei*, IEP, M., 1997
111 Aleksandr Pyzhkov *Korni Stalinskogo bolshevisima,* M., 2016
112 *Rossiya na pologe XX1 veka,* Obozrevatel', 1996
113 *Rossiya: partii, vybory, vlast,* Obozrevatel', 1996
114 *Rossia: Vlast i vybory,* Aviaizdat., 1996
115 *Reformirovanie Rossii:mif i realnost,* Academia,1994
116 F. M. Rudinskii *"Delo KPSS" v konstitsutionnom sude, zapisti uchastnika protsessa,* M., 1999
117 A. Rutskoi *Krovavnaya osen': Dnevnik sobytii,* M., 1995
118 I. P. Rybkin *Gosudarstvennaya duma: Pyataya popytka*, Znanie, 1994
119 N. I. Ryzhkov *Ya iz partii po imeni "rossii,"* Obozrevatel', M., 1995
120 John Scott *Behind the Urals, An American Workers in Russia's City of Steel,* Indiana Univ. Press, 1973
121 G. Shakhnazarov *Tsena svobody* Rossika, M., 1993
122 Vikor Sheinis *Vzlet i padenie parlamenta*, t.1, Fond INDEM, 2005
123 Liliya Shevtsova *Rezhim Borisa Yeltsina,* Rosspen, M., 1999
124 Liliya Shevtsova *Rossiya politicheskaya,* Moskovskii Tsentr Karnegi., 1998
125 Steven Solnik *Stealing the state: Control and Collapse in Soviet Institutions,* Harvard, 1998
126 Yuri Skuratov *Putin-ispolnitel' zloi voli*, Algoritm, 2012
127 A. Sobchak *Khozhdenie po*

sia, The Foreign Policy Centre, London, 2000

74 Anatolii Lukyanov *August 91-go. A byl li zagovor?,* Alistorus, M., 2010

75 Yurii Luzhkov *My deti tvoi,* Moskva, 1996

76 Michael McFaul *Russia's Unfinished Revolution, Political Change from Gorbachev to Putin,* Cornel Univ. Press, 2001

77 A.M.Medushevskii *Demokratiya i avtoritarism:Rossiskii konstututslonalism v sravnitelinoi perspektive*, Rosspen, 1998

78 Roy Medvedev *Politili i politika rossii, vremya i bremya vybora,* M., 1999

79 Vladimir Medvedev *Chelovek za spinoi,* Russlit, M., 1994

80 A.Migranyan *Rossiya v poiskakh identitinost'.*, MO, 1997

81 A.Migranyan *Rossiya. Ot khaosa k poryadku? (1995-2000),* MONF, 2001

82 Boris Minaev *Yeltsin.*, Molodaya Gvardiya, M., 2014

83 Aleksandr Mikhairov *Portret Ministra v kontekste smutnogo vremeni:Sergei Stepashin,* M., 2001

84 Nikolai Mitrokhin *Russkaya partiya: dvizhenie russkikh natsionalistov v SSSR 1953-85*, NLD 2003

85 Leonid Mlechin *President Rossii,* M., 2003

86 Oleg Molozov *Pochemu postavili imenno Putina,* Algoritm, 2014

87 M. Nenashev *Poslednee pravitel'stvo SSSR*, A. O. Krom, M., 1933

88 B. A. Nikonov *Epokha peremen: Rossia 90-kh glazami konservarora,* Yazyk russkoi literatury, 1999

89 *Osennii krizis 1998 goda: Rossiiskooe obshestvo do i posle,* Rosspen, 1998

90 *Ot pervogo Litsa, Razgobor s Vladimirom Putinym,* M., 2000（邦題『プーチン、自らを語る』）

91 *Leading Russia: Putin in perspective, Essays in honor of ArchieBrown,* ed. by Alex Pravda, Oxford, 2005

92 *Moskva oseni-93: Khronika protivostoyaniya*, Respublika, M., 1994

93 *Neizvesnyi Rutskoi: politicheskii portret,* Obozrevakel', 1994

94 V. Novoselov, V. Tolstikov *Taina Sorokovki, "Uraliskii rabochii,"* Ekarinburg, 1995

95 Leon Onikov *KPSS:anatomiya raspada, Izd.* "Respublika," M., 1996

96 B. Oreinik *Iuda: Anatomiya predatel'stva gorbacheva*, Alistorus, 2010

97 M. Ostrogorskii *Demoktatiya i politicheskaie partii,* Rosspen, M., 1997

98 Boris Pankin *Sto oboprvannikh*

gde byl KGB?, Aristorus, M., 2011
45 Mikhail Khodorkovskii, Nataliya Gevorkyan *Tyur'ma i volya*, 2012
46 Paul Klebnikov *Godfather of Kremlin, Boris Berezovskii and the looting of Russia*, Harcourt, 2000
47 *Konstitutsii respuvlik v sostave RF*, Manuskript, M., 1995
48 A.Kozyrev *Preobrazhenie*, MO, M., 1994
49 A. Kolesnikov, B. Minaev *Egor Gaidar*, Molodaya Gvardiya, M., 2021
50 Aleksandr Korzhakov *Boris Yeltsin: Ot rassvete fo zakata*, M., 1998
51 Aleksandr Korzhakov *Boris Yeltsin: Ot rassvete do zakata 2*, M., 2018
52 Aleksandr Korzhakov *Vesy 2.0*, 2018
53 Vyacheslav Kostikov *Roman s Presidentom*, Vagrius, M., 1997
54 S. Kotkin *Magnetic Mountain*, Univ. of Calfornia, 1997
55 M. Kovalevskii *Ocherki po istorii politicheskikh uchrezhdenii Rossii*, M., 2007
56 *KPRF v rezolyutsiyakh, i resheniyakh, s'ezdov, konferentsii i plenumov TsK (1992-1999)*, M., 1999
57 *Krasnoe ili beloe?, Drama Avgsta-91*, Terra, M., 1992
58 Olga Kryshtanovskaya *Anatomiya Rossiiskoi elity*, M., 2005
59 V. Kryuchkov *Lichnoe delo*, t.1-2, M., 1996
60 V. Kryuchkov *Na krayu propast*, Eksmo, M., 2003
61 *Kto est chto, politicheskaya Moskva, 1993*, Gatallaxy 1993
61' *Kto est chto, politicheskaya Rossiya, 1995-1996*, M., 1996
62 *Kto est kto v Rossii, 1997 god.*, Olma, M., 1997
63 *Kuda idet Rossiya? Sotsialinaya transformatsiya postsoveskogo prostranstva 1996*
64 *Kuda idet Rossiya? 1997*, Izd.
65 *Kuda idet Rossiya? Transformatsiya sotsialinoi afery i sotsaialinaya politika 1998*, Izd.
66 *Kuda idet Rossiya? Kriziz industrialnikh system: vek desyatiletie, god 1999*, Logos, 1999
67 *Kuda idet Rossiya? Vlast, obshstvo, lichnost*, M., 2000
68 A. Lebed *Spektakul'nazyvalsya putch*, Izd., Lada, Tiraspol, 1993
69 *Za derzhavy ovidno, Izd., Vyatskoe slobo*, Kirov., 1995
70 Valerii Legostaev *Kak Gorbachev "prorvalsya vo vlast,"* Alistorus, 2011
71 E. Ligachev *Zagadka Gorbacheva*, Interbook, Novosibirsk, 1992
72 E. Ligachev *Predosterezhenie*, Pravda International, 1998
73 John Lloyd *Reengaging Rus-*

19 R. W. Davies *The Year of Hunger*, Macmillan, UK, 2003
20 *EepokhaYeltsina, ocherk politicheskoi istorii,* Vagrius, M., 2001
21 Stephen Fortesuque *Russia's Oil Barons and Metal Magnates, Oligarchs and the State in Transition*, Palgrave, N.Y., 2006
22 A. E. Furman *Nash desyat let, politicheskii process v Rossii s 1991 po 2001 god*, Letnyi sad, 2001
23 *93. Oktyabri Moskva, Khronika tekushchikh sovitii,* Vek XX i Mir, 1993
24 Egor Gaidar *Ekonomika perekhodnogo perioda,* M., 1998
25 Egor Gaidar *Gibel' imperii, uroki dlya sovremennoi Rossii.*, Rosspen, 2006
26 Mikhail Geller *Rossiiskie zametki (1991-1996),* MIK, M., 1998
27 Alla Glinchikova *Raskol ili* sryv Russkoi reformatsii?, Kul' turnaya revolyutsiya, M., 2008
28 *God posle Avgsta,gorech i vybor, Sbornik statei i interv'yu*, M., 1992
29 M.S.Gorbachev *Zhizni i reformy*, M., 1995（邦題『ゴルバチョフ回想録』）
30 M.S.Gorbachev *Soiuz mozhno bylo sokhranitu,* M., 2007
31 M.S.Gorbachev *V menyayushimsya mire*, M., 2018（邦題『ミハイル・ゴルバチョフ　変わりゆく世界の中で』）
32 *Gorbachev-Yeltsin, 500dnei politicheskogo protivo protivorechiya,* M., 1997
33 M. K. Gorshko *Rossiiskoe obshestvo v uslobiyakh transformatsii: mikh i real'nost' 1992-2002, Rosspen,* M., 2003
34 A. Grachev *Kremlevskaya khronika,* EKSMO, 1994
35 V. Grishin *Katastrofa ot Khrushcheva do Gorbacheva,* Aristorus, 2010
36 M. N. Guboglo *Federalism vlasti i vlast federalizma*, M., 1997
37 N.Gul'binsukii, M., Sahshkina *Afganistan.., Kreml'.., Lefortovo..?, Epizody, politichesloi biografii Aleksandra Rutsukogo*, Pada-M, M., 1994
38 David Hoffman *The Oligarchs, Wealth and Power in the New Russia*, Public Affair, 2011
39 V. Isakov *Myatezh protiv Y'eltsina*, Alistorus, 2011
40 A.V. Ivanchenko, A. E. Lyubartsev *Rossiisie vybory*, Aspekt press, M., 2007
41 Leonid Ivashev *Marshal Yzov Rokovoi August 91-goda, Pravda o Putche,* 1992, M., Muzhestvo
42 R. Khasbulatov *Velikaya Rossiiskaya tragediya*, t.1-2., Too SIMS, M., 1994
43 R. Khasbulatov *Poluraspad SSSR,* Yauza, M., 2011
44 Oleg Khlobustov *August 1991*

参考文献一覧

・本文中の出典の書誌データを以下に示した。
・本文に通し番号があるもの〔例（131）（111:347)〕は欧文文献であり、〔347〕は頁数を示し原著のものだが、「翻訳」とあるものは邦訳書の頁数である。
・本文に著者の姓があるものは〔例（小林）（下斗米 2017:96)〕は和文文献であり、同著者の著書が複数ある場合は刊行年〔2017〕を示し、〔96〕は頁数である。以下の欧文文献リストの後に一覧した。

欧文文献

1 *Armiya Rossii, sostoyanie i perspektivy*, M., 1999

2 Viktor Afanas'ev *Chetvertaya vlast, i chetyre genseka*, Kedr, 1994

3 Georgii Arbatov *Delo: yastreby i golubi kholodnoi voiny*, Algoritm, M., 2009

4 Petr Aven, A. Kox *Revolyutsia Gaidara,* Istoriya reform 90-x iz pervykh ruk, M., 2013

5 Petr Aven *Vremya Berezovskogo,* Ast, M., 2017

6 A. Baigushev *Russkaya partiya vnutri KPSS*, Algoritum, 2005

7 Chaterine Belton *Putin's People,How the KGB took back Rossia and then took on the West*, William Collins, 2020

8 O. Bogomolov *Interrelations Between Political and Economic Changes:Russia's and CIS Countries Case*, M., 1997, draft.

9 F. Bobkov *Kak gotovili predatelei,* Aristorus, 2011

10 V. Boldin *Krushenie p'edestala,* M., 1995

11 *V Politburo TsK KPSS,* M., 2006

12 N. F. Bugai *Chechenskaya Respublika,* M., 2006

13 Yu. Burtin *Novyi stroi-O nomenkraturnom capitalisme,* Epitsentr, 1995

14 G. Chernikov, D. Chernikova *Kto Vladeet Rossiiei,* Chentropoligraf, M., 1998

15 *"Chernomorskii flot, gorod sebastopol' i gorod Sevastopol i nekotorie problemy Rossiisko-Ukrainskikh otnoshenii.,"* *"Nezavisimaya gazeta,"* 1997

16 A. Chubais *Privatizatsiya po-Rossiiskii*, Vagrius, 1999

17 T. Colton *Yeltsin a life*, Basic Books, 2008

18 Helene Carrer d'Encausse *La Russie inachevée*, Fayard, Paris, 2000（邦題『未完のロシア』）

[マ]

[ヤ]

[ラ]

[タ]

[ナ]

[ハ]

[サ]

人物索引

・本書に登場する主な人物を取り上げた。
・ファミリーネームのみを記し、同姓の人物がいる場合のみファーストネームのイニシャルを入れた。
・太字は、生没年や生年、ファーストネームを記した頁である。
・ボリス・エリツィン（**28, 297**）は多出するため取り上げていない。

［ア］

［カ］

[著者紹介]

下斗米伸夫（しもとまい・のぶお）

1948年、札幌市生まれ、法政大学名誉教授、神奈川大学特別招聘教授。

東京大学大学院法学政治学研究科修了（法学博士）、朝日新聞客員論説委員（1999-2002年）、日本国際政治学会理事長（2002-04年）、日露賢人会議成員（2004-06年）、バルダイクラブ成員（2007年-）。

主要著作に『ソ連政治』（東京大学出版会）、『ゴルバチョフの時代』（岩波新書）、*Moscow under Stalinist Rule(1931-34),* Macmillan,『ロシア現代政治』（東京大学出版会）、『アジア現代冷戦史』（中公新書）、『モスクワと金日成』（岩波書店／露版）、『ロシアとソ連 歴史に消された者たち』（河出書房新社）、『神と革命――ロシア革命の知られざる真実』（筑摩選書）、『ソビエト連邦史 197-1991』（講談社学術文庫）、『新危機の20年――プーチン政治史』（朝日選書）、『日本冷戦史 1945-1956』（講談社学術文庫／露版）、五百旗頭真、トルクノフ、ストレリツォフとの編著に『日ロ関係史』（東京大学出版会／露英版）、金成浩との訳著にトルクノフ『朝鮮戦争の謎と真実』（草思社）など。

2019年のウラジオストク訪問時に、シベリア鉄道の起点にて

ソ連を崩壊させた男、エリツィン
――帝国崩壊からロシア再生への激動史

2021年12月20日 第1刷印刷
2021年12月26日 第1刷発行

著　者――――下斗米伸夫

発行者―――福田隆雄
発行所―――株式会社作品社
102-0072 東京都千代田区飯田橋2-7-4
Tel 03-3262-9753 Fax 03-3262-9757
振替口座 00160-3-27183
https://www.sakuhinsha.com

編集協力――エスエフ・プレス：赤羽高樹
本文組版――DELTANET DESIGN：新井満
装丁――――小川惟久
印刷・製本―シナノ印刷㈱

ISBN978-4-86182-880-5　C0031

歴史を考える

作品社の本

モスクワ攻防戦

20世紀を決した史上最大の戦闘

アンドリュー・ナゴルスキ　津守滋監訳

二人の独裁者の運命を決し、20世紀を決した史上最大の死闘――近年公開された資料・生存者等の証言によって、その全貌と人間ドラマを初めて明らかにした、世界的ベストセラー！

ヒトラーランド

ナチの台頭を目撃した人々

アンドリュー・ナゴルスキ　北村京子訳

新証言・資料――当時、ドイツ人とは立場の違う「傍観者」在独アメリカ人たちのインタビューによる証言、個人の手紙、未公開資料等――が語る、知られざる〝歴史の真実〟。

ヒトラーの科学者たち

ジョン・コーンウェル　松宮克昌訳

戦争と科学が結びつくとき、いったい、何が起きるのか？アインシュタイン、フロイト、ハイゼンベルク、フォン・ブラウンら総勢100人以上の科学者たちの葛藤と絶望、抵抗を描き切った傑作ノンフィクション。

いかに世界を変革するか

マルクスとマルクス主義の200年

エリック・ホブズボーム　水田洋監訳

マルクスの壮大なる思想が、いかに人々の夢と理想を突き動かしつづけてきたか。200年におよぶ社会的実験と挫折、そして21世紀への夢を、歴史家ホブズボームがライフワークとしてまとめあげた大著。

歴史を考える
作品社の本

アクティブ・メジャーズ
情報戦争の百年秘史
トマス・リッド 松浦俊輔訳

私たちは、偽情報の時代に生きている――。ポスト・トゥルース前史となる情報戦争の100年を米ソ（露）を中心に描出する歴史ドキュメント。解説＝小谷賢（日本大学危機管理学部教授）

「ユダヤ」の世界史
一神教の誕生から民族国家の建設まで
臼杵陽

一神教の誕生から、離散と定住、キリスト教・イスラームとの共存・対立、迫害の悲劇、国家建設の夢、現在の紛争・テロ問題にいたるまで、「民族」であると同時に「信徒」である「ユダヤ人／教徒」の豊かな歴史を辿り、そこから逆照射して世界史そのものの見方をも深化させる。

「中東」の世界史
西洋の衝撃から紛争・テロの時代まで
臼杵陽

中東戦争、パレスチナ問題、イラン革命、湾岸戦争、「9．11」、イラク戦争、「アラブの春」、クルド人問題、「イスラーム国」（IS）……。「中東」をめぐる数々の危機はなぜ起きたのか？　中東地域研究の第一人者が近現代史を辿り直して、その歴史的過程を明らかにする決定版通史。

日米同盟を考える
〈共同体〉の幻想の行方
浅海保

日米安保７０周年。戦後史の歴史局面、それを担った人々の想い、迷い、決断…。読売新聞東京本社編集局長として、最前線で見続けてきた著者が、その歩みと舞台裏、これからを描く。